국가철도공단

직업기초능력평가

국가철도공단
직업기초능력평가

초판 발행	2021년 10월 15일
개정판 발행	2023년 4월 21일

편 저 자 ｜ 취업적성연구소
발 행 처 ｜ ㈜서원각
등록번호 ｜ 1999-1A-107호
주　　소 ｜ 경기도 고양시 일산서구 덕산로 88-45(가좌동)
교재주문 ｜ 031-923-2051
팩　　스 ｜ 031-923-3815
교재문의 ｜ 카카오톡 플러스 친구[서원각]
홈페이지 ｜ www.goseowon.com

우리나라 기업들은 1960년대 이후 현재까지 비약적인 발전을 이루었다. 이렇게 급속한 성장을 이룰 수 있었던 배경에는 우리나라 국민들의 근면성 및 도전정신이 있었다. 그러나 빠르게 변화하는 세계 경제의 환경에 적응하기 위해서는 근면성과 도전정신 이외에 또 다른 성장 요인이 필요하다.

최근 많은 공사·공단에서는 기존의 직무 관련성에 대한 고려 없이 인·적성, 지식 중심으로 치러지던 필기전형을 탈피하고, 산업현장에서 직무를 수행하기 위해 요구되는 능력을 산업부문별·수준별로 체계화 및 표준화한 NCS를 기반으로 하여 채용공고 단계에서 제시되는 '직무 설명자료'상의 직업기초능력과 직무수행능력을 측정하기 위한 직업기초능력평가, 직무수행능력평가 등을 도입하고 있다.

국가철도공단에서도 업무에 필요한 역량 및 책임감과 적응력 등을 구비한 인재를 선발하기 위하여 고유의 직업기초능력평가를 치르고 있다. 본서는 국가철도공단 채용대비를 위한 필독서로 국가철도공단 직업기초능력평가의 출제경향을 철저히 분석하여 응시자들이 보다 쉽게 시험유형을 파악하고 효율적으로 대비할 수 있도록 구성하였다.

신념을 가지고 도전하는 사람은 반드시 그 꿈을 이룰 수 있습니다. 처음에 품은 신념과 열정이 취업 성공의 그 날까지 빛바래지 않도록 서원각이 수험생 여러분을 응원합니다.

STRUCTURE

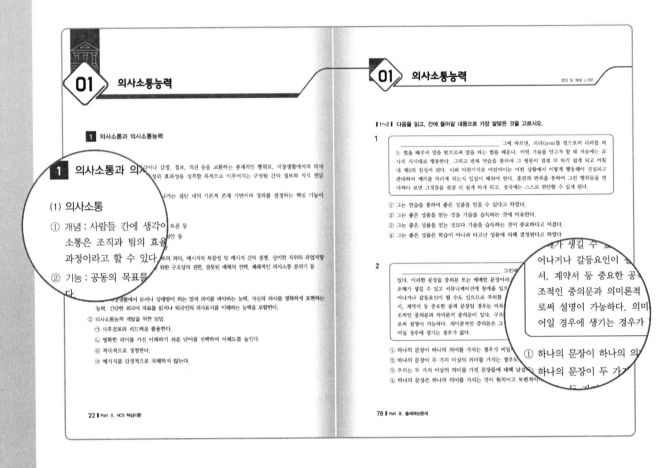

핵심이론정리

NCS 기반 직업기초능력평가에 대해 핵심적으로 알아야 할 이론을 체계적으로 정리하여 단기간에 학습할 수 있도록 하였습니다.

출제예상문제

적중률 높은 영역별 출제예상문제를 수록하여 학습효율을 확실하게 높였습니다.

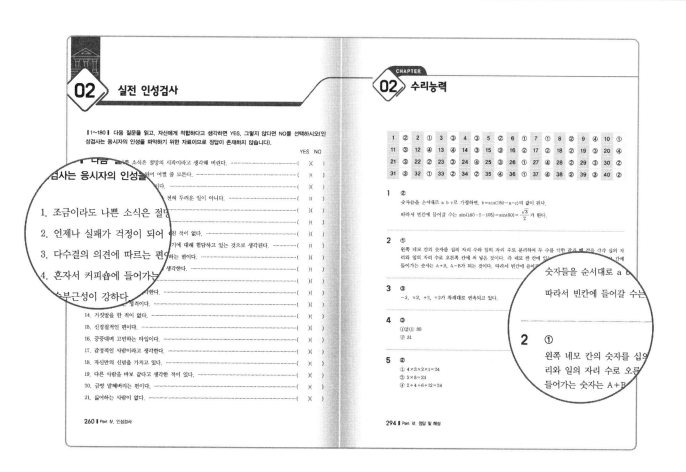

인성검사 및 면접

인성검사의 개요와 실전 인성검사로 다양한 유형의 인성검사를 대비할 수 있습니다. 또한 성공 취업을 위한 면접의 기본과 면접기출을 수록하여 취업의 마무리까지 깔끔하게 책임집니다.

정답 및 해설

문제의 핵심을 꿰뚫는 명쾌하고 자세한 해설로 수험생들의 이해를 돕습니다.

CONTENTS

PART

I

국가철도공단 소개

01 공단 소개

▎소개

철도 건설 및 시설관리 전문 조직으로 탄생한 국가철도공단은 앞으로 고속철도를 비롯한 국내의 모든 철도 건설과 해외 철도 사업 진출 및 동북아 철도망 구성 등 다양한 철도사업을 지속적으로 추진하여 21세기 교통혁명을 선도할 것이며, 경영혁신 및 윤리경영을 통해 공기업의 새로운 모범으로 자리매김 할 것을 약속합니다.

▎설립목적

철도시설의 건설 및 관리와 그밖에 이와 관련되는 사업을 효율적으로 시행하도록 함으로써 국민의 교통편의를 증진하고 국민경제의 건전한 발전에 이바지 한다.

▎주요임무

철도시설의 건설 및 관리
- 외국철도 건설(설계, 시공, 감리 및 사업관리 등)과 남북 연결 사업
- 철도시설에 관한 기술의 개발·관리 및 지원
- 철도시설 건설 및 관리에 따른 철도의 역세권, 철도 부근 지역 및 「철도의 건설 및 철도시설 유지관리에 관한 법률」 제23조의2에 따라 국토교통부장관이 점용허가한 철도 관련 국유재산의 개발·운영
- 건널목입체화 등 철도횡단시설사업
- 철도의 안전관리 및 재해대책의 집행
- 정부·지방자치단체·공기업·준정부기관·기타 공공기관 또는 타인이 위탁한 사업
- 제1호 내지 제7호의 사업에 부대되는 사업
- 제1호 내지 제8호의 사업을 위한 부동산의 취득, 공급 및 관리

▎MISSION

빠르고 안전하고 쾌적한 철도로 국민과 함께 가겠습니다.

빠르고	• 고속철도 수혜지역 확대, 일반철도 고속화 등으로 고속 이동 서비스를 제공 • 광역철도망 구축을 통해서 대도시권 교통난을 해소
안전하고	• 노후시설 개량, 자연재해 예방 시설물 성능보강 등으로 운행 안정성 강화 • 스크린도어 설치 등 안전시설 개량으로 철도 이용객 안전강화
쾌적한 철도로	• 교통약자를 위한 설비확충, 방음벽 설치 등으로 쾌적한 철도시설환경 구축 • 온실가스 감축, 사업 시 생태계 훼손 최소화 등 환경보전·개선활동 지속
국민과 함께 가겠습니다.	• 열린 참여로 국민이 공감하고 국민이 중심인 철도 사업을 추진 • 철도를 통해 국민의 행복과 지역 발전을 실현

▎VISION

국민을 잇는 철도 세계를 여는 철도

국민을 잇는 철도	• 전국토를 촘촘하고 안전하게 이어주는 국가철도망 구축 • 친환경 철도로 탄소중립을 실현하여 국민의 더 나은 삶을 지원
세계를 여는 철도	• 新한반도 시대를 대비하는 유라시아 연계 철도망 기반 마련 • 철도산업 생태계 육성으로 공동체의 지속 발전에 기여

▎핵심가치

안전 / 소통 / 공정 / 혁신

2030 전략목표

- 국가발전 철도망 구축 : 철도 총연장 5,340.6km, 8대 노선 평균 이동 시간 3:02 → 1:42 (80분 단축)
- 고객중심 안전철도 구현 : 철도시설사고율 50% 감소, 철도 디지털전환율 100%
- 철도산업 생태계 활성화 : 철도산업 국민경제기여도 2배 향상
- 미래대응 혁신 · 책임경영 강화 : 경영효율화지수 최우수등급

2022년 주요 경영성과

- 국가철도 대동맥 구축으로 대한민국 균형발전 실현 : 고속선 연장 개통으로 수도권 교통난 해소, 고속선+기존선 연결로 전국 2시간대 이동권 확보
- 철도로부터 시작되는 저탄소 그린 경제로의 전환 : 국회기후변화포럼 「대한민국 녹색기후상」 공공부문 우수상 수상
- KR의 역량을 총동원! 국민이 안전한 안심철도 구현 : 최근 10년 간 철도건설현장 산업재해 발생 '역대 최저'
- TEAM KOREA가 달린다! 민간성장 지원 활성화 : 철도공단의 축적된 역량과 노하우 바탕, 해외협력 지원플랫폼 구축
- 철도역 중심 역세권 개발로 지역 성장거점 조성 : 철도역 중심으로 일자리 · 주거 · 문화 · 교통기능을 결합! 입체적 복합개발로 효율적 성장 지원
- 철도자산 활용, 국민체감 복지 및 국가재정 확대
- 한국형 철도기술 고도화로 글로벌 경쟁력 향상
- 국민 신뢰와 경영효율 위한 고강도 혁신 추진
- 세계 철도시장 진출, 대한민국 미래 성장동력 확보 : 최고의 기술력과 전문성으로 공단 설립 후 총 23개국 81개 사업 수주(5,508억 원)
- 내일로 가능 희망, 레일로 ESG : 체계적 ESG 실천! 노사공동 ESG선언 및 KR-ESG지수 신규 개발. 상생간담회&ESG 컨설팅으로 민간 협력사 ESG 확산 적극 지원

아래 정보는 공고문의 내용을 개략적으로 정리한 것으로, 채용 관련 상세사항은 반드시 채용 홈페이지의 공고문을 확인하시기 바랍니다.

▌KR 인재상

전문인재(Learner)	안전을 우선하며, KR만의 업무지식과 경험을 활용하여 현장의 문제를 원활히 해결하며, 지속적으로 학습하는 프로의식이 강한 인재
혁신인재(Innovator)	급변하는 기술 및 사업 환경 변화를 통찰하고 융합하여 업무 네트워크를 강화하며, 새로운 사업 영역에 도전하는 인재
소통인재(Networker)	사회적 가치를 중시하며, 열린 마음으로 협력하여 원활하게 업무를 처리하여 상생의 가치를 창출하는 인재
열정인재(Entusiast)	주어진 일에 열정으로 최선을 다하여 자신의 일을 완수하며, 더불어 함께 KR공동체 발전을 위해 적극적으로 노력하는 인재

▌KR 인재육성전략

HRD Frame	HRD Solution	HRD Infra
미래지향적 인재육성 체계 정립	직무역량강화교육 활성화	인재육성인프라 고도화

KR 인재육성 제도

KR 경력개발제도	KR의 사업 특성과 복무제도 및 개인별 성장 목표를 반영한 경력목표 설정, 역량 개발 활동 지원
직무필수교육 제도	직무 전문성 수준에 따른 직무별 입문–심화 과정 참여 및 인사제도와 연계된 학습 마일리지 제도 운영(21년 인당 총 교육시간 : 91시간)
사내강사 제도	철도 관련 주요 기술 및 경영 지원 전문가 대상 사내 강사 선정 및 지속적인 자기 개발 지원
리더십 개발 프로그램	KR리더십 파이프 라인 기반 승진자 및 직책자 대상으로 리더로서의 성장 지원
폭넓은 선택형 교육 과정 제공	개인별 성장 계획과 관심사에 따라 경영, 직무, 어학, 인문, 교양 등 1500 여개의 집합 및 온라인 교육 과정 제공
기술 자격증 취득 지원	개인 역량 개발 계획을 반영하여 철도 관련 전문 기술 및 PMP 등 취득 및 유지 과정 운영
은퇴 예정자 프로그램	정년 은퇴 예정 2년 전부터 재취업, 창업, 사회 공헌 등 개별 요구를 반영한 지원 프로그램 운영
KR인재개발원 개원 (2023년 예정)	KR 미션과 비전을 달성할 인재 육성을 위한 최상의 학습 환경 제공 (강원도 양양군 소재)

채용분야 및 응시자격

(1) 장애, 보훈

모집단위		직급	응시자격
장애	사무 토목 전기(전철전력)	5급(을)	① 결격사유가 없는 자 ② 장애인 고용촉진 및 직업재활법에 의한 장애인 ③ 사무(일반) : 제한 없음 ④ 토목/전기 : 해당분야 산업기사 이상 자격증 보유자
보훈 (추천)	사무 토목 전기(전철전력)	5급(을)	① 결격사유가 없는 자 ② 국가보훈처 추천을 받은 자 : 국가유공자 등 예우 및 지원에 관한 법률 등에 의한 취업지원대상자

(2) 실무직 – 국가중요시설 방호

모집단위		직무등급	응시자격
구로철도교통관제센터	실무직(방호)	라급	① 결격사유가 없는 자 ② 경비업법 시행규칙 7조의 신체검사 기준을 충족하는 자 * 팔과 다리가 완전하고 두 눈의 맨눈시력 각각 0.2 이상 또는 교정시력 각각 0.8 이상
한강철교			
삼랑진낙동강철교			
왜관낙동강철교			
단양남한강철교			

(3) 실무직 – 시설관리, 미화

모집단위		직무등급	응시자격
시설장비사무소	실무직 (시설관리)	다급	① 결격사유가 없는 자 ② 소방설비산업기사(전기 또는 기계) 이상 소지자
강원본부 망상수련원			
수도권본부 청사	실무직 (미화)	라급	① 결격사유가 없는 자
강원본부 청사			
강원본부 망상수련원			

(4) 체험형 청년인턴

① 채용분야

모집단위	모집분야	소재지
본사	일반	대전광역시 동구 중앙로 242
	고졸	
수도권본부	일반	서울특별시 용산구 청파로 378
	고졸	
영남본부	일반	부산광역시 중구 충장대로 9번길 46 관정빌딩
	고졸	
호남본부	일반	광주광역시 남구 효천1로 32
	고졸	
충청본부	일반	대전광역시 동구 중앙로 242
	고졸	
강원본부	일반	강원도 원주시 북원로 2650
	고졸	

* 모집단위 및 분야별로 응시자 모집 및 채용인원 선발
* 본 채용공고 내 채용전형 및 모집단위별 중복지원은 불가하며, 중복지원 시 불합격 처리
* 고졸인턴 최종합격자 수가 모집인원에 미달할 경우, 일반인턴 대체 채용
* 체험형 청년인턴의 경우, 모집단위 및 분야별 예비합격자를 선발하여 결원 보충 필요 시 임용일 전까지 차순위자 추가합격 처리
* 체험형 청년인턴의 경우, 지원자의 거주지와 상관없이 지원 가능하나, 숙소는 별도 제공하지 않으므로 근무 소재지를 고려하여 지원 필요

② 응시자격

응시자격	• 응시연령 : 만 18세 이상 만 34세 이하 (공고일 기준) • 학력 : 인턴유형별(일반, 고졸)로 구분 적용 – 일반인턴 : 학력과 전공 별도 제한 없음 – 고졸인턴 : 공고일 현재 최종학력이 고등학교 졸업 또는 고등학교 졸업예정자 * 고등학교 검정고시 합격자 및 대학(전문대학 포함) 중퇴자 지원 가능. 단, 최종학력이 대학(전문대학 포함)의 재학생, 휴학생, 졸업(예정)자 지원 불가 • 채용대상 제외자 – 공단 인사규정 제12조(결격사유)에 해당하는 자 – 공고일 이전 국가철도공단(한국철도시설공단) 청년인턴 근무 경력자 – 취업이 결정된 자 • 기타사항 : 임용일부터 정상적인 근무가 가능한 자
근무조건	• 성격 : 계약기간 만료 후 고용관계가 소멸되는 기간제 근로자 • 계약기간 : 임용일로부터 6개월간 • 근무지 : 본사 및 지역본부(모집단위 별 지역 근무) • 근무내용 : 배정 부서 업무지원, 과제 수행 등 • 근무시간 : 주 40시간, 일 8시간 – 「근로기준법」에 따라 월 1일의 월차 휴가 제공(1개월간 개근 시)
우대사항	• 우수인턴으로 선발된 자 : 정규직 채용 시 서류전형은 면제하고(인턴수료(만근) 후 2년 이내 1회로 한정), 필기전형에서 2% 가점을 부여 (인턴수료일로부터 2년간 부여) • 인턴수료자 : 정규직 채용 시 인턴수료(만근)자에 한해 서류전형에서 5%, 필기전형에서 2% 가점을 부여 (인턴수료일로부터 2년간 부여)

* 실무직(방호, 미화, 시설관리)은 권역별(근무지) 채용으로 숙소를 제공하지 않으며, 실무직(방호) 근무지의 상당수는 산간지역 및 도시외곽이므로 근무지를 반드시 확인하여 지원하시기 바랍니다.
* 실무직은 관련 규정에 따라 지역 또는 직무 순환전보 대상에서 제외되나 업무상의 필요, 고충 해소 및 업무능력 향상 등의 경우에는 그러하지 아니함

▌전형절차

(1) 장애

1차(서류전형)		2차(필기전형)		3차(면접전형)		임용
• 자기소개서 평가 • 자격증(기술직)	▶	• 직업기초능력(NCS 기반)평가 • 인성검사(적/부)	▶	• 면접시험 – NCS 기반	▶	• 신체검사 • 신원조사 • 임용

* 기술직 : 토목직, 건축직, 전기직, 통신직, 기계직

(2) 보훈

1차(서류전형)		2차(필기전형)		3차(면접전형)		임용
•국가보훈처 추천	▶	• 직업기초능력(NCS 기반)평가 • 인성검사(적/부)	▶	• 면접시험 – NCS 기반	▶	• 신체검사 • 신원조사 • 임용

(3) 실무직(방호, 시설관리, 미화

1차(서류전형)		2차(필기전형)		3차(면접전형)		임용
• 자기소개서 평가 • 경력평가(해당분야) • 자격증(시설관리)	▶	• 인성검사(적/부)	▶	• 면접시험 – NCS 기반	▶	• 신체검사 • 신원조사 • 임용

(4) 체험형 청년인턴

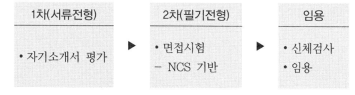

1차(서류전형)		2차(필기전형)		임용
• 자기소개서 평가	▶	• 면접시험 – NCS 기반	▶	• 신체검사 • 임용

▎전형내용

(1) 서류전형

① **장애** : 자기소개서를 바탕으로 채용분야별 자격사항, 가점사항 등에 대한 직무능력 평가 실시

　　* 각 모집단위별 고득점자 순 채용예정인원의 30배수 선발

② **보훈**

　　㉠ 국가보훈처에서 심사하여 국가철도공단에 추천

　　㉡ 국가보훈처 추천자만 입사지원 가능 (대상자 별도연락 예정)

　　　　* 각 모집단위별 채용예정인원의 5배수 선발

③ **실무직**(방호, 시설관리, 미화) : 자기소개서를 바탕으로 채용분야별 자격사항, 경력, 가점사항 등에 대한 직무능력 평가 실시

　　* 각 모집단위별 채용예정인원의 5배수 선발

④ **체험형 청년인턴** : 자기소개서를 바탕으로 가점사항 등에 대한 직무능력 평가 실시

　　* 각 모집단위별 채용예정인원의 2배수 선발

(2) 필기전형

① 각 모집단위별로 시행하는 시험의 점수를 합산

② 인성검사 적합자 중 시험성적(가점포함)이 매 과목(직업기초능력, 직무수행능력) 4할 이상, 전 과목 총점의 6할 이상 되는 자 중에서 고득점자 순으로 합격자 결정

　　* 각 모집단위별 고득점자 순 채용예정인원의 2배수 선발하며, 모집단위별 채용예정인원이 3명 이하인 경우 3배수 선발 (단, 실무직은 인성검사 적합자를 필기시험 합격자로 결정)

③ 모집분야별 필기시험 유형 및 출제

모집분야	필기시험 유형 및 출제범위		
장애, 보훈	• 인성검사(적/부 판정) • 직업기초능력평가(100%)		
	직무분야	출제과목	
	사무직	의사소통능력, 수리능력, 문제해결능력, 자원관리능력, 조직이해능력	
	기술직	의사소통능력, 수리능력, 문제해결능력, 자원관리능력, 기술능력	
	* 기술직 : 토목직, 건축직, 전기직, 통신직, 기계직		
실무직 (방호, 시설관리, 미화)	인성검사(적/부 판정)		

* 체험형 청년인턴은 필기전형 시행하지 않음

(3) 면접전형(NCS기반 면접 시행)

① 장애, 보훈

　㉠ **직업기초능력 면접(60%)** : 인성 등 직업인이 갖추어야 할 기초능력 평가

　　* 평가항목 : 의사소통능력, 직업윤리, 조직적응력, 자기개발능력, 문제해결능력 등

　㉡ **직무수행능력 면접(40%)** : 직무수행에 요구되는 지식, 기술, 태도 평가

　　* 평가항목 : 직렬별 필요지식, 기술, 태도 등

② **실무직**(방호, 시설관리, 미화), **체험형 청년인턴** : NCS 기반 통합면접(100%, 직무수행능력 및 직업기초능력 평가)

(4) 최종합격자 결정

① 필기시험(가점포함) 60%와 면접시험(가점포함) 40%를 반영하여 합산한 고득점자 순으로 결정

② 실무직(방호, 시설관리, 미화), 체험형 청년인턴은 면접시험(가점포함) 100%를 반영한 고득점자 순으로 결정

③ 동점자 발생 시 취업지원 대상자를 우선 선발

PART
II

NCS 핵심이론

01 의사소통능력

1 의사소통과 의사소통능력

(1) 의사소통

① 개념 : 사람들 간에 생각이나 감정, 정보, 의견 등을 교환하는 총체적인 행위로, 직장생활에서의 의사소통은 조직과 팀의 효율성과 효과성을 성취할 목적으로 이루어지는 구성원 간의 정보와 지식 전달 과정이라고 할 수 있다.

② 기능 : 공동의 목표를 추구해 나가는 집단 내의 기본적 존재 기반이며 성과를 결정하는 핵심 기능이다.

③ 의사소통의 종류

    ㉠ 언어적인 것 : 대화, 전화통화, 토론 등

    ㉡ 문서적인 것 : 메모, 편지, 기획안 등

    ㉢ 비언어적인 것 : 몸짓, 표정 등

④ 의사소통을 저해하는 요인 : 정보의 과다, 메시지의 복잡성 및 메시지 간의 경쟁, 상이한 직위와 과업지향형, 신뢰의 부족, 의사소통을 위한 구조상의 권한, 잘못된 매체의 선택, 폐쇄적인 의사소통 분위기 등

(2) 의사소통능력

① 개념 : 직장생활에서 문서나 상대방이 하는 말의 의미를 파악하는 능력, 자신의 의사를 정확하게 표현하는 능력, 간단한 외국어 자료를 읽거나 외국인의 의사표시를 이해하는 능력을 포함한다.

② 의사소통능력 개발을 위한 방법

    ㉠ 사후검토와 피드백을 활용한다.

    ㉡ 명확한 의미를 가진 이해하기 쉬운 단어를 선택하여 이해도를 높인다.

    ㉢ 적극적으로 경청한다.

    ㉣ 메시지를 감정적으로 곡해하지 않는다.

2 의사소통능력을 구성하는 하위능력

(1) 문서이해능력

① 문서와 문서이해능력

ㄱ 문서 : 제안서, 보고서, 기획서, 이메일, 팩스 등 문자로 구성된 것으로 상대방에게 의사를 전달하여 설득하는 것을 목적으로 한다.

ㄴ 문서이해능력 : 직업현장에서 자신의 업무와 관련된 문서를 읽고, 내용을 이해하고 요점을 파악할 수 있는 능력을 말한다.

예제 1

다음은 신용카드 약관의 주요내용이다. 규정 약관을 제대로 이해하지 못한 사람은?

[부가서비스]
카드사는 법령에서 정한 경우를 제외하고 상품을 새로 출시한 후 1년 이내에 부가서비스를 줄이거나 없앨 수가 없다. 또한 부가서비스를 줄이거나 없앨 경우에는 그 세부내용을 변경일 6개월 이전에 회원에게 알려주어야 한다.

[중도 해지 시 연회비 반환]
연회비 부과기간이 끝나기 이전에 카드를 중도해지하는 경우 남은 기간에 해당하는 연회비를 계산하여 10 영업일 이내에 돌려줘야 한다. 다만, 카드 발급 및 부가서비스 제공에 이미 지출된 비용은 제외된다.

[카드 이용한도]
카드 이용한도는 카드 발급을 신청할 때에 회원이 신청한 금액과 카드사의 심사 기준을 종합적으로 반영하여 회원이 신청한 금액 범위 이내에서 책정되며 회원의 신용도가 변동되었을 때에는 카드사는 회원의 이용한도를 조정할 수 있다.

[부정사용 책임]
카드 위조 및 변조로 인하여 발생된 부정사용 금액에 대해서는 카드사가 책임을 진다. 다만, 회원이 비밀번호를 다른 사람에게 알려주거나 카드를 다른 사람에게 빌려주는 등의 중대한 과실로 인해 부정사용이 발생하는 경우에는 회원이 그 책임의 전부 또는 일부를 부담할 수 있다.

① 혜수 : 카드사는 법령에서 정한 경우를 제외하고는 1년 이내에 부가서비스를 줄일 수 없어

② 진성 : 카드 위조 및 변조로 인하여 발생된 부정사용 금액은 일괄 카드사가 책임을 지게 돼

③ 영훈 : 회원의 신용도가 변경되었을 때 카드사가 이용한도를 조정할 수 있어

④ 영호 : 연회비 부과기간이 끝나기 이전에 카드를 중도해지하는 경우에는 남은 기간에 해당하는 연회비를 카드사는 돌려줘야 해

출제의도

주어진 약관의 내용을 읽고 그에 대한 상세 내용의 정보를 이해하는 능력을 측정하는 문항이다.

해 설

② 부정사용에 대해 고객의 과실이 있으면 회원이 그 책임의 전부 또는 일부를 부담할 수 있다.

답 ②

② 문서의 종류

　　㉠ 공문서 : 정부기관에서 공무를 집행하기 위해 작성하는 문서로, 단체 또는 일반회사에서 정부기관을 상대로 사업을 진행할 때 작성하는 문서도 포함된다. 엄격한 규격과 양식이 특징이다.

　　㉡ 기획서 : 아이디어를 바탕으로 기획한 프로젝트에 대해 상대방에게 전달하여 시행하도록 설득하는 문서이다.

　　㉢ 기안서 : 업무에 대한 협조를 구하거나 의견을 전달할 때 작성하는 사내 공문서이다.

　　㉣ 보고서 : 특정한 업무에 관한 현황이나 진행 상황, 연구·검토 결과 등을 보고하고자 할 때 작성하는 문서이다.

　　㉤ 설명서 : 상품의 특성이나 작동 방법 등을 소비자에게 설명하기 위해 작성하는 문서이다.

　　㉥ 보도자료 : 정부기관이나 기업체 등이 언론을 상대로 자신들의 정보를 기사화 되도록 하기 위해 보내는 자료이다.

　　㉦ 자기소개서 : 개인이 자신의 성장과정이나, 입사 동기, 포부 등에 대해 구체적으로 기술하여 자신을 소개하는 문서이다.

　　㉧ 비즈니스 레터(E-mail) : 사업상의 이유로 고객에게 보내는 편지다.

　　㉨ 비즈니스 메모 : 업무상 확인해야 할 일을 메모형식으로 작성하여 전달하는 글이다.

③ 문서이해의 절차 : 문서의 목적 이해 → 문서 작성 배경·주제 파악 → 정보 확인 및 현안문제 파악 → 문서 작성자의 의도 파악 및 자신에게 요구되는 행동 분석 → 목적 달성을 위해 취해야 할 행동 고려 → 문서 작성자의 의도를 도표나 그림 등으로 요약·정리

(2) 문서작성능력

① 작성되는 문서에는 대상과 목적, 시기, 기대효과 등이 포함되어야 한다.

② 문서작성의 구성요소

　　㉠ 짜임새 있는 골격, 이해하기 쉬운 구조

　　㉡ 객관적이고 논리적인 내용

　　㉢ 명료하고 설득력 있는 문장

　　㉣ 세련되고 인상적인 레이아웃

다음은 들은 내용을 구조적으로 정리하는 방법이다. 순서에 맞게 배열하면?

> ㉠ 관련 있는 내용끼리 묶는다.
> ㉡ 묶은 내용에 적절한 이름을 붙인다.
> ㉢ 전체 내용을 이해하기 쉽게 구조화한다.
> ㉣ 중복된 내용이나 덜 중요한 내용을 삭제한다.

① ㉠㉡㉢㉣　　　　　　　② ㉠㉡㉣㉢
③ ㉡㉠㉣㉢　　　　　　　④ ㉡㉠㉣㉢

음성정보는 문자정보와는 달리 쉽게 잊혀지기 때문에 음성정보를 구조화시키는 방법을 묻는 문항이다.

내용을 구조적으로 정리하는 방법은 '㉠ 관련 있는 내용끼리 묶는다. → ㉡ 묶은 내용에 적절한 이름을 붙인다. → ㉣ 중복된 내용이나 덜 중요한 내용을 삭제한다. → ㉢ 전체 내용을 이해하기 쉽게 구조화 한다.'가 적절하다.

답 ②

③ 문서의 종류에 따른 작성방법

　㉠ 공문서

　　• 육하원칙이 드러나도록 써야 한다.
　　• 날짜는 반드시 연도와 월, 일을 함께 언급하며, 날짜 다음에 괄호를 사용할 때는 마침표를 찍지 않는다.
　　• 대외문서이며, 장기간 보관되기 때문에 정확하게 기술해야 한다.
　　• 내용이 복잡할 경우 '−다음−', '−아래−'와 같은 항목을 만들어 구분한다.
　　• 한 장에 담아내는 것을 원칙으로 하며, 마지막엔 반드시 '끝'자로 마무리 한다.

　㉡ 설명서

　　• 정확하고 간결하게 작성한다.
　　• 이해하기 어려운 전문용어의 사용은 삼가고, 복잡한 내용은 도표화 한다.
　　• 명령문보다는 평서문을 사용하고, 동어 반복보다는 다양한 표현을 구사하는 것이 바람직하다.

　㉢ 기획서

　　• 상대를 설득하여 기획서가 채택되는 것이 목적이므로 상대가 요구하는 것이 무엇인지 고려하여 작성하며, 기획의 핵심을 잘 전달하였는지 확인한다.
　　• 분량이 많을 경우 전체 내용을 한눈에 파악할 수 있도록 목차구성을 신중히 한다.
　　• 효과적인 내용 전달을 위한 표나 그래프를 적절히 활용하고 산뜻한 느낌을 줄 수 있도록 한다.
　　• 인용한 자료의 출처 및 내용이 정확해야 하며 제출 전 충분히 검토한다.

　㉣ 보고서

　　• 도출하고자 하는 핵심내용을 구체적이고 간결하게 작성한다.
　　• 내용이 복잡할 경우 도표나 그림을 활용하고, 참고자료는 정확하게 제시한다.
　　• 제출하기 전에 최종점검을 하며 질의를 받을 것에 대비한다.

다음 중 공문서 작성에 대한 설명으로 가장 적절하지 못한 것은?

① 공문서나 유가증권 등에 금액을 표시할 때에는 한글로 기재하고 그 옆에 괄호를 넣어 숫자로 표기한다.

② 날짜는 숫자로 표기하되 년, 월, 일의 글자는 생략하고 그 자리에 온점(.)을 찍어 표시한다.

③ 첨부물이 있는 경우에는 붙임 표시문 끝에 1자 띄우고 "끝."이라고 표시한다.

④ 공문서의 본문이 끝났을 경우에는 1자를 띄우고 "끝."이라고 표시한다.

④ 문서작성의 원칙

  ㉠ 문장은 짧고 간결하게 작성한다.(간결체 사용)

  ㉡ 상대방이 이해하기 쉽게 쓴다.

  ㉢ 불필요한 한자의 사용을 자제한다.

  ㉣ 문장은 긍정문의 형식을 사용한다.

  ㉤ 간단한 표제를 붙인다.

  ㉥ 문서의 핵심내용을 먼저 쓰도록 한다.(두괄식 구성)

⑤ 문서작성 시 주의사항

  ㉠ 육하원칙에 의해 작성한다.

  ㉡ 문서 작성시기가 중요하다.

  ㉢ 한 사안은 한 장의 용지에 작성한다.

  ㉣ 반드시 필요한 자료만 첨부한다.

  ㉤ 금액, 수량, 일자 등은 기재에 정확성을 기한다.

  ㉥ 경어나 단어사용 등 표현에 신경 쓴다.

  ㉦ 문서작성 후 반드시 최종적으로 검토한다.

⑥ 효과적인 문서작성 요령

   ㉠ 내용이해 : 전달하고자 하는 내용과 핵심을 정확하게 이해해야 한다.

   ㉡ 목표설정 : 전달하고자 하는 목표를 분명하게 설정한다.

   ㉢ 구성 : 내용 전달 및 설득에 효과적인 구성과 형식을 고려한다.

   ㉣ 자료수집 : 목표를 뒷받침할 자료를 수집한다.

   ㉤ 핵심전달 : 단락별 핵심을 하위목차로 요약한다.

   ㉥ 대상파악 : 대상에 대한 이해와 분석을 통해 철저히 파악한다.

   ㉦ 보충설명 : 예상되는 질문을 정리하여 구체적인 답변을 준비한다.

   ㉧ 문서표현의 시각화 : 그래프, 그림, 사진 등을 적절히 사용하여 이해를 돕는다.

(3) 경청능력

① 경청의 중요성 : 경청은 다른 사람의 말을 주의 깊게 들으며 공감하는 능력으로 경청을 통해 상대방을 한 개인으로 존중하고 성실한 마음으로 대하게 되며, 상대방의 입장에 공감하고 이해하게 된다.

② 경청을 방해하는 습관 : 짐작하기, 대답할 말 준비하기, 걸러내기, 판단하기, 다른 생각하기, 조언하기, 언쟁하기, 옳아야만 하기, 슬쩍 넘어가기, 비위 맞추기 등

③ 효과적인 경청방법

   ㉠ 준비하기 : 강연이나 프레젠테이션 이전에 나누어주는 자료를 읽어 미리 주제를 파악하고 등장하는 용어를 익혀둔다.

   ㉡ 주의 집중 : 말하는 사람의 모든 것에 집중해서 적극적으로 듣는다.

   ㉢ 예측하기 : 다음에 무엇을 말할 것인가를 추측하려고 노력한다.

   ㉣ 나와 관련짓기 : 상대방이 전달하고자 하는 메시지를 나의 경험과 관련지어 생각해 본다.

   ㉤ 질문하기 : 질문은 듣는 행위를 적극적으로 하게 만들고 집중력을 높인다.

   ㉥ 요약하기 : 주기적으로 상대방이 전달하려는 내용을 요약한다.

   ㉦ 반응하기 : 피드백을 통해 의사소통을 점검한다.

다음은 면접스터디 중 일어난 대화이다. 민아의 고민을 해소하기 위한 조언으로 가장 적절한 것은?

> 지섭 : 민아씨, 어디 아파요? 표정이 안 좋아 보여요.
> 민아 : 제가 원서 넣은 공단이 내일 면접이어서요. 그동안 스터디를 통해서 면접 연습을 많이 했는데도 벌써부터 긴장이 되네요.
> 지섭 : 민아씨는 자기 의견도 명확히 피력할 줄 알고 조리 있게 설명을 잘 하시니 걱정 안하셔도 될 것 같아요. 아, 손에 꽉 쥐고 계신 건 뭔가요?
> 민아 : 아, 제가 예상 답변을 정리해서 모아둔거에요. 내용은 거의 외웠는데 이렇게 쥐고 있지 않으면 불안해서..
> 지섭 : 그 정도로 준비를 철저히 하셨으면 걱정할 이유 없을 것 같아요.
> 민아 : 그래도 압박면접이거나 예상치 못한 질문이 들어오면 어떻게 하죠?
> 지섭 : _____

① 시선을 적절히 처리하면서 부드러운 어투로 말하는 연습을 해보는 건 어때요?
② 공식적인 자리인 만큼 옷차림을 신경 쓰는 게 좋을 것 같아요.
③ 당황하지 말고 질문자의 의도를 잘 파악해서 침착하게 대답하면 되지 않을까요?
④ 예상 질문에 대한 답변을 좀 더 정확하게 외워보는 건 어떨까요?

상대방이 하는 말을 듣고 질문 의도에 따라 올바르게 답하는 능력을 측정하는 문항이다.

해 설
민아는 압박질문이나 예상치 못한 질문에 대해 걱정을 하고 있으므로 침착하게 대응하라고 조언을 해주는 것이 좋다.

답 ③

(4) 의사표현능력

① 의사표현의 개념과 종류

  ㉠ 개념 : 화자가 자신의 생각과 감정을 청자에게 음성언어나 신체언어로 표현하는 행위이다.

  ㉡ 종류
- 공식적 말하기 : 사전에 준비된 내용을 대중을 대상으로 말하는 것으로 연설, 토의, 토론 등이 있다.
- 의례적 말하기 : 사회 · 문화적 행사에서와 같이 절차에 따라 하는 말하기로 식사, 주례, 회의 등이 있다.
- 친교적 말하기 : 친근한 사람들 사이에서 자연스럽게 주고받는 대화 등을 말한다.

② 의사표현의 방해요인

  ㉠ 연단공포증 : 연단에 섰을 때 가슴이 두근거리거나 땀이 나고 얼굴이 달아오르는 등의 현상으로 충분한 분석과 준비, 더 많은 말하기 기회 등을 통해 극복할 수 있다.

  ㉡ 말 : 말의 장단, 고저, 발음, 속도, 쉼 등을 포함한다.

  ㉢ 음성 : 목소리와 관련된 것으로 음색, 고저, 명료도, 완급 등을 의미한다.

  ㉣ 몸짓 : 비언어적 요소로 화자의 외모, 표정, 동작 등이다.

  ㉤ 유머 : 말하기 상황에 따른 적절한 유머를 구사할 수 있어야 한다.

③ 상황과 대상에 따른 의사표현법

    ㉠ 잘못을 지적할 때 : 모호한 표현을 삼가고 확실하게 지적하며, 당장 꾸짖고 있는 내용에만 한정한다.

    ㉡ 칭찬할 때 : 자칫 아부로 여겨질 수 있으므로 센스 있는 칭찬이 필요하다.

    ㉢ 부탁할 때 : 먼저 상대방의 사정을 듣고 응하기 쉽게 구체적으로 부탁하며 거절을 당해도 싫은 내색을 하지 않는다.

    ㉣ 요구를 거절할 때 : 먼저 사과하고 응해줄 수 없는 이유를 설명한다.

    ㉤ 명령할 때 : 강압적인 말투보다는 '○○을 이렇게 해주는 것이 어떻겠습니까?'와 같은 식으로 부드럽게 표현하는 것이 효과적이다.

    ㉥ 설득할 때 : 일방적으로 강요하기보다는 먼저 양보해서 이익을 공유하겠다는 의지를 보여주는 것이 좋다.

    ㉦ 충고할 때 : 충고는 가장 최후의 방법이다. 반드시 충고가 필요한 상황이라면 예화를 들어 비유적으로 깨우쳐주는 것이 바람직하다.

    ㉧ 질책할 때 : 샌드위치 화법(칭찬의 말 + 질책의 말 + 격려의 말)을 사용하여 청자의 반발을 최소화한다.

예제 1

당신은 팀장님께 업무 지시내용을 수행하고 결과물을 보고 드렸다. 하지만 팀장님께서는 "최대리 업무를 이렇게 처리하면 어떡하나? 누락된 부분이 있지 않은가."라고 말하였다. 이에 대해 당신이 행할 수 있는 가장 부적절한 대처 자세는?

① "죄송합니다. 제가 잘 모르는 부분이라 이수혁 과장님께 부탁을 했는데 과장님께서 실수를 하신 것 같습니다."
② "주의를 기울이지 못해 죄송합니다. 어느 부분을 수정보완하면 될까요?"
③ "지시하신 내용을 제가 충분히 이해하지 못하였습니다. 내용을 다시 한 번 여쭤보아도 되겠습니까?"
④ "부족한 내용을 보완하는 자료를 취합하기 위해서 하루정도가 더 소요될 것 같습니다. 언제까지 재작성하여 드리면 될까요?"

출제의도

상사가 잘못을 지적하는 상황에서 어떻게 대처해야 하는지를 묻는 문항이다.

해 설

상사가 부탁한 지시사항을 다른 사람에게 부탁하는 것은 옳지 못하며 설사 그렇다고 해도 그 일의 과오에 대해 책임을 전가하는 것은 지양해야 할 자세이다.

답 ①

---

④ 원활한 의사표현을 위한 지침

    ㉠ 올바른 화법을 위해 독서를 하라.

    ㉡ 좋은 청중이 되라.

    ㉢ 칭찬을 아끼지 마라.

    ㉣ 공감하고, 긍정적으로 보이게 하라.

    ㉤ 겸손은 최고의 미덕임을 잊지 마라.

ⓑ 과감하게 공개하라.

ⓢ 뒷말을 숨기지 마라.

ⓞ 첫마디 말을 준비하라.

ⓩ 이성과 감성의 조화를 꾀하라.

ⓒ 대화의 룰을 지켜라.

ⓚ 문장을 완전하게 말하라.

⑤ 설득력 있는 의사표현을 위한 지침

㉠ 'Yes'를 유도하여 미리 설득 분위기를 조성하라.

㉡ 대비 효과로 분발심을 불러 일으켜라.

㉢ 침묵을 지키는 사람의 참여도를 높여라.

㉣ 여운을 남기는 말로 상대방의 감정을 누그러뜨려라.

㉤ 하던 말을 갑자기 멈춤으로써 상대방의 주의를 끌어라.

㉥ 호칭을 바꿔서 심리적 간격을 좁혀라.

㉦ 끄집어 말하여 자존심을 건드려라.

㉧ 정보전달 공식을 이용하여 설득하라.

㉨ 상대방의 불평이 가져올 결과를 강조하라.

㉩ 권위 있는 사람의 말이나 작품을 인용하라.

㉪ 약점을 보여 주어 심리적 거리를 좁혀라.

㉫ 이상과 현실의 구체적 차이를 확인시켜라.

㉬ 자신의 잘못도 솔직하게 인정하라.

㉭ 집단의 요구를 거절하려면 개개인의 의견을 물어라.

ⓐ 동조 심리를 이용하여 설득하라.

ⓑ 지금까지의 노고를 치하한 뒤 새로운 요구를 하라.

ⓒ 담당자가 대변자 역할을 하도록 하여 윗사람을 설득하게 하라.

ⓓ 겉치레 양보로 기선을 제압하라.

ⓔ 변명의 여지를 만들어 주고 설득하라.

ⓕ 혼자 말하는 척하면서 상대의 잘못을 지적하라.

(5) 기초외국어능력

① 기초외국어능력의 개념과 필요성

　　㉠ 개념 : 외국어로 된 간단한 자료를 이해하거나, 외국인과의 전화응대와 간단한 대화 등 외국인의 의사표현을 이해하고, 자신의 의사를 기초외국어로 표현할 수 있는 능력이다.

　　㉡ 필요성 : 국제화 · 세계화 시대에 다른 나라와의 무역을 위해 우리의 언어가 아닌 국제적인 통용어를 사용하거나 그들의 언어로 의사소통을 해야 하는 경우가 생길 수 있다.

② 외국인과의 의사소통에서 피해야 할 행동

　　㉠ 상대를 볼 때 흘겨보거나, 노려보거나, 아예 보지 않는 행동

　　㉡ 팔이나 다리를 꼬는 행동

　　㉢ 표정이 없는 것

　　㉣ 다리를 흔들거나 펜을 돌리는 행동

　　㉤ 맞장구를 치지 않거나 고개를 끄덕이지 않는 행동

　　㉥ 생각 없이 메모하는 행동

　　㉦ 자료만 들여다보는 행동

　　㉧ 바르지 못한 자세로 앉는 행동

　　㉨ 한숨, 하품, 신음소리를 내는 행동

　　㉩ 다른 일을 하며 듣는 행동

　　㉪ 상대방에게 이름이나 호칭을 어떻게 부를지 묻지 않고 마음대로 부르는 행동

③ 기초외국어능력 향상을 위한 공부법

　　㉠ 외국어공부의 목적부터 정하라.

　　㉡ 매일 30분씩 눈과 손과 입에 밸 정도로 반복하라.

　　㉢ 실수를 두려워하지 말고 기회가 있을 때마다 외국어로 말하라.

　　㉣ 외국어 잡지나 원서와 친해져라.

　　㉤ 소홀해지지 않도록 라이벌을 정하고 공부하라.

　　㉥ 업무와 관련된 주요 용어의 외국어는 꼭 알아두자.

　　㉦ 출퇴근 시간에 외국어 방송을 보거나, 듣는 것만으로도 귀가 트인다.

　　㉧ 어린이가 단어를 배우듯 외국어 단어를 암기할 때 그림카드를 사용해 보라.

　　㉨ 가능하면 외국인 친구를 사귀고 대화를 자주 나눠 보라.

02 수리능력

1 직장생활과 수리능력

(1) 기초직업능력으로서의 수리능력

① 개념 : 직장생활에서 요구되는 사칙연산과 기초적인 통계를 이해하고 도표의 의미를 파악하거나 도표를 이용해서 결과를 효과적으로 제시하는 능력을 말한다.

② 수리능력은 크게 기초연산능력, 기초통계능력, 도표분석능력, 도표작성능력으로 구성된다.

    ㉠ 기초연산능력 : 직장생활에서 필요한 기초적인 사칙연산과 계산방법을 이해하고 활용할 수 있는 능력

    ㉡ 기초통계능력 : 평균, 합계, 빈도 등 직장생활에서 자주 사용되는 기초적인 통계기법을 활용하여 자료의 특성과 경향성을 파악하는 능력

    ㉢ 도표분석능력 : 그래프, 그림 등 도표의 의미를 파악하고 필요한 정보를 해석하는 능력

    ㉣ 도표작성능력 : 도표를 이용하여 결과를 효과적으로 제시하는 능력

(2) 업무수행에서 수리능력이 활용되는 경우

① 업무상 계산을 수행하고 결과를 정리하는 경우

② 업무비용을 측정하는 경우

③ 고객과 소비자의 정보를 조사하고 결과를 종합하는 경우

④ 조직의 예산안을 작성하는 경우

⑤ 업무수행 경비를 제시해야 하는 경우

⑥ 다른 상품과 가격비교를 하는 경우

⑦ 연간 상품 판매실적을 제시하는 경우

⑧ 업무비용을 다른 조직과 비교해야 하는 경우

⑨ 상품판매를 위한 지역조사를 실시해야 하는 경우

⑩ 업무수행과정에서 도표로 주어진 자료를 해석하는 경우

⑪ 도표로 제시된 업무비용을 측정하는 경우

예제 1

다음 자료를 보고 주어진 상황에 대한 물음에 답하시오.

〈근로소득에 대한 간이 세액표〉

월 급여액(천 원) [비과세 및 학자금 제외]		공제대상 가족 수				
이상	미만	1	2	3	4	5
2,500	2,520	38,960	29,280	16,940	13,570	10,190
2,520	2,540	40,670	29,960	17,360	13,990	10,610
2,540	2,560	42,380	30,640	17,790	14,410	11,040
2,560	2,580	44,090	31,330	18,210	14,840	11,460
2,580	2,600	45,800	32,680	18,640	15,260	11,890
2,600	2,620	47,520	34,390	19,240	15,680	12,310
2,620	2,640	49,230	36,100	19,900	16,110	12,730
2,640	2,660	50,940	37,810	20,560	16,530	13,160
2,660	2,680	52,650	39,530	21,220	16,960	13,580
2,680	2,700	54,360	41,240	21,880	17,380	14,010
2,700	2,720	56,070	42,950	22,540	17,800	14,430
2,720	2,740	57,780	44,660	23,200	18,230	14,850
2,740	2,760	59,500	46,370	23,860	18,650	15,280

※ 갑근세는 제시되어 있는 간이 세액표에 따름
※ 주민세＝갑근세의 10%
※ 국민연금＝급여액의 4.50%
※ 고용보험＝국민연금의 10%
※ 건강보험＝급여액의 2.90%
※ 교육지원금＝분기별 100,000원(매 분기별 첫 달에 지급)

박○○ 사원의 5월 급여내역이 다음과 같고 전월과 동일하게 근무하였으나, 특별수당은 없고 차량지원금으로 100,000원을 받게 된다면, 6월에 받게 되는 급여는 얼마인가? (단, 원 단위 절삭)

(주) 서원플랜테크 5월 급여내역			
성명	박○○	지급일	5월 12일
기본급여	2,240,000	갑근세	39,530
직무수당	400,000	주민세	3,950
명절 상여금		고용보험	11,970
특별수당	20,000	국민연금	119,700
차량지원금		건강보험	77,140
교육지원		기타	
급여계	2,660,000	공제합계	252,290
		지급총액	2,407,710

① 2,443,910
② 2,453,910
③ 2,463,910
④ 2,473,910

(3) 수리능력의 중요성

① 수학적 사고를 통한 문제해결

② 직업세계의 변화에의 적응

③ 실용적 가치의 구현

(4) 단위환산표

구분	단위환산
길이	1cm = 10mm, 1m = 100cm, 1km = 1,000m
넓이	1cm² = 100mm², 1m² = 10,000cm², 1km² = 1,000,000m²
부피	1cm³ = 1,000mm³, 1m³ = 1,000,000cm³, 1km³ = 1,000,000,000m³
들이	1mℓ = 1cm³, 1dℓ = 100cm³, 1L = 1,000cm³ = 10dℓ
무게	1kg = 1,000g, 1t = 1,000kg = 1,000,000g
시간	1분 = 60초, 1시간 = 60분 = 3,600초
할푼리	1푼 = 0.1할, 1리 = 0.01할, 1모 = 0.001할

예제 2

둘레의 길이가 4.4km인 정사각형 모양의 공원이 있다. 이 공원의 넓이는 몇 a 인가?

① 12,100a

② 1,210a

③ 121a

④ 12.1a

출제의도

길이, 넓이, 부피, 들이, 무게, 시간, 속도 등 단위에 대한 기본적인 환산 능력을 평가하는 문제로서, 소수점 계산이 필요하며, 자릿수를 읽고 구분할 줄 알아야 한다.

해 설

공원의 한 변의 길이는

$4.4 \div 4 = 1.1(\mathrm{km})$이고

$1\mathrm{km}^2 = 10000\mathrm{a}$이므로

공원의 넓이는

$1.1\mathrm{km} \times 1.1\mathrm{km} = 1.21\mathrm{km}^2 = 12100\mathrm{a}$

답 ①

2 수리능력을 구성하는 하위능력

(1) 기초연산능력

① 사칙연산 : 수에 관한 덧셈, 뺄셈, 곱셈, 나눗셈의 네 종류의 계산법으로 업무를 원활하게 수행하기 위해서는 기본적인 사칙연산뿐만 아니라 다단계의 복잡한 사칙연산까지도 수행할 수 있어야 한다.

② 검산 : 연산의 결과를 확인하는 과정으로 대표적인 검산방법으로 역연산과 구거법이 있다.

    ⊙ 역연산 : 덧셈은 뺄셈으로, 뺄셈은 덧셈으로, 곱셈은 나눗셈으로, 나눗셈은 곱셈으로 확인하는 방법이다.

    ⓒ 구거법 : 원래의 수와 각 자리 수의 합이 9로 나눈 나머지가 같다는 원리를 이용한 것으로 9를 버리고 남은 수로 계산하는 것이다.

예제 3

다음 식을 바르게 계산한 것은?

$$1 + \frac{2}{3} + \frac{1}{2} - \frac{3}{4}$$

① $\frac{13}{12}$

② $\frac{15}{12}$

③ $\frac{17}{12}$

④ $\frac{19}{12}$

출제의도

직장생활에서 필요한 기초적인 사칙연산과 계산방법을 이해하고 활용할 수 있는 능력을 평가하는 문제로서, 분수의 계산과 통분에 대한 기본적인 이해가 필요하다.

해 설

$$\frac{12}{12} + \frac{8}{12} + \frac{6}{12} - \frac{9}{12} = \frac{17}{12}$$

답 ③

---

(2) 기초통계능력

① 업무수행과 통계

    ⊙ 통계의 의미 : 통계란 집단현상에 대한 구체적인 양적 기술을 반영하는 숫자이다.

    ⓒ 업무수행에 통계를 활용함으로써 얻을 수 있는 이점

        • 많은 수량적 자료를 처리가능하고 쉽게 이해할 수 있는 형태로 축소

        • 표본을 통해 연구대상 집단의 특성을 유추

        • 의사결정의 보조수단

        • 관찰 가능한 자료를 통해 논리적으로 결론을 추줄·검증

ⓒ 기본적인 통계치
- 빈도와 빈도분포 : 빈도란 어떤 사건이 일어나거나 증상이 나타나는 정도를 의미하며, 빈도분포란 빈도를 표나 그래프로 종합적으로 표시하는 것이다.
- 평균 : 모든 사례의 수치를 합한 후 총 사례 수로 나눈 값이다.
- 백분율 : 전체의 수량을 100으로 하여 생각하는 수량이 그중 몇이 되는가를 퍼센트로 나타낸 것이다.

② 통계기법
ⓐ 범위와 평균
- 범위 : 분포의 흩어진 정도를 가장 간단히 알아보는 방법으로 최곳값에서 최젓값을 뺀 값을 의미한다.
- 평균 : 집단의 특성을 요약하기 위해 가장 자주 활용하는 값으로 모든 사례의 수치를 합한 후 총 사례 수로 나눈 값이다.
- 관찰값이 1, 3, 5, 7, 9일 경우 범위는 $9 - 1 = 8$이 되고, 평균은 $\dfrac{1+3+5+7+9}{5} = 5$가 된다.

ⓑ 분산과 표준편차
- 분산 : 관찰값의 흩어진 정도로, 각 관찰값과 평균값의 차의 제곱의 평균이다.
- 표준편차 : 평균으로부터 얼마나 떨어져 있는가를 나타내는 개념으로 분산값의 제곱근 값이다.
- 관찰값이 1, 2, 3이고 평균이 2인 집단의 분산은 $\dfrac{(1-2)^2 + (2-2)^2 + (3-2)^2}{3} = \dfrac{2}{3}$이고 표준편차는 분산값의 제곱근 값인 $\sqrt{\dfrac{2}{3}}$이다.

③ 통계자료의 해석
ⓐ 다섯숫자요약
- 최젓값 : 원자료 중 값의 크기가 가장 작은 값
- 최댓값 : 원자료 중 값의 크기가 가장 큰 값
- 중앙값 : 최젓값부터 최댓값까지 크기에 의하여 배열했을 때 중앙에 위치하는 사례의 값
- 하위 25%값 · 상위 25%값 : 원자료를 크기 순으로 배열하여 4등분한 값
ⓑ 평균값과 중앙값 : 평균값과 중앙값은 그 개념이 다르기 때문에 명확하게 제시해야 한다.

인터넷 쇼핑몰에서 회원가입을 하고 디지털캠코더를 구매하려고 한다. 다음은 구입하고자 하는 모델에 대하여 인터넷 쇼핑몰 세 곳의 가격과 조건을 제시한 표이다. 표에 있는 모든 혜택을 적용하였을 때 디지털캠코더의 배송비를 포함한 실제 구매가격을 바르게 비교한 것은?

구분	A 쇼핑몰	B 쇼핑몰	C 쇼핑몰
정상가격	129,000원	131,000원	130,000원
회원혜택	7,000원 할인	3,500원 할인	7% 할인
할인쿠폰	5% 쿠폰	3% 쿠폰	5,000원
중복할인여부	불가	가능	불가
배송비	2,000원	무료	2,500원

① A<B<C
② B<C<A
③ C<A<B
④ C<B<A

㉠ A 쇼핑몰
- 회원혜택을 선택한 경우 : $129,000 - 7,000 + 2,000 = 124,000$(원)
- 5% 할인쿠폰을 선택한 경우 : $129,000 \times 0.95 + 2,000 = 124,550$

㉡ B 쇼핑몰 :
$131,000 \times 0.97 - 3,500 = 123,570$

㉢ C 쇼핑몰
- 회원혜택을 선택한 경우 : $130,000 \times 0.93 + 2,500 = 123,400$
- 5,000원 할인쿠폰을 선택한 경우 : $130,000 - 5,000 + 2,500 = 127,500$

∴ C<B<A

답 ④

---

(3) 도표분석능력

① 도표의 종류

㉠ 목적별 : 관리(계획 및 통제), 해설(분석), 보고

㉡ 용도별 : 경과 그래프, 내역 그래프, 비교 그래프, 분포 그래프, 상관 그래프, 계산 그래프

㉢ 형상별 : 선 그래프, 막대 그래프, 원 그래프, 점 그래프, 층별 그래프, 레이더 차트

② 도표의 활용

　　㉠ 선 그래프

　　　• 주로 시간의 경과에 따라 수량에 의한 변화 상황(시계열 변화)을 절선의 기울기로 나타내는 그래프이다.

　　　• 경과, 비교, 분포를 비롯하여 상관관계 등을 나타낼 때 쓰인다.

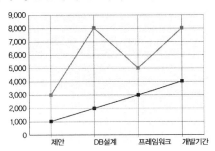

　　㉡ 막대 그래프

　　　• 비교하고자 하는 수량을 막대 길이로 표시하고 그 길이를 통해 수량 간의 대소관계를 나타내는 그래프이다.

　　　• 내역, 비교, 경과, 도수 등을 표시하는 용도로 쓰인다.

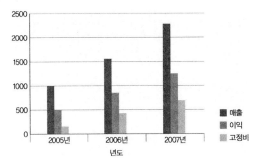

　　㉢ 원 그래프

　　　• 내역이나 내용의 구성비를 원을 분할하여 나타낸 그래프이다.

　　　• 전체에 대해 부분이 차지하는 비율을 표시하는 용도로 쓰인다.

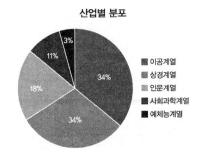

산업별 분포

ⓔ 점 그래프

- 종축과 횡축에 2요소를 두고 보고자 하는 것이 어떤 위치에 있는가를 나타내는 그래프이다.
- 지역분포를 비롯하여 도시, 기방, 기업, 상품 등의 평가나 위치·성격을 표시하는데 쓰인다.

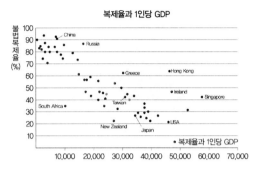

ⓜ 층별 그래프

- 선 그래프의 변형으로 연속내역 봉 그래프라고 할 수 있다. 선과 선 사이의 크기로 데이터 변화를 나타낸다.
- 합계와 부분의 크기를 백분율로 나타내고 시간적 변화를 보고자 할 때나 합계와 각 부분의 크기를 실수로 나타내고 시간적 변화를 보고자 할 때 쓰인다.

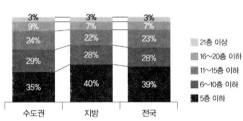

ⓗ 레이더 차트(거미줄 그래프)

- 원 그래프의 일종으로 비교하는 수량을 직경, 또는 반경으로 나누어 원의 중심에서의 거리에 따라 각 수량의 관계를 나타내는 그래프이다.
- 비교하거나 경과를 나타내는 용도로 쓰인다.

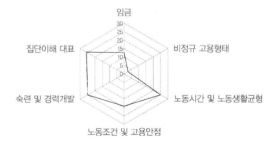

③ 도표 해석상의 유의사항

　㉠ 요구되는 지식의 수준을 넓힌다.

　㉡ 도표에 제시된 자료의 의미를 정확히 숙지한다.

　㉢ 도표로부터 알 수 있는 것과 없는 것을 구별한다.

　㉣ 총량의 증가와 비율의 증가를 구분한다.

　㉤ 백분위수와 사분위수를 정확히 이해하고 있어야 한다.

예제 5

다음 표는 2009 ~ 2010년 지역별 직장인들의 자기개발에 관해 조사한 내용을 정리한 것이다. 이에 대한 분석으로 옳은 것은?

(단위 : %)

연도 / 구분 / 지역	2009				2010			
	자기개발하고 있음	자기개발 비용 부담 주체			자기개발하고 있음	자기개발 비용 부담 주체		
		직장100%	본인100%	직장50%+본인50%		직장100%	본인100%	직장50%+본인50%
충청도	36.8	8.5	88.5	3.1	45.9	9.0	65.5	24.5
제주도	57.4	8.3	89.1	2.9	68.5	7.9	68.3	23.8
경기도	58.2	12	86.3	2.6	71.0	7.5	74.0	18.5
서울시	60.6	13.4	84.2	2.4	72.7	11.0	73.7	15.3
경상도	40.5	10.7	86.1	3.2	51.0	13.6	74.9	11.6

① 2009년과 2010년 모두 자기개발 비용을 본인이 100% 부담하는 사람의 수는 응답자의 절반 이상이다.

② 자기개발을 하고 있다고 응답한 사람의 수는 2009년과 2010년 모두 서울시가 가장 많다.

③ 자기개발 비용을 직장과 본인이 각각 절반씩 부담하는 사람의 비율은 2009년과 2010년 모두 서울시가 가장 높다.

④ 2009년과 2010년 모두 자기개발을 하고 있다고 응답한 비율이 가장 높은 지역에서 자기개발비용을 직장이 100% 부담한다고 응답한 사람의 비율이 가장 높다.

그래프, 그림, 도표 등 주어진 자료를 이해하고 의미를 파악하여 필요한 정보를 해석하는 능력을 평가하는 문제이다.

해 설

② 지역별 인원수가 제시되어 있지 않으므로, 각 지역별 응답자 수는 알 수 없다.

③ 2009년에는 경상도에서, 2010년에는 충청도에서 가장 높은 비율을 보인다.

④ 2009년과 2010년 모두 '자기개발을 하고 있다'고 응답한 비율이 가장 높은 지역은 서울시이며, 2010년의 경우 자기개발 비용을 직장이 100% 부담한다고 응답한 사람의 비율이 가장 높은 지역은 경상도이다.

답 ①

(4) 도표작성능력

① 도표작성 절차

    ㉠ 어떠한 도표로 작성할 것인지를 결정

    ㉡ 가로축과 세로축에 나타낼 것을 결정

    ㉢ 한 눈금의 크기를 결정

    ㉣ 자료의 내용을 가로축과 세로축이 만나는 곳에 표현

    ㉤ 표현한 점들을 선분으로 연결

    ㉥ 도표의 제목을 표기

② 도표작성 시 유의사항

    ㉠ 선 그래프 작성 시 유의점

- 세로축에 수량, 가로축에 명칭구분을 제시한다.
- 선의 높이에 따라 수치를 파악하는 경우가 많으므로 세로축의 눈금을 가로축보다 크게 하는 것이 효과적이다.
- 선이 두 종류 이상일 경우 반드시 그 명칭을 기입한다.

    ㉡ 막대 그래프 작성 시 유의점

- 막대 수가 많을 경우에는 눈금선을 기입하는 것이 알아보기 쉽다.
- 막대의 폭은 모두 같게 하여야 한다.

    ㉢ 원 그래프 작성 시 유의점

- 정각 12시의 선을 기점으로 오른쪽으로 그리는 것이 보통이다.
- 분할선은 구성비율이 큰 순서로 그린다.

    ㉣ 층별 그래프 작성 시 유의점

- 눈금은 선 그래프나 막대 그래프보다 적게 하고 눈금선은 넣지 않는다.
- 층별로 색이나 모양이 완전히 다른 것이어야 한다.
- 같은 항목은 옆에 있는 층과 선으로 연결하여 보기 쉽도록 한다.

03 문제해결능력

1 문제와 문제해결

(1) 문제의 정의와 분류

① 정의 : 업무를 수행함에 있어서 답을 요구하는 질문이나 의논하여 해결해야 되는 사항이다.

② 문제의 분류

구분	창의적 문제	분석적 문제
문제제시 방법	현재 문제가 없더라도 보다 나은 방법을 찾기 위한 문제 탐구→문제 자체가 명확하지 않음	현재의 문제점이나 미래의 문제로 예견될 것에 대한 문제 탐구→문제 자체가 명확함
해결방법	창의력에 의한 많은 아이디어의 작성을 통해 해결	분석, 논리, 귀납과 같은 논리적 방법을 통해 해결
해답 수	해답의 수가 많으며, 많은 답 가운데 보다 나은 것을 선택	답의 수가 적으며 한정되어 있음
주요특징	주관적, 직관적, 감각적, 정성적, 개별적, 특수성	객관적, 논리적, 정량적, 이성적, 일반적, 공통성

(2) 업무수행과정에서 발생하는 문제 유형

① 발생형 문제(보이는 문제) : 현재 직면하여 해결하기 위해 고민하는 문제이다. 원인이 내재되어 있기 때문에 원인지향적인 문제라고도 한다.

    ㉠ 일탈문제 : 어떤 기준을 일탈함으로써 생기는 문제

    ㉡ 미달문제 : 어떤 기준에 미달하여 생기는 문제

② 탐색형 문제(찾는 문제) : 현재의 상황을 개선하거나 효율을 높이기 위한 문제이다. 방치할 경우 큰 손실이 따르거나 해결할 수 없는 문제로 나타나게 된다.

    ㉠ 잠재문제 : 문제가 잠재되어 있어 인식하지 못하다가 확대되어 해결이 어려운 문제

    ㉡ 예측문제 : 현재로는 문제가 없으나 현 상태의 진행 상황을 예측하여 찾아야 앞으로 일어날 수 있는 문제가 보이는 문제

    ㉢ 발견문제 : 현재로서는 담당 업무에 문제가 없으나 선진기업의 업무 방법 등 보다 좋은 제도나 기법을 발견하여 개선시킬 수 있는 문제

③ 설정형 문제(미래 문제) : 장래의 경영전략을 생각하는 것으로 앞으로 어떻게 할 것인가 하는 문제이다. 문제해결에 창조적인 노력이 요구되어 창조적 문제라고도 한다.

D회사 신입사원으로 입사한 귀하는 신입사원 교육에서 업무수행과정에서 발생하는 문제 유형 중 설정형 문제를 하나씩 찾아오라는 지시를 받았다. 이에 대해 귀하는 교육받은 내용을 다시 복습하려고 한다. 설정형 문제에 해당하는 것은?

① 현재 직면하여 해결하기 위해 고민하는 문제
② 현재의 상황을 개선하거나 효율을 높이기 위한 문제
③ 앞으로 어떻게 할 것인가 하는 문제
④ 원인이 내재되어 있는 원인지향적인 문제

출제의도

업무수행 중 문제가 발생하였을 때 문제 유형을 구분하는 능력을 측정하는 문항이다.

해 설

업무수행과정에서 발생하는 문제 유형으로는 발생형 문제, 탐색형 문제, 설정형 문제가 있으며 ①④는 발생형 문제이며 ②는 탐색형 문제, ③이 설정형 문제이다.

답 ③

(3) 문제해결

① 정의 : 목표와 현상을 분석하고 이 결과를 토대로 과제를 도출하여 최적의 해결책을 찾아 실행·평가해 가는 활동이다.

② 문제해결에 필요한 기본적 사고

　㉠ 전략적 사고 : 문제와 해결방안이 상위 시스템과 어떻게 연결되어 있는지를 생각한다.

　㉡ 분석적 사고 : 전체를 각각의 요소로 나누어 그 의미를 도출하고 우선순위를 부여하여 구체적인 문제해결방법을 실행한다.

　㉢ 발상의 전환 : 인식의 틀을 전환하여 새로운 관점으로 바라보는 사고를 지향한다.

　㉣ 내·외부자원의 활용 : 기술, 재료, 사람 등 필요한 자원을 효과적으로 활용한다.

③ 문제해결의 장애요소

　㉠ 문제를 철저하게 분석하지 않는 경우

　㉡ 고정관념에 얽매이는 경우

　㉢ 쉽게 떠오르는 단순한 정보에 의지하는 경우

　㉣ 너무 많은 자료를 수집하려고 노력하는 경우

④ 문제해결방법

　㉠ 소프트 어프로치 : 문제해결을 위해서 직접적인 표현보다는 무언가를 시사하거나 암시를 통하여 의사를 전달하여 문제해결을 도모하고자 한다.

　㉡ 하드 어프로치 : 상이한 문화적 토양을 가지고 있는 구성원을 가정하고, 서로의 생각을 직설적으로 주장하고 논쟁이나 협상을 통해 서로의 의견을 조정해 가는 방법이다.

ⓒ 퍼실리테이션(facilitation) : 촉진을 의미하며 어떤 그룹이나 집단이 의사결정을 잘 하도록 도와주는 일을 의미한다.

2 문제해결능력을 구성하는 하위능력

(1) 사고력

① 창의적 사고 : 개인이 가지고 있는 경험과 지식을 통해 새로운 가치 있는 아이디어를 산출하는 사고능력이다.

ⓐ 창의적 사고의 특징
- 정보와 정보의 조합
- 사회나 개인에게 새로운 가치 창출
- 창조적인 가능성

예제 2

M사 홍보팀에서 근무하고 있는 귀하는 입사 5년차로 창의적인 기획안을 제출하기로 유명하다. S부장은 이번 신입사원 교육 때 귀하에게 창의적인 사고란 무엇인지 교육을 맡아달라고 부탁하였다. 창의적인 사고에 대한 귀하의 설명으로 옳지 않은 것은?

① 창의적인 사고는 새롭고 유용한 아이디어를 생산해 내는 정신적인 과정이다.
② 창의적인 사고는 특별한 사람들만이 할 수 있는 대단한 능력이다.
③ 창의적인 사고는 기존의 정보들을 특정한 요구조건에 맞거나 유용하도록 새롭게 조합시킨 것이다.
④ 창의적인 사고는 통상적인 것이 아니라 기발하거나, 신기하며 독창적인 것이다.

출제의도

창의적 사고에 대한 개념을 정확히 파악하고 있는지를 묻는 문항이다.

해 설

흔히 사람들은 창의적인 사고에 대해 특별한 사람들만이 할 수 있는 대단한 능력이라고 생각하지만 그리 대단한 능력이 아니며 이미 알고 있는 경험과 지식을 해체하여 다시 새로운 정보로 결합하여 가치 있는 아이디어를 산출하는 사고라고 할 수 있다.

답 ②

ⓑ 발산적 사고 : 창의적 사고를 위해 필요한 것으로 자유연상법, 강제연상법, 비교발상법 등을 통해 개발할 수 있다.

구분	내용
자유연상법	생각나는 대로 자유롭게 발상 ex) 브레인스토밍
강제연상법	각종 힌트에 강제적으로 연결 지어 발상 ex) 체크리스트
비교발상법	주제의 본질과 닮은 것을 힌트로 발상 ex) NM법, Synectics

POINT 브레인스토밍

　㉠ 진행방법
- 주제를 구체적이고 명확하게 정한다.
- 구성원의 얼굴을 볼 수 있는 좌석 배치와 큰 용지를 준비한다.
- 구성원들의 다양한 의견을 도출할 수 있는 사람을 리더로 선출한다.
- 구성원은 다양한 분야의 사람들로 5~8명 정도로 구성한다.
- 발언은 누구나 자유롭게 할 수 있도록 하며, 모든 발언 내용을 기록한다.
- 아이디어에 대한 평가는 비판해서는 안 된다.

　㉡ 4대 원칙
- 비판엄금(Support) : 평가 단계 이전에 결코 비판이나 판단을 해서는 안 되며 평가는 나중까지 유보한다.
- 자유분방(Silly) : 무엇이든 자유롭게 말하고 이런 바보 같은 소리를 해서는 안 된다는 등의 생각은 하지 않아야 한다.
- 질보다 양(Speed) : 질에는 관계없이 가능한 많은 아이디어들을 생성해내도록 격려한다.
- 결합과 개선(Synergy) : 다른 사람의 아이디어에 자극되어 보다 좋은 생각이 떠오르고, 서로 조합하면 재미있는 아이디어가 될 것 같은 생각이 들면 즉시 조합시킨다.

② 논리적 사고 : 사고의 전개에 있어 전후의 관계가 일치하고 있는가를 살피고 아이디어를 평가하는 사고능력이다.

　㉠ 논리적 사고를 위한 5가지 요소 : 생각하는 습관, 상대 논리의 구조화, 구체적인 생각, 타인에 대한 이해, 설득

　㉡ 논리적 사고 개발 방법
- 피라미드 구조 : 하위의 사실이나 현상부터 사고하여 상위의 주장을 만들어가는 방법
- so what기법 : '그래서 무엇이지?'하고 자문자답하여 주어진 정보로부터 가치 있는 정보를 이끌어내는 사고 기법

③ 비판적 사고 : 어떤 주제나 주장에 대해서 적극적으로 분석하고 종합하며 평가하는 능동적인 사고이다.

　㉠ 비판적 사고 개발 태도 : 비판적 사고를 개발하기 위해서는 지적 호기심, 객관성, 개방성, 융통성, 지적 회의성, 지적 정직성, 체계성, 지속성, 결단성, 다른 관점에 대한 존중과 같은 태도가 요구된다.

　㉡ 비판적 사고를 위한 태도
- 문제의식 : 비판적인 사고를 위해서 가장 먼저 필요한 것은 바로 문제의식이다. 자신이 지니고 있는 문제와 목적을 확실하고 정확하게 파악하는 것이 비판적인 사고의 시작이다.
- 고정관념 타파 : 지각의 폭을 넓히는 일은 정보에 대한 개방성을 가지고 편견을 갖지 않는 것으로 고정관념을 타파하는 일이 중요하다.

(2) 문제처리능력과 문제해결절차

① 문제처리능력 : 목표와 현상을 분석하고 이를 토대로 문제를 도출하여 최적의 해결책을 찾아 실행·평가하는 능력이다.

② 문제해결절차 : 문제 인식 → 문제 도출 → 원인 분석 → 해결안 개발 → 실행 및 평가

   ㉠ 문제 인식 : 문제해결과정 중 'what'을 결정하는 단계로 환경 분석 → 주요 과제 도출 → 과제 선정의 절차를 통해 수행된다.

     • 3C 분석 : 환경 분석 방법의 하나로 사업환경을 구성하고 있는 요소인 자사(Company), 경쟁사(Competitor), 고객(Customer)을 분석하는 것이다.

예제 3

L사에서 주력 상품으로 밀고 있는 TV의 판매 이익이 감소하고 있는 상황에서 귀하는 B부장으로부터 3C분석을 통해 해결방안을 강구해 오라는 지시를 받았다. 다음 중 3C에 해당하지 않는 것은?

① Customer   ② Company
③ Competitor   ④ Content

출제의도

3C의 개념과 구성요소를 정확히 숙지하고 있는지를 측정하는 문항이다.

해설

3C 분석에서 사업 환경을 구성하고 있는 요소인 자사(Company), 경쟁사(Competitor), 고객을 3C(Customer)라고 한다. 3C 분석에서 고객 분석에서는 '고객은 자사의 상품·서비스에 만족하고 있는가'를, 자사 분석에서는 '자사가 세운 달성목표와 현상 간에 차이가 없는가'를 경쟁사 분석에서는 '경쟁기업의 우수한 점과 자사의 현상과 차이가 없는가'에 대한 질문을 통해서 환경을 분석하게 된다.

답 ④

- SWOT 분석 : 기업내부의 강점과 약점, 외부환경의 기회와 위협요인을 분석·평가하여 문제해결 방안을 개발하는 방법이다.

		내부환경요인	
		강점(Strengths)	약점(Weaknesses)
외부환경요인	기회 (Opportunities)	SO 내부강점과 외부기회 요인을 극대화	WO 외부기회를 이용하여 내부약점을 강점으로 전환
	위협 (Threat)	ST 외부위협을 최소화하기 위해 내부강점을 극대화	WT 내부약점과 외부위협을 최소화

ⓛ 문제 도출 : 선정된 문제를 분석하여 해결해야 할 것이 무엇인지를 명확히 하는 단계로, 문제 구조 파악 → 핵심 문제 선정 단계를 거쳐 수행된다.

- Logic Tree : 문제의 원인을 파고들거나 해결책을 구체화할 때 제한된 시간 안에서 넓이와 깊이를 추구하는데 도움이 되는 기술로 주요 과제를 나무모양으로 분해·정리하는 기술이다.

ⓒ 원인 분석 : 문제 도출 후 파악된 핵심 문제에 대한 분석을 통해 근본 원인을 찾는 단계로 Issue 분석 → Data 분석 → 원인 파악의 절차로 진행된다.

ⓐ 해결안 개발 : 원인이 밝혀지면 이를 효과적으로 해결할 수 있는 다양한 해결안을 개발하고 최선의 해결안을 선택하는 것이 필요하다.

ⓜ 실행 및 평가 : 해결안 개발을 통해 만들어진 실행계획을 실제 상황에 적용하는 활동으로 실행계획 수립 → 실행 → Follow-up의 절차로 진행된다.

예제 4

C사는 최근 국내 매출이 지속적으로 하락하고 있어 사내 분위기가 심상치 않다. 이에 대해 Y부장은 이 문제를 극복하고자 문제처리 팀을 구성하여 해결방안을 모색하도록 지시하였다. 문제처리 팀의 문제해결 절차를 올바른 순서로 나열한 것은?

① 문제 인식 → 원인 분석 → 해결안 개발 → 문제 도출 → 실행 및 평가
② 문제 도출 → 문제 인식 → 해결안 개발 → 원인 분석 → 실행 및 평가
③ 문제 인식 → 원인 분석 → 문제 도출 → 해결안 개발 → 실행 및 평가
④ 문제 인식 → 문제 도출 → 원인 분석 → 해결안 개발 → 실행 및 평가

출제의도

실제 업무 상황에서 문제가 일어났을 때 해결 절차를 알고 있는지를 측정하는 문항이다.

해 설

일반적인 문제해결절차는 '문제 인식 → 문제 도출 → 원인 분석 → 해결안 개발 → 실행 및 평가'로 이루어진다.

답 ④

04 자원관리능력

1 자원과 자원관리

(1) 자원

① 자원의 종류 : 시간, 돈, 물적자원, 인적자원

② 자원의 낭비요인 : 비계획적 행동, 편리성 추구, 자원에 대한 인식 부재, 노하우 부족

(2) 자원관리 기본 과정

① 필요한 자원의 종류와 양 확인

② 이용 가능한 자원 수집하기

③ 자원 활용 계획 세우기

④ 계획대로 수행하기

예제 1

당신은 A출판사 교육훈련 담당자이다. 조직의 효율성을 높이기 위해 전사적인 시간관리에 대한 교육을 실시하기로 하였지만 바쁜 일정 상 직원들을 집합교육에 동원할 수 있는 시간은 제한적이다. 다음 중 귀하가 최우선의 교육 대상으로 삼아야 하는 것은 어느 부분인가?

구분	긴급한 일	긴급하지 않은 일
중요한 일	제1사분면	제2사분면
중요하지 않은 일	제3사분면	제4사분면

출제의도

주어진 일들을 중요도와 긴급도에 따른 시간관리 매트릭스에서 우선순위를 구분할 수 있는가를 측정하는 문항이다.

① 중요하고 긴급한 일로 위기사항이나 급박한 문제, 기간이 정해진 프로젝트 등이 해당되는 제1사분면
② 긴급하지는 않지만 중요한 일로 인간관계구축이나 새로운 기회의 발굴, 중장기 계획 등이 포함되는 제2사분면
③ 긴급하지만 중요하지 않은 일로 잠깐의 급한 질문, 일부 보고서, 눈 앞의 급박한 사항이 해당되는 제3사분면
④ 중요하지 않고 긴급하지 않은 일로 하찮은 일이나 시간낭비거리, 즐거운 활동 등이 포함되는 제4사분면

2 자원관리능력을 구성하는 하위능력

(1) 시간관리능력

① 시간의 특성

ㄱ 시간은 매일 주어지는 기적이다.

ㄴ 시간은 똑같은 속도로 흐른다.

ㄷ 시간의 흐름은 멈추게 할 수 없다.

ㄹ 시간은 꾸거나 저축할 수 없다.

ㅁ 시간은 사용하기에 따라 가치가 달라진다.

② 시간관리의 효과

ㄱ 생산성 향상

ㄴ 가격 인상

ㄷ 위험 감소

ㄹ 시장 점유율 증가

③ 시간계획

    ⊙ 개념 : 시간 자원을 최대한 활용하기 위하여 가장 많이 반복되는 일에 가장 많은 시간을 분배하고, 최단시간에 최선의 목표를 달성하는 것을 의미한다.

    ⓒ 60 : 40의 Rule

계획된 행동 (60%)	계획 외의 행동 (20%)	자발적 행동 (20%)
총 시간		

예제 2

유아용품 홍보팀의 사원 은이씨는 일산 킨텍스에서 열리는 유아용품박람회에 참여하고자 한다. 당일 회의 후 출발해야 하며 회의 종료 시간은 오후 3시이다.

장소	일시
일산 킨텍스 제2전시장	2016. 1. 20(금) PM 15:00~19:00 * 입장가능시간은 종료 2시간 전 까지

오시는 길
지하철 : 4호선 대화역(도보 30분 거리)
버스 : 8109번, 8407번(도보 5분 거리)

• 회사에서 버스정류장 및 지하철역까지 소요시간

출발지	도착지	소요시간	
회사	×× 정류장	도보	15분
		택시	5분
	지하철역	도보	30분
		택시	10분

• 일산 킨텍스 가는 길

교통편	출발지	도착지	소요시간
지하철	강남역	대화역	1시간 25분
버스	×× 정류장	일산 킨텍스 정류장	1시간 45분

위의 제시 상황을 보고 은이씨가 선택할 교통편으로 가장 적절한 것은?

① 도보 - 지하철   ② 도보 - 버스
③ 택시 - 지하철   ④ 택시 - 버스

(2) 예산관리능력

① 예산과 예산관리

    ㉠ 예산 : 필요한 비용을 미리 헤아려 계산하는 것이나 그 비용을 말한다.

    ㉡ 예산관리 : 활동이나 사업에 소요되는 비용을 산정하고, 예산을 편성하는 것뿐만 아니라 예산을 통제하는 것 모두를 포함한다.

② 예산의 구성요소

비용	직접비용	재료비, 원료와 장비, 시설비, 여행(출장) 및 잡비, 인건비 등
	간접비용	보험료, 건물관리비, 광고비, 통신비, 사무비품비, 각종 공과금 등

③ 예산수립 과정 : 필요한 과업 및 활동 구명 → 우선순위 결정 → 예산 배정

예제 3

당신은 가을 체육대회에서 총무를 맡으라는 지시를 받았다. 다음과 같은 계획에 따라 예산을 진행하였으나 확보된 예산이 생각보다 적게 되어 불가피하게 비용항목을 줄여야 한다. 다음 중 귀하가 비용 항목을 없애기에 가장 적절한 것은 무엇인가?

〈○○산업공단 춘계 1차 워크숍〉

1. 해당부서 : 인사관리팀, 영업팀, 재무팀
2. 일　　　정 : 2016년 4월 21일~23일(2박 3일)
3. 장　　　소 : 강원도 속초 ○○연수원
4. 행사내용 : 바다열차탑승, 체육대회, 친교의 밤 행사, 기타

---

① 숙박비 　　　　　　　② 식비
③ 교통비 　　　　　　　④ 기념품비

출제의도

업무에 소요되는 예산 중 꼭 필요한 것과 예산을 감축해야할 때 삭제 또는 감축이 가능한 것을 구분해내는 능력을 묻는 문항이다.

해　설

한정된 예산을 가지고 과업을 수행할 때에는 중요도를 기준으로 예산을 사용한다. 위와 같이 불가피하게 비용 항목을 줄여야 한다면 기본적인 항목인 숙박비, 식비, 교통비는 유지되어야 하기에 항목을 없애기 가장 적절한 정답은 ④번이 된다.

답 ④

(3) 물적관리능력

① 물적자원의 종류

    ⊙ 자연자원 : 자연상태 그대로의 자원 ex) 석탄, 석유 등

    ⓒ 인공자원 : 인위적으로 가공한 자원 ex) 시설, 장비 등

② 물적자원관리 : 물적자원을 효과적으로 관리할 경우 경쟁력 향상이 향상되어 과제 및 사업의 성공으로 이어지며, 관리가 부족할 경우 경제적 손실로 인해 과제 및 사업의 실패 가능성이 커진다.

③ 물적자원 활용의 방해요인

    ⊙ 보관 장소의 파악 문제

    ⓒ 훼손

    ⓒ 분실

④ 물적자원관리 과정

과정	내용
사용 물품과 보관 물품의 구분	• 반복 작업 방지 • 물품활용의 편리성
동일 및 유사 물품으로의 분류	• 동일성의 원칙 • 유사성의 원칙
물품 특성에 맞는 보관 장소 선정	• 물품의 형상 • 물품의 소재

S호텔의 외식사업부 소속인 K씨는 예약일정 관리를 담당하고 있다. 아래의 예약 일정과 정보를 보고 K씨의 판단으로 옳지 않은 것은?

〈S호텔 일식 뷔페 1월 ROOM 예약 일정〉

* 예약 : ROOM 이름(시작시간)

SUN	MON	TUE	WED	THU	FRI	SAT
					1	2
					백합(16)	장미(11) 백합(15)
3	4	5	6	7	8	9
라일락(15)		백향목(10) 백합(15)	장미(10) 백향목(17)	백합(11) 라일락(18)	백향목(15)	장미(10) 라일락(15)

ROOM 구분	수용가능인원	최소투입인력	연회장 이용시간
백합	20	3	2시간
장미	30	5	3시간
라일락	25	4	2시간
백향목	40	8	3시간

– 오후 9시에 모든 업무를 종료함
– 한 타임 끝난 후 1시간씩 세팅 및 정리
– 동 시간 대 서빙 투입인력은 총 10명을 넘을 수 없음

안녕하세요, 1월 첫째 주 또는 둘째 주에 신년회 행사를 위해 ROOM을 예약하려고 하는데요, 저희 동호회의 총 인원은 27명이고 오후 8시쯤 마무리하려고 합니다. 신정과 주말, 월요일은 피하고 싶습니다. 예약이 가능할까요?

① 인원을 고려했을 때 장미ROOM과 백향목ROOM이 적합하겠군
② 만약 2명이 안 온다면 예약 가능한 ROOM이 늘어나겠구나
③ 조건을 고려했을 때 예약 가능한 ROOM은 5일 장미ROOM뿐이겠구나
④ 오후 5시부터 8시까지 가능한 ROOM을 찾아야해

주어진 정보와 일정표를 토대로 이용 가능한 물적자원을 확보하여 이를 정확하게 안내할 수 있는 능력을 측정하는 문항이다. 고객이 제공한 정보를 정확하게 파악하고 그 조건 안에서 가능한 자원을 제공할 수 있어야 한다.

③ 조건을 고려했을 때 5일 장미 ROOM과 7일 장미ROOM이 예약 가능하다.
① 참석 인원이 27명이므로 30명 수용 가능한 장미ROOM과 40명 수용 가능한 백향목ROOM 두 곳이 적합하다.
② 만약 2명이 안 온다면 총 참석 인원 25명이므로 라일락ROOM, 장미ROOM, 백향목ROOM이 예약 가능하다.
④ 오후 8시에 마무리하려고 계획하고 있으므로 적절하다.

답 ③

(4) 인적자원관리능력

① 인맥 : 가족, 친구, 직장동료 등 자신과 직접적인 관계에 있는 사람들인 핵심인맥과 핵심인맥들로부터 알게 된 파생인맥이 존재한다.

② 인적자원의 특성 : 능동성, 개발가능성, 전략적 자원

③ 인력배치의 원칙

    ㉠ 적재적소주의 : 팀의 효율성을 높이기 위해 팀원의 능력이나 성격 등과 가장 적합한 위치에 배치하여 팀원 개개인의 능력을 최대로 발휘해 줄 것을 기대하는 것

    ㉡ 능력주의 : 개인에게 능력을 발휘할 수 있는 기회와 장소를 부여하고 그 성과를 바르게 평가하며 평가된 능력과 실적에 대해 그에 상응하는 보상을 주는 원칙

    ㉢ 균형주의 : 모든 팀원에 대한 적재적소를 고려

④ 인력배치의 유형

    ㉠ 양적 배치 : 부문의 작업량과 조업도, 여유 또는 부족 인원을 감안하여 소요인원을 결정하여 배치하는 것

    ㉡ 질적 배치 : 적재적소의 배치

    ㉢ 적성 배치 : 팀원의 적성 및 흥미에 따라 배치하는 것

예제 5

최근 조직개편 및 연봉협상 과정에서 직원들의 불만이 높아지고 있다. 온갖 루머가 난무한 가운데 인사팀원인 당신에게 사내 게시판의 직원 불만사항에 대한 진위여부를 파악하고 대안을 세우라는 팀장의 지시를 받았다. 다음 중 당신이 조치를 취해야 하는 직원은 누구인가?

① 사원 A는 팀장으로부터 업무 성과가 탁월하다는 평가를 받았는데도 조직개편으로 인한 부서 통합으로 인해 승진을 못한 것이 불만이다.

② 사원 B는 회사가 예년에 비해 높은 영업 이익을 얻었는데도 불구하고 연봉 인상에 인색한 것이 불만이다.

③ 사원 C는 회사가 급여 정책을 변경해서 고정급 비율을 낮추고 기본급과 인센티브를 지급하는 제도로 바꾼 것이 불만이다.

④ 사원 D는 입사 동기인 동료가 자신보다 업무 실적이 좋지 않고 불성실한 근무태도를 가지고 있는데, 팀장과의 친분으로 인해 자신보다 높은 평가를 받은 것이 불만이다.

출제의도

주어진 직원들의 정보를 통해 시급하게 진위여부를 가리고 조치하여 인력배치를 해야 하는 사항을 확인하는 문제이다.

해 설

사원 A, B, C는 각각 조직 정책에 대한 불만이기에 논의를 통해 조직적으로 대처하는 것이 옳지만, 사원 D는 팀장의 독단적인 전횡에 대한 불만이기 때문에 조사하여 시급히 조치할 필요가 있다. 따라서 가장 적절한 답은 ④번이 된다.

답 ④

조직이해능력 05

1 조직과 개인

(1) 조직

① 조직과 기업

　㉠ 조직 : 두 사람 이상이 공동의 목표를 달성하기 위해 의식적으로 구성된 상호작용과 조정을 행하는 행동의 집합체

　㉡ 기업 : 노동, 자본, 물자, 기술 등을 투입하여 제품이나 서비스를 산출하는 기관

② 조직의 유형

기준	구분	예
공식성	공식조직	조직의 규모, 기능, 규정이 조직화된 조직
	비공식조직	인간관계에 따라 형성된 자발적 조직
영리성	영리조직	사기업
	비영리조직	정부조직, 병원, 대학, 시민단체
조직규모	소규모 조직	가족 소유의 상점
	대규모 조직	대기업

(2) 경영

① 경영의 의미 : 조직의 목적을 달성하기 위한 전략, 관리, 운영활동이다.

② 경영의 구성요소

　㉠ 경영목적 : 조직의 목적을 달성하기 위한 방법이나 과정

　㉡ 인적자원 : 조직의 구성원·인적자원의 배치와 활용

　㉢ 자금 : 경영활동에 요구되는 돈·경영의 방향과 범위 한정

　㉣ 경영전략 : 변화하는 환경에 적응하기 위한 경영활동 체계화

③ 경영자의 역할

대인적 역할	정보적 역할	의사결정적 역할
• 조직의 대표자 • 조직의 리더 • 상징자, 지도자	• 외부환경 모니터 • 변화전달 • 정보전달자	• 문제 조정 • 대외적 협상 주도 • 분쟁조정자, 자원배분자, 협상가

(3) 조직체제 구성요소

① 조직목표 : 전체 조직의 성과, 자원, 시장, 인력개발, 혁신과 변화, 생산성에 대한 목표

② 조직구조 : 조직 내의 부문 사이에 형성된 관계

③ 조직문화 : 조직구성원들 간에 공유하는 생활양식이나 가치

④ 규칙 및 규정 : 조직의 목표나 전략에 따라 수립되어 조직구성원들이 활동범위를 제약하고 일관성을 부여하는 기능

예제 1

주어진 글의 빈칸에 들어갈 말로 가장 적절한 것은?

> 조직이 지속되게 되면 조직구성원들 간 생활양식이나 가치를 공유하게 되는데 이를 조직의 (㉠)라고 한다. 이는 조직구성원들의 사고와 행동에 영향을 미치며 일체감과 정체성을 부여하고 조직이 (㉡)으로 유지되게 한다. 최근 이에 대한 중요성이 부각되면서 긍정적인 방향으로 조성하기 위한 경영층의 노력이 이루어지고 있다.

① ㉠ : 목표, ㉡ : 혁신적   ② ㉠ : 구조, ㉡ : 단계적
③ ㉠ : 문화, ㉡ : 안정적   ④ ㉠ : 규칙, ㉡ : 체계적

---

(4) 조직변화의 과정

환경변화 인지 → 조직변화 방향 수립 → 조직변화 실행 → 변화결과 평가

(5) 조직과 개인

개인	지식, 기술, 경험 → ← 연봉, 성과급, 인정, 칭찬, 만족감	조직

2 조직이해능력을 구성하는 하위능력

(1) 경영이해능력

① 경영 : 조직의 목적을 달성하기 위한 전략, 관리, 운영활동이다.

　㉠ 경영의 구성요소 : 경영목적, 인적자원, 자금, 전략

　㉡ 경영의 과정

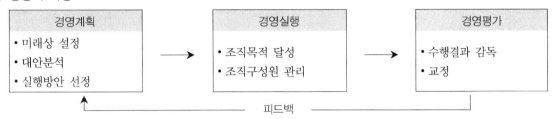

　㉢ 경영활동 유형

　　• 외부경영활동 : 조직외부에서 조직의 효과성을 높이기 위해 이루어지는 활동이다.

　　• 내부경영활동 : 조직내부에서 인적, 물적 자원 및 생산기술을 관리하는 것이다.

② 의사결정과정

　㉠ 의사결정의 과정

　　• 확인 단계 : 의사결정이 필요한 문제를 인식한다.

　　• 개발 단계 : 확인된 문제에 대하여 해결방안을 모색하는 단계이다.

　　• 선택 단계 : 해결방안을 마련하며 실행가능한 해결안을 선택한다.

　㉡ 집단의사결정의 특징

　　• 지식과 정보가 더 많아 효과적인 결정을 할 수 있다.

　　• 다양한 견해를 가지고 접근할 수 있다.

　　• 결정된 사항에 대하여 의사결정에 참여한 사람들이 해결책을 수월하게 수용하고, 의사소통의 기회도 향상된다.

　　• 의견이 불일치하는 경우 의사결정을 내리는데 시간이 많이 소요된다.

　　• 특정 구성원에 의해 의사결정이 독점될 가능성이 있다.

③ 경영전략

　㉠ 경영전략 추진과정

ⓛ 마이클 포터의 본원적 경쟁전략

전략적 우위 요소		
	고객들이 인식하는 제품의 특성	원가우위
산업전체	차별화	원가우위
산업의 특정부문	집중화 (차별화 + 집중화)	집중화 (원가우위 + 집중화)

전략적 목표

예제 2

다음은 경영전략을 세우는 방법 중 하나인 SWOT에 따른 어느 기업의 분석결과이다. 다음 중 주어진 기업 분석 결과에 대응하는 전략은?

강점(Strength)	• 차별화된 맛과 메뉴 • 폭넓은 네트워크
약점(Weakness)	• 매출의 계절적 변동폭이 큼 • 딱딱한 기업 이미지
기회(Opportunity)	• 소비자의 수요 트랜드 변화 • 가계의 외식 횟수 증가 • 경기회복 가능성
위협(Threat)	• 새로운 경쟁자의 진입 가능성 • 과도한 가계부채

내부환경 외부환경	강점(Strength)	약점(Weakness)
기회 (Opportunity)	① 계절 메뉴 개발을 통한 분기 매출 확보	② 고객의 소비패턴을 반영한 광고를 통한 이미지 쇄신
위협 (Threat)	③ 소비 트렌드 변화를 반영한 시장 세분화 정책	④ 고급화 전략을 통한 매출 확대

출제의도

본 문항은 조직이해능력의 하위능력인 경영관리능력을 측정하는 문제이다. 기업에서 경영전략을 세우는데 많이 사용되는 SWOT분석에 대해 이해하고 주어진 분석표를 통해 가장 적절한 경영전략을 도출할 수 있는지를 확인할 수 있다.

해 설

② 딱딱한 이미지를 현재 소비자의 수요 트렌드라는 환경 변화에 대응하여 바꿀 수 있다.

답 ②

④ 경영참가제도

　　㉠ 목적

　　　• 경영의 민주성을 제고할 수 있다.

　　　• 공동으로 문제를 해결하고 노사 간의 세력 균형을 이룰 수 있다.

　　　• 경영의 효율성을 제고할 수 있다.

　　　• 노사 간 상호 신뢰를 증진시킬 수 있다.

　　㉡ 유형

　　　• 경영참가 : 경영자의 권한인 의사결정과정에 근로자 또는 노동조합이 참여하는 것

　　　• 이윤참가 : 조직의 경영성과에 대하여 근로자에게 배분하는 것

　　　• 자본참가 : 근로자가 조직 재산의 소유에 참여하는 것

예제 3

다음은 중국의 H사에서 시행하는 경영참가제도에 대한 기사이다. 밑줄 친 이 제도는 무엇인가?

> H사는 '사람' 중심의 수평적 기업문화가 발달했다. H사는 이 제도의 시행을 통해 직원들이 경영에 간접적으로 참여할 수 있게 하였는데 이에 따라 자연스레 기업에 대한 직원들의 책임 의식도 강화됐다. 참여주주는 8만2471명이다. 모두 H사의 임직원이며, 이 중 창립자인 CEO R은 개인 주주로 총 주식의 1.18%의 지분과 퇴직연금으로 주식총액의 0.21%만을 보유하고 있다.

① 노사협의회제도　　　　　　　　② 이윤분배제도
③ 종업원지주제도　　　　　　　　④ 노동주제도

(2) 체제이해능력

① 조직목표 : 조직이 달성하려는 장래의 상태

  ㉠ 조직목표의 기능

   • 조직이 존재하는 정당성과 합법성 제공
   • 조직이 나아갈 방향 제시
   • 조직구성원 의사결정의 기준
   • 조직구성원 행동수행의 동기유발
   • 수행평가 기준
   • 조직설계의 기준

  ㉡ 조직목표의 특징

   • 공식적 목표와 실제적 목표가 다를 수 있음
   • 다수의 조직목표 추구 가능
   • 조직목표 간 위계적 상호관계가 있음
   • 가변적 속성
   • 조직의 구성요소와 상호관계를 가짐

② 조직구조

  ㉠ 조직구조의 결정요인 : 전략, 규모, 기술, 환경

  ㉡ 조직구조의 유형과 특징

유형	특징
기계적 조직	• 구성원들의 업무가 분명하게 규정 • 엄격한 상하 간 위계질서 • 다수의 규칙과 규정 존재
유기적 조직	• 비공식적인 상호의사소통 • 급변하는 환경에 적합한 조직

③ 조직문화

  ㉠ 조직문화 기능

   • 조직구성원들에게 일체감, 정체성 부여
   • 조직몰입 향상
   • 조직구성원들의 행동지침 : 사회화 및 일탈행동 통제
   • 조직의 안정성 유지

  ㉡ 조직문화 구성요소(7S) : 공유가치(Shared Value), 리더십 스타일(Style), 구성원(Staff), 제도 · 절차(System), 구조(Structure), 전략(Strategy), 스킬(Skill)

④ 조직 내 집단

　㉠ 공식적 집단 : 조직에서 의식적으로 만든 집단으로 집단의 목표, 임무가 명확하게 규정되어 있다.

　　예 임시위원회, 작업팀 등

　㉡ 비공식적 집단 : 조직구성원들의 요구에 따라 자발적으로 형성된 집단이다.

　　예 스터디모임, 봉사활동 동아리, 각종 친목회 등

(3) 업무이해능력

① 업무 : 상품이나 서비스를 창출하기 위한 생산적인 활동이다.

　㉠ 업무의 종류

부서	업무(예)
총무부	주주총회 및 이사회개최 관련 업무, 의전 및 비서업무, 집기비품 및 소모품의 구입과 관리, 사무실 임차 및 관리, 차량 및 통신시설의 운영, 국내외 출장 업무 협조, 복리후생 업무, 법률자문과 소송관리, 사내외 홍보 광고업무 등
인사부	조직기구의 개편 및 조정, 업무분장 및 조정, 인력수급계획 및 관리, 직무 및 정원의 조정 종합, 노사관리, 평가관리, 상벌관리, 인사발령, 교육체계 수립 및 관리, 임금제도, 복리후생제도 및 지원업무, 복무관리, 퇴직관리 등
기획부	경영계획 및 전략 수립, 전사기획업무 종합 및 조정, 중장기 사업계획의 종합 및 조정, 경영정보 조사 및 기획보고, 경영진단업무, 종합예산수립 및 실적관리, 단기사업계획 종합 및 조정, 사업계획, 손익추정, 실적관리 및 분석 등
회계부	회계제도의 유지 및 관리, 재무상태 및 경영실적 보고, 결산 관련 업무, 재무제표분석 및 보고, 법인세, 부가가치세, 국세 지방세 업무자문 및 지원, 보험가입 및 보상업무, 고정자산 관련 업무 등
영업부	판매 계획, 판매예산의 편성, 시장조사, 광고 선전, 견적 및 계약, 제조지시서의 발행, 외상매출금의 청구 및 회수, 제품의 재고 조절, 거래처로부터의 불만처리, 제품의 애프터서비스, 판매원가 및 판매가격의 조사 검토 등

다음은 I기업의 조직도와 팀장님의 지시사항이다. H씨가 팀장님의 심부름을 수행하기 위해 연락해야 할 부서로 옳은 것은?

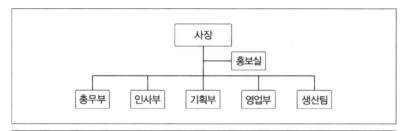

H씨! 내가 지금 너무 바빠서 그러는데 부탁 좀 들어줄래요? 다음 주 중에 사장님 모시고 클라이언트와 만나야 할 일이 있으니까 사장님 일정을 확인해주시구요. 이번 달에 신입사원 교육·훈련계획이 있었던 것 같은데 정확한 시간이랑 날짜를 확인해주세요.

① 총무부, 인사부
② 총무부, 홍보실
③ 기획부, 총무부
④ 영업부, 기획부

    ⓛ 업무의 특성
- 공통된 조직의 목적 지향
- 요구되는 지식, 기술, 도구의 다양성
- 다른 업무와의 관계, 독립성
- 업무수행의 자율성, 재량권

② 업무수행 계획

    ㉠ 업무지침 확인 : 조직의 업무지침과 나의 업무지침을 확인한다.

    ㉡ 활용 자원 확인 : 시간, 예산, 기술, 인간관계

    ㉢ 업무수행 시트 작성
- 간트 차트 : 단계별로 업무의 시작과 끝 시간을 바 형식으로 표현
- 워크 플로 시트 : 일의 흐름을 동적으로 보여줌
- 체크리스트 : 수행수준 달성을 자가점검

POINT 간트 차트와 플로 차트

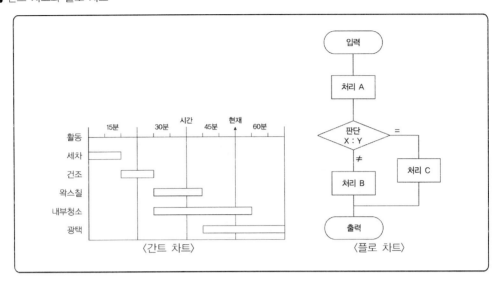

〈간트 차트〉 〈플로 차트〉

예제 5

다음 중 업무수행 시 단계별로 업무를 시작해서 끝나는 데까지 걸리는 시간을 바 형식으로 표시하여 전체 일정 및 단계별로 소요되는 시간과 각 업무활동 사이의 관계를 볼 수 있는 업무수행 시트는?

① 간트 차트
② 워크 플로 차트
③ 체크리스트
④ 퍼트 차트

출제의도

업무수행 계획을 수립할 때 간트 차트, 워크 플로 시트, 체크리스트 등의 수단을 이용하면 효과적으로 계획하고 마지막에 급하게 일을 처리하지 않고 주어진 시간 내에 끝마칠 수 있다. 본 문항은 그러한 수단이 되는 차트들의 이해도를 묻는 문항이다.

해 설

② 일의 절차 처리의 흐름을 표현하기 위해 기호를 써서 도식화한 것
③ 업무를 세부적으로 나누고 각 활동별로 수행수준을 달성했는지를 확인하는 데 효과적
④ 하나의 사업을 수행하는 데 필요한 다수의 세부사업을 단계와 활동으로 세분하여 관련된 계획 공정으로 묶고, 각 활동의 소요시간을 낙관시간, 최가능시간, 비관시간 등 세 가지로 추정하고 이를 평균하여 기대시간을 추정

답 ①

③ 업무 방해요소

　　㉠ 다른 사람의 방문, 인터넷, 전화, 메신저 등

　　㉡ 갈등관리

　　㉢ 스트레스

(4) 국제감각

① 세계화와 국제경영

　　㉠ 세계화 : 3Bs(국경 ; Border, 경계 ; Boundary, 장벽 ; Barrier)가 완화되면서 활동범위가 세계로 확대되는 현상이다.

　　㉡ 국제경영 : 다국적 내지 초국적 기업이 등장하여 범지구적 시스템과 네트워크 안에서 기업 활동이 이루어지는 것이다.

② 이문화 커뮤니케이션 : 서로 상이한 문화 간 커뮤니케이션으로 직업인이 자신의 일을 수행하는 가운데 문화배경을 달리하는 사람과 커뮤니케이션을 하는 것이 이에 해당한다. 이문화 커뮤니케이션은 언어적 커뮤니케이션과 비언어적 커뮤니케이션으로 구분된다.

③ 국제 동향 파악 방법

　　㉠ 관련 분야 해외사이트를 방문해 최신 이슈를 확인한다.

　　㉡ 매일 신문의 국제면을 읽는다.

　　㉢ 업무와 관련된 국제잡지를 정기구독 한다.

　　㉣ 고용노동부, 한국산업인력공단, 산업통상자원부, 중소벤처기업부, 대한상공회의소, 산업별인적자원개발협의체 등의 사이트를 방문해 국제동향을 확인한다.

　　㉤ 국제학술대회에 참석한다.

　　㉥ 업무와 관련된 주요 용어의 외국어를 알아둔다.

　　㉦ 해외서점 사이트를 방문해 최신 서적 목록과 주요 내용을 파악한다.

　　㉧ 외국인 친구를 사귀고 대화를 자주 나눈다.

④ 대표적인 국제매너
  ㉠ 미국인과 인사할 때에는 눈이나 얼굴을 보는 것이 좋으며 오른손으로 상대방의 오른손을 힘주어 잡았다가 놓아야 한다.
  ㉡ 러시아와 라틴아메리카 사람들은 인사할 때에 포옹을 하는 경우가 있는데 이는 친밀함의 표현이므로 자연스럽게 받아주는 것이 좋다.
  ㉢ 명함은 받으면 꾸기거나 계속 만지지 않고 한 번 보고나서 탁자 위에 보이는 채로 대화하거나 명함집에 넣는다.
  ㉣ 미국인들은 시간 엄수를 중요하게 생각하므로 약속시간에 늦지 않도록 주의한다.
  ㉤ 스프를 먹을 때에는 몸쪽에서 바깥쪽으로 숟가락을 사용한다.
  ㉥ 생선요리는 뒤집어 먹지 않는다.
  ㉦ 빵은 스프를 먹고 난 후부터 디저트를 먹을 때까지 먹는다.

06 기술능력

1 기술과 기술능력

(1) 기술과 과학

① 노하우(know-how)와 노와이(know-why)

- ㉠ 노하우 : 특허권을 수반하지 않는 과학자, 엔지니어 등이 가지고 있는 체화된 기술로 경험적이고 반복적인 행위에 의해 얻어진다.

- ㉡ 노와이 : 기술이 성립하고 작용하는가에 관한 원리적 측면에 중심을 둔 개념으로 이론적인 지식으로서 과학적인 탐구에 의해 얻어진다.

② 기술의 특징

- ㉠ 하드웨어나 인간에 의해 만들어진 비자연적인 대상, 혹은 그 이상을 의미한다.

- ㉡ 기술은 노하우(know-how)를 포함한다.

- ㉢ 기술은 하드웨어를 생산하는 과정이다.

- ㉣ 기술은 인간의 능력을 확장시키기 위한 하드웨어와 그것의 활용을 뜻한다.

- ㉤ 기술은 정의 가능한 문제를 해결하기 위해 순서화되고 이해 가능한 노력이다.

③ 기술과 과학 : 기술은 과학과 같이 추상적 이론보다는 실용성, 효용, 디자인을 강조하고 과학은 그 반대로 추상적 이론, 지식을 위한 지식, 본질에 대한 이해를 강조한다.

(2) 기술능력

① 기술능력과 기술교양 : 기술능력은 기술교양의 개념을 보다 구체화시킨 개념으로, 기술교양은 모든 사람들이 광범위한 관점에서 기술의 특성, 기술적 행동, 기술의 힘, 기술의 결과에 대해 어느 정도의 지식을 가지는 것을 의미한다.

② 기술능력이 뛰어난 사람의 특징

- ㉠ 실질적 해결을 필요로 하는 문제를 인식한다.

- ㉡ 인식된 문제를 위한 다양한 해결책을 개발하고 평가한다.

- ㉢ 실제적 문제를 해결하기 위해 지식이나 기타 자원을 선택·최적화시키며 적용한다.

- ㉣ 주어진 한계 속에서 제한된 자원을 가지고 일한다.

ⓜ 기술적 해결에 대한 효용성을 평가한다.

ⓗ 여러 상황 속에서 기술의 체계와 도구를 사용하고 배울 수 있다.

예제 1

Y그룹 기술연구소에 근무하는 정호는 연구 역량 강화를 위한 업계 워크숍에 참석해 기술 능력이 뛰어난 사람의 특징에 대해 기조 발표를 하려고 한다. 다음 중 정호가 발표에 포함시킬 내용으로 옳지 않은 것은?

① 기술의 체계와 같은 무형의 기술에 대한 능력과는 무관하다.
② 주어진 한계 속에서 제한된 자원을 가지고 일한다.
③ 기술적 해결에 대한 효용성을 평가한다.
④ 실질적 해결을 필요로 하는 문제를 인식한다.

출제의도

기술능력이 뛰어난 사람의 특징에 대해 묻는 문제로 문제의 길이가 길 경우 그 속에 포함된 핵심 어구를 찾는다면 쉽게 풀 수 있는 문제다.

해 설

① 여러 상황 속에서 기술의 체계와 도구를 사용하고 배울 수 있다.

답 ①

---

③ 새로운 기술능력 습득방법

  ㉠ 전문 연수원을 통한 기술과정 연수

  ㉡ E-learning을 활용한 기술교육

  ㉢ 상급학교 진학을 통한 기술교육

  ㉣ OJT를 활용한 기술교육

(3) 분야별 유망 기술 전망

① 전기전자정보공학분야 : 지능형 로봇 분야

② 기계공학분야 : 하이브리드 자동차 기술

③ 건설환경공학분야 : 지속가능한 건축 시스템 기술

④ 화학생명공학분야 : 재생에너지 기술

(4) 지속가능한 기술

① 지속가능한 발전 : 지금 우리의 현재 욕구를 충족시키면서 동시에 후속 세대의 욕구 충족을 침해하지 않는 발전

② 지속가능한 기술

  ㉠ 이용 가능한 자원과 에너지를 고려하는 기술

  ㉡ 자원이 사용되고 그것이 재생산되는 비율의 조화를 추구하는 기술

  ㉢ 자원의 질을 생각하는 기술

  ㉣ 자원이 생산적인 방식으로 사용되는가에 주의를 기울이는 기술

(5) 산업재해

① 산업재해란 산업 활동 중의 사고로 인해 사망하거나 부상을 당하고, 또는 유해 물질에 의한 중독 등으로 직업성 질환에 걸리거나 신체적 장애를 가져오는 것을 말한다.

② 산업 재해의 기본적 원인

    ㉠ 교육적 원인 : 안전 지식의 불충분, 안전 수칙의 오해, 경험이나 훈련의 불충분과 작업관리자의 작업 방법의 교육 불충분, 유해 위험 작업 교육 불충분 등

    ㉡ 기술적 원인 : 건물·기계 장치의 설계 불량, 구조물의 불안정, 재료의 부적합, 생산 공정의 부적당, 점검·정비·보존의 불량 등

    ㉢ 작업 관리상 원인 : 안전 관리 조직의 결함, 안전 수칙 미제정, 작업 준비 불충분, 인원 배치 및 작업 지시 부적당 등

예제 2

다음은 철재가 알아낸 산업재해 원인과 관련된 자료이다. 다음 자료에 해당하는 산업재해의 기본적인 원인은 무엇인가?

〈2015년 산업재해 현황분석 자료에 따른 사망자의 수〉

(단위 : 명)

사망원인	사망자 수
안전 지식의 불충분	120
안전 수칙의 오해	56
경험이나 훈련의 불충분	73
작업관리자의 작업방법 교육 불충분	28
유해 위험 작업 교육 불충분	91
기타	4

출처 : 고용노동부 2015 산업재해 현황분석

① 정책적 원인
② 작업 관리상 원인
③ 기술적 원인
④ 교육적 원인

---

③ 산업 재해의 직접적 원인

    ㉠ 불안전한 행동 : 위험 장소 접근, 안전장치 기능 제거, 보호 장비의 미착용 및 잘못 사용, 운전 중인 기계의 속도 조작, 기계·기구의 잘못된 사용, 위험물 취급 부주의, 불안전한 상태 방치, 불안전한 자세와 동장, 감독 및 연락 잘못 등

    ㉡ 불안전한 상태 : 시설물 자체 결함, 전기 기설물의 누전, 구조물의 불안정, 소방기구의 미확보, 안전 보호 장치 결함, 복장·보호구의 결함, 시설물의 배치 및 장소 불량, 작업 환경 결함, 생산 공정의 결함, 경계 표시 설비의 결함 등

④ 산업 재해의 예방 대책

　㉠ 안전 관리 조직 : 경영자는 사업장의 안전 목표를 설정하고, 안전 관리 책임자를 선정해야 하며, 안전 관리 책임자는 안전 계획을 수립하고, 이를 시행·후원·감독해야 한다.

　㉡ 사실의 발견 : 사고 조사, 안전 점검, 현장 분석, 작업자의 제안 및 여론 조사, 관찰 및 보고서 연구, 면담 등을 통하여 사실을 발견한다.

　㉢ 원인 분석 : 재해의 발생 장소, 재해 형태, 재해 정도, 관련 인원, 직원 감독의 적절성, 공구 및 장비의 상태 등을 정확히 분석한다.

　㉣ 시정책의 선정 : 원인 분석을 토대로 적절한 시정책, 즉 기술적 개선, 인사 조정 및 교체, 교육, 설득, 호소, 공학적 조치 등을 선정한다.

　㉤ 시정책 적용 및 뒤처리 : 안전에 대한 교육 및 훈련 실시, 안전시설과 장비의 결함 개선, 안전 감독 실시 등의 선정된 시정책을 적용한다.

2 기술능력을 구성하는 하위능력

(1) 기술이해능력

① 기술시스템

　㉠ 개념 : 기술시스템은 인공물의 집합체만이 아니라 회사, 투자회사, 법적 제도, 정치, 과학, 자연자원을 모두 포함하는 것이기 때문에, 기술적인 것(the technical)과 사회적인 것(the social)이 결합해서 공존한다.

　㉡ 기술시스템의 발전 단계 : 발명·개발·혁신의 단계 → 기술 이전의 단계 → 기술 경쟁의 단계 → 기술 공고화 단계

② 기술혁신

　㉠ 기술혁신의 특성

　　• 기술혁신은 그 과정 자체가 매우 불확실하고 장기간의 시간을 필요로 한다.

　　• 기술혁신은 지식 집약적인 활동이다.

　　• 혁신 과정의 불확실성과 모호함은 기업 내에서 많은 논쟁과 갈등을 유발할 수 있다.

　　• 기술혁신은 조직의 경계를 넘나드는 특성을 갖고 있다.

ⓒ 기술혁신의 과정과 역할

기술혁신 과정	혁신 활동	필요한 자질과 능력
아이디어 창안	• 아이디어를 창출하고 가능성을 검증 • 일을 수행하는 새로운 방법 고안 • 혁신적인 진보를 위한 탐색	• 각 분야의 전문지식 • 추상화와 개념화 능력 • 새로운 분야의 일을 즐김
챔피언	• 아이디어의 전파 • 혁신을 위한 자원 확보 • 아이디어 실현을 위한 헌신	• 정력적이고 위험을 감수함 • 아이디어의 응용에 관심
프로젝트 관리	• 리더십 발휘 • 프로젝트의 기획 및 조직 • 프로젝트의 효과적인 진행 감독	• 의사결정 능력 • 업무 수행 방법에 대한 지식
정보 수문장	• 조직외부의 정보를 내부 구성원들에게 전달 • 조직 내 정보원 기능	• 높은 수준의 기술적 역량 • 원만한 대인 관계 능력
후원	• 혁신에 대한 격려와 안내 • 불필요한 제약에서 프로젝트 보호 • 혁신에 대한 자원 획득을 지원	• 조직의 주요 의사결정에 대한 영향력

(2) 기술선택능력

① 기술선택 : 기업이 어떤 기술을 외부로부터 도입하거나 자체 개발하여 활용할 것인가를 결정하는 것이다.

ㄱ 기술선택을 위한 의사결정
- 상향식 기술선택 : 기업 전체 차원에서 필요한 기술에 대한 체계적인 분석이나 검토 없이 연구자나 엔지니어들이 자율적으로 기술을 선택하는 것
- 하향식 기술선택 : 기술경영진과 기술기획담당자들에 의한 체계적인 분석을 통해 기업이 획득해야 하는 대상기술과 목표기술수준을 결정하는 것

ㄴ 기술선택을 위한 절차

```
        외부환경분석
            ↓
중장기 사업목표 설정 → 사업 전략 수립 → 요구기술 분석 → 기술전략 수립 → 핵심기술 선택
            ↓
        내부 역량 분석
```

- 외부환경분석 : 수요변화 및 경쟁자 변화, 기술 변화 등 분석
- 중장기 사업목표 설정 : 기업의 장기비전, 중장기 매출목표 및 이익목표 설정
- 내부 역량 분석 : 기술능력, 생산능력, 마케팅/영업능력, 재무능력 등 분석
- 사업 전략 수립 : 사업 영역결정, 경쟁 우위 확보 방안 수립
- 요구기술 분석 : 제품 설계/디자인 기술, 제품 생산공정, 원재료/부품 제조기술 분석
- 기술전략 수립 : 기술획득 방법 결정

ⓒ 기술선택을 위한 우선순위 결정

- 제품의 성능이나 원가에 미치는 영향력이 큰 기술
- 기술을 활용한 제품의 매출과 이익 창출 잠재력이 큰 기술
- 쉽게 구할 수 없는 기술
- 기업 간에 모방이 어려운 기술
- 기업이 생산하는 제품 및 서비스에 보다 광범위하게 활용할 수 있는 기술
- 최신 기술로 진부화될 가능성이 적은 기술

예제 3

주현은 건설회사에 근무하면서 프로젝트 관리를 한다. 얼마 전 대규모 프로젝트에 참가한 한 하청업체가 중간 보고회를 열고 다음과 같이 자신들이 이번 프로젝트의 성공적 마무리를 위해 노력하고 있음을 설명하고 있다. 다음 중 총괄 책임자로서 주현이 하청업체의 올바른 추진 방향으로 인정해줘야 하는 부분으로 바르게 묶인 것은?

> ㉠ 정부 및 환경단체가 요구하는 성과평가의 실천 방안을 연구하여 반영하고 있습니다.
> ㉡ 이번 프로젝트 성공을 위해 기술적 효용과 함께 환경적 효용도 추구하고 있습니다.
> ㉢ 오염 예방을 위한 청정 생산기술을 진단하고 컨설팅하면서 협력회사와 연대하고 있습니다.
> ㉣ 환경영향평가에 대해서는 철저한 사후평가 방식으로 진행하고 있습니다.

① ㉠㉡㉢
② ㉠㉡㉣
③ ㉠㉢㉣
④ ㉡㉢㉣

출제의도

실제 현장에서 사용하는 기술들에 대해 바람직한 평가요소는 무엇인지 묻는 문제다.

해 설

㉣ 환경영향평가에 대해서는 철저한 사전평가 방식으로 진행해야 한다.

답 ①

② 벤치마킹

　㉠ 벤치마킹의 종류

기준	종류
비교대상에 따른 분류	• 내부 벤치마킹 : 같은 기업 내의 다른 지역, 타 부서, 국가 간의 유사한 활동을 비교대상으로 함 • 경쟁적 벤치마킹 : 동일 업종에서 고객을 직접적으로 공유하는 경쟁기업을 대상으로 함 • 비경쟁적 벤치마킹 : 제품, 서비스 및 프로세스의 단위 분야에 있어 가장 우수한 실무를 보이는 비경쟁적 기업 내의 유사 분야를 대상으로 함 • 글로벌 벤치마킹 : 프로세스에 있어 최고로 우수한 성과를 보유한 동일업종의 비경쟁적 기업을 대상으로 함
수행방식에 따른 분류	• 직접적 벤치마킹 : 벤치마킹 대상을 직접 방문하여 수행하는 방법 • 간접적 벤치마킹 : 인터넷 및 문서형태의 자료를 통해서 수행하는 방법

　㉡ 벤치마킹의 주요 단계

　　• 범위결정 : 벤치마킹이 필요한 상세 분야를 정의하고 목표와 범위를 결정하며 벤치마킹을 수행할 인력들을 결정

　　• 측정범위 결정 : 상세분야에 대한 측정항목을 결정하고, 측정항목이 벤치마킹의 목표를 달성하는 데 적정한가를 검토

　　• 대상 결정 : 비교분석의 대상이 되는 기업/기관들을 결정하고, 대상 후보별 벤치마킹 수행의 타당성을 검토하여 최종적인 대상 및 대상별 수행방식을 결정

　　• 벤치마킹 : 직접 또는 간접적인 벤치마킹을 진행

　　• 성과차이 분석 : 벤치마킹 결과를 바탕으로 성과차이를 측정항목별로 분석

　　• 개선계획 수립 : 성과차이에 대한 원인 분석을 진행하고 개선을 위한 성과목표를 결정하며, 성과목표를 달성하기 위한 개선계획을 수립

　　• 변화 관리 : 개선목표 달성을 위한 변화사항을 지속적으로 관리하고, 개선 후 변화사항과 예상했던 변화 사항을 비교

③ 매뉴얼 : 매뉴얼의 사전적 의미는 어떤 기계의 조작 방법을 설명해 놓은 사용 지침서이다.

　㉠ 매뉴얼의 종류

　　• 제품 매뉴얼 : 사용자를 위해 제품의 특징이나 기능 설명, 사용방법과 고장 조치방법, 유지 보수 및 A/S, 폐기까지 제품에 관련된 모든 서비스에 대해 소비자가 알아야 할 모든 정보를 제공하는 것

　　• 업무 매뉴얼 : 어떤 일의 진행 방식, 지켜야할 규칙, 관리상의 절차 등을 일관성 있게 여러 사람이 보고 따라할 수 있도록 표준화하여 설명하는 지침서

ⓛ 매뉴얼 작성을 위한 Tip
  • 내용이 정확해야 한다.
  • 사용자가 알기 쉽게 쉬운 문장으로 쓰여야 한다.
  • 사용자의 심리적 배려가 있어야 한다.
  • 사용자가 찾고자 하는 정보를 쉽게 찾을 수 있어야 한다.
  • 사용하기 쉬워야 한다.

(3) 기술적용능력

① 기술적용

  ㉠ 기술적용 형태
  • 선택한 기술을 그대로 적용한다.
  • 선택한 기술을 그대로 적용하되, 불필요한 기술은 과감히 버리고 적용한다.
  • 선택한 기술을 분석하고 가공하여 활용한다.

  ⓛ 기술적용 시 고려 사항
  • 기술적용에 따른 비용이 많이 드는가?
  • 기술의 수명 주기는 어떻게 되는가?
  • 기술의 전략적 중요도는 어떻게 되는가?
  • 잠재적으로 응용 가능성이 있는가?

② 기술경영자와 기술관리자

  ㉠ 기술경영자에게 필요한 능력
  • 기술을 기업의 전반적인 전략 목표에 통합시키는 능력
  • 빠르고 효과적으로 새로운 기술을 습득하고 기존의 기술에서 탈피하는 능력
  • 기술을 효과적으로 평가할 수 있는 능력
  • 기술 이전을 효과적으로 할 수 있는 능력
  • 새로운 제품개발 시간을 단축할 수 있는 능력
  • 크고 복잡하고 서로 다른 분야에 걸쳐 있는 프로젝트를 수행할 수 있는 능력
  • 조직 내의 기술 이용을 수행할 수 있는 능력
  • 기술 전문 인력을 운용할 수 있는 능력

예제 4

예제 4

다음은 기술경영자의 어떤 부분을 이야기하고 있는가?

> 어떤 일을 마무리하는 데 있어서 6개월의 시간이 걸린다면 그는 그 일을 한 달 안으로 끝낼 것을 원한다. 그에게 강한 밀어붙임을 경험한 사람들은 그에 대해 비판적인 입장을 취하기도 한다. 그의 직원 중 일부는 그 무게를 이겨내지 못하고, 다른 일부의 직원들은 그것을 스스로 더욱 열심히 할 수 있는 자극제로 사용한다고 말한다.

① 빠르고 효과적으로 새로운 기술을 습득하는 능력
② 기술 이전을 효과적으로 할 수 있는 능력
③ 기술 전문 인력을 운용할 수 있는 능력
④ 조직 내의 기술 이용을 수행할 수 있는 능력

출제의도

해당 사례가 기술경영자에게 필요한 능력 중 무엇에 해당하는 내용인지 묻는 문제로 각 능력에 대해 확실하게 이해하고 있어야 한다.

해 설

③ 기술경영자는 기술 전문 인력을 운용함에 있어 강한 리더십을 발휘하고 직원 스스로 움직일 수 있게 이끌 수 있어야 한다.

답 ③

ⓛ 기술관리자에게 필요한 능력

- 기술을 운용하거나 문제 해결을 할 수 있는 능력
- 기술직과 의사소통을 할 수 있는 능력
- 혁신적인 환경을 조성할 수 있는 능력
- 기술적, 사업적, 인간적인 능력을 통합할 수 있는 능력
- 시스템적인 관점
- 공학적 도구나 지원방식에 대한 이해 능력
- 기술이나 추세에 대한 이해 능력
- 기술팀을 통합할 수 있는 능력

③ 네트워크 혁명

　㉠ 네트워크 혁명의 3가지 법칙

　　• 무어의 법칙 : 컴퓨터의 파워가 18개월마다 2배씩 증가한다는 법칙

　　• 메트칼피의 법칙 : 네트워크의 가치는 사용자 수의 제곱에 비례한다는 법칙

　　• 카오의 법칙 : 창조성은 네트워크에 접속되어 있는 다양한 지수함수로 비례한다는 법칙

　㉡ 네트워크 혁명의 역기능 : 디지털 격차(digital divide), 정보화에 따른 실업의 문제, 인터넷 게임과 채팅 중독, 범죄 및 반사회적인 사이트의 활성화, 정보기술을 이용한 감시 등

예제 5

직표는 J그룹의 기술연구팀에서 근무하고 있는데 하루는 공정 개선 워크숍이 열려 최근 사내에서 이슈로 떠오른 신 제조공법의 도입과 관련해 토론을 벌이고 있다. 신 제조공법 도입으로 인한 이해득실에 대해 의견이 분분한 가운데 직표가 할 수 있는 발언으로 옳지 않은 것은?

① "기술의 수명 주기뿐만 아니라 기술의 전략적 중요성과 잠재적 응용 가능성 등도 따져봐야 합니다."

② "다른 것은 그냥 넘어가도 되지만 기계 교체로 인한 막대한 비용만큼은 철저히 고려해야 합니다."

③ "신 제조공법 도입이 우리 회사의 어떤 시장 전략과 연관되어 있는지 궁금합니다."

④ "신 제조공법의 수명을 어떻게 예상하고 있는지 알고 싶군요."

출제의도

기술적용능력에 대해 포괄적으로 묻는 문제로 신기술 적용 시 중요하게 생각해야 할 요소로는 무엇이 있는지 파악하고 있어야 한다.

해　설

② 기계 교체로 인한 막대한 비용뿐만 아니라 신 기술도입과 관련된 모든 사항에 대해 사전에 철저히 고려해야 한다.

답 ②

PART

III

출제예상문제

▌1~2 ▌ 다음을 읽고, 칸에 들어갈 내용으로 가장 알맞은 것을 고르시오.

1

> _____ 그에 따르면, 리라(lyra)를 켬으로써 리라를 켜는 법을 배우며 말을 탐으로써 말을 타는 법을 배운다. 어떤 기술을 얻고자 할 때 처음에는 교사의 지시대로 행동한다. 그리고 반복 연습을 통하여 그 행동이 점점 더 하기 쉽게 되고 마침내 제2의 천성이 된다. 이와 마찬가지로 어린아이는 어떤 상황에서 어떻게 행동해야 진실되고 관대하며 예의를 차리게 되는지 일일이 배워야 한다. 훈련과 반복을 통하여 그런 행위들을 연마하다 보면 그것들을 점점 더 쉽게 하게 되고, 결국에는 스스로 판단할 수 있게 된다.

① 그는 연습을 통하여 좋은 성품을 얻을 수 있다고 하였다.
② 그는 좋은 성품을 얻는 것을 기술을 습득하는 것에 비유한다.
③ 그는 좋은 성품을 얻는 것보다 기술을 습득하는 것이 중요하다고 여겼다.
④ 그는 좋은 성품은 학습이 아니라 타고난 성품에 의해 결정된다고 하였다

2

> _____ 그런데 두 가지 이상의 의미를 가진 문장들이 있다. 이러한 문장을 중의문 또는 애매한 문장이라고 한다. 중의문은 화자와 청자 사이에 어떤 오해가 생길 수 있고 커뮤니케이션에 장애를 일으킬 수 있으며 극단적인 경우는 큰 혼란이 일어나거나 갈등요인이 될 수도 있으므로 주의를 요한다. 특히 공문서, 법조문, 외교문서, 교과서, 계약서 등 중요한 공적 문장일 경우는 더욱 중의문 사용이 배제되어야 한다. 중의문은 구조적인 중의문과 의미론적 중의문이 있다. 구조적인 중의성은 서로 다른 심층구조를 보여줌으로써 설명이 가능하다. 의미론적인 중의문은 그 문장을 구성하고 있는 단어 중의 하나가 다의어일 경우에 생기는 경우가 많다.

① 하나의 문장이 하나의 의미를 가지는 경우가 비일비재하다.
② 하나의 문장이 두 가지 이상의 의미를 가지는 경우도 종종 있다.
③ 우리는 두 가지 이상의 의미를 가진 문장들에 대해 낯설어 한다.
④ 하나의 문장은 하나의 의미를 가지는 것이 원칙이고 보편적이며 완전한 정문이다.

|3~4| 다음은 토론의 일부 내용이다. 물음에 답하시오.

> 사회자(남) : 네, 알겠습니다. 지금까지 수돗물 정책을 담당하시는 박 과장님의 말씀을 들었는데요. 그럼 이번에는 시민 단체의 의견을 들어 보겠습니다. 김 박사님~.
>
> 김 박사(여) : 네, 사실 굉장히 답답합니다. 공단 폐수 방류 사건 이후에 17년 간 네 번에 걸친 종합 대책이 마련됐고, 상당히 많은 예산이 투입된 것으로 알고 있습니다. 그런데도 이번에 상수도 사업을 민영화하겠다는 것은 결국 수돗물 정책이 실패했다는 걸 스스로 인정하는 게 아닌가 싶습니다. 그리고 민영화만 되면 모든 문제가 해결되는 것처럼 말씀하시는데요, 현실을 너무 안이하게 보고 있다는 생각이 듭니다.
>
> 사회자(남) : 말씀 중에 죄송합니다만, 수돗물 사업이 민영화되면 좀 더 효율적이고 전문적으로 운영된다는 생각에 동의할 분도 많을 것 같은데요.
>
> 김 박사(여) : 전 동의할 수 없습니다. 우선 정부도 수돗물 사업과 관련하여 충분히 전문성을 갖추고 있다고 봅니다. 현장에서 근무하는 분들의 기술 수준도 세계적이고요. 그리고 효율성 문제는요, 저희가 알아본 바에 의하면 시설 가동률이 50% 정도에 그치고 있고, 누수율도 15%나 된다는데, 이런 것들은 시설 보수나 철저한 관리를 통해 정부가 충분히 해결할 수 있다고 봅니다. 게다가 현재 상태로 민영화가 된다면 또 다른 문제가 생길 수 있습니다. 수돗물 가격의 인상을 피할 수 없다고 보는데요. 물 산업 강국이라는 프랑스도 민영화 이후에 물 값이 150%나 인상되었다고 하는데, 우리에게도 같은 일이 일어나지 않을까 걱정됩니다.
>
> 사회자(남) : 박 과장님, 김 박사님의 의견에 대해 어떻게 생각하십니까?
>
> 박 과장(남) : 민영화할 경우 아무래도 어느 정도 가격 인상 요인이 있겠습니다만 정부와 잘 협조하면 인상 폭을 최소화할 수 있으리라고 봅니다. 무엇보다도 수돗물 사업을 민간 기업이 운영하게 된다면, 수질도 개선될 것이고, 여러 가지 면에서 더욱 질 좋은 서비스를 받을 수 있을 겁니다. 또 시설 가동률과 누수율의 문제도 조속히 해결될 수 있을 겁니다.

3 여성 토론자의 발언으로 볼 때, 정책 담당자가 이전에 말했을 내용으로 가장 적절한 것은?

① 민영화를 통해 수돗물의 가격을 안정시킬 수 있다.

② 수돗물 사업의 전문성을 위해 기술 교육을 강화해야 한다.

③ 종합적인 대책 마련으로 수돗물을 효율적으로 공급하고 있다.

④ 효율성을 높이기 위해 수돗물 사업을 민간 기업에 맡겨야 한다.

4 여성 토론자의 말하기에 대한 평가로 가장 적절한 것은?

① 전문가의 말을 인용하여 자신의 견해를 뒷받침하고 있다.

② 구체적인 정보를 활용하여 상대방의 주장을 비판하고 있다.

③ 예상되는 반론에 대해 사회적 통념을 근거로 논박하고 있다.

④ 이해가 되지 않는 부분에 대해서 타당한 근거 자료를 요구하고 있다.

5 다음에 제시된 글의 흐름이 자연스럽도록 순서대로 배열한 것을 고르시오.

> (가) 현대 사회에서의 사회계층은 일반적으로 학력, 직업, 재산과 수입 등의 요소를 기준으로 구분한다. 이에 따른 사회계층의 분화가 분명히 상정될 수 있을 때 그에 상응하여 언어 분화의 존재도 인정될 터이지만 현대 한국 사회는 그처럼 계층 사이의 경계가 확연한 그런 사회가 아니다. 언어와 연관해서는 그저 특정 직업 또는 해당 지역의 주요 산업에 의거한 구분 정도가 제기될 수 있을 뿐이다.
>
> (나) 사회계층은 한 사회 안에서 경제적·신분적으로 구별되는 인간 집단을 말한다. 그러기에 동일한 계층에 속하는 구성원들끼리 사회적으로 더 많이 접촉하며, 상이한 계층에 속하는 구성원들 사이에 그러한 접촉이 훨씬 더 작은 것은 매우 자연스러운 일이다.
>
> (다) 그런데 한 사회를 구성하는 성원들 사이에 접촉이 적어지고 그러한 상태가 오래 지속되면 언어적으로 분화가 이루어진다. 이러한 사실을 고려할 때 사회 계층의 구별이 엄격한 사회일수록 그에 따른 언어 분화가 쉬 일어나리라는 점은 충분히 예상하고도 남는다. 반상(班常)의 구별이 있었던 한국의 전통 사회에서 양반과 평민(상민, 서얼 등)의 언어가 달랐다는 여럿의 보고가 이러한 사실을 뒷받침해준다.
>
> (라) 그렇더라도 사회계층에 따른 언어의 변이를 확인하려는 시도가 전혀 없었던 것은 아니다. '잽히다(잡히다)' 등에 나타나는 음라우트의 실현율이 학력과 밀접히 관련된다는 보고는 바로 그러한 시도 중의 하나라 할 수 있다.

① (가)―(다)―(나)―(라)

② (가)―(다)―(라)―(나)

③ (나)―(다)―(가)―(라)

④ (나)―(다)―(라)―(가)

▮6~7▮ 다음 글을 읽고 물음에 답하시오.

민화는 서민들 사이에서 유행한 그림이다. 민화는 전문 화가가 아니어도 누구나 그릴 수 있었고, 특정한 형식에 얽매이지 않았다. 민화에는 다양한 동식물이 소재로 사용되었는데, 서민들은 이러한 동식물을 청색, 백색, 적색, 흑색, 황색의 화려한 색으로 표현하였다.

민화에는 서민들의 소망이 담겨 있다. 서민들은 민화를 통하여 부귀, 화목, 장수를 빌었다. 예를 들어 부귀를 바랄 때에는 활짝 핀 맨드라미나 잉어를 그렸다. 화목을 바랄 때에는 어미 새와 여러 마리의 새끼 새가 함께 있는 모습을 그렸다. 또 장수를 바랄 때에는 바위나 거북 등을 그렸다.

민화에는 나쁜 기운을 물리치고자 하는 서민들의 바람도 담겨 있다. 나쁜 귀신을 쫓아내고 사악한 것을 물리치기 위해 해태, 닭, 개 등을 그렸다. 불이 나지 않기를 바라는 마음에서 전설의 동물 해태를 그려 부엌에 걸었다. 또 _____ 닭을 그려 문에 걸었다. 도둑이 들지 않기를 바라는 마음에서 개를 그려 곳간에 걸었다.

우리는 민화를 통해 서민들의 소망과 멋을 엿볼 수 있다. 민화에는 현실에서 이루고 싶은 서민들의 소망이 솔직하고 소박하게 표현되어 있다. 또 신비스러운 용을 할아버지처럼 그리거나 호랑이를 바보스럽게 표현하여 재미와 웃음을 찾고자 했던 서민들의 멋스러움도 잘 드러난다.

6 빈칸에 들어갈 말로 가장 적절한 것은?

① 어둠을 밝히고 잡귀를 쫓아내기 위해
② 농사가 잘되기를 빌기 위해
③ 자녀를 많이 낳기를 바라는 마음으로
④ 식구들이 모두 건강하기를 바라는 마음으로

7 다음 중 글을 읽고 추리한 내용으로 일치하지 않는 것은?

① 활짝 핀 맨드라미는 부귀를 상징하는 그림이다.
② 민화는 형식에 얽매이지 않는 자유로운 그림이었다.
③ 노모가 있는 집에서는 거북이나 바위를 그린 그림을 볼 수 있을 것이다.
④ 민화는 현실적으로 이루어지지 않을 소망을 그려 서민들의 애환을 볼 수 있다.

8   다음 대화에서 갑과 을 모두가 동의하는 주장을 모두 고른 것은?

갑 : 인생의 목적이 뚜렷하지 않다면 그런 인생은 무의미하다고 주장하는 사람이 있어. 그날그날 알차게 사는 사람들의 인생이 의미없다고 말할 수는 없어.

을 : 그렇지. 그날그날 알차게 사는 것이 그 사람 인생의 목적일 테니까.

갑 : 그날그날 알차게 사는 사람에겐 인생 전체에 걸쳐 이룰 인생의 목적 같은 건 없어. 넌 누군가의 인생이 네 생각에 의미 있는 인생이라고 여겨지면 그런 인생에 목적이 있을 것이라고 그냥 단정할 뿐이야. 그러니까 의미 있는 인생에는 당연히 목적이 있다고 생각할 수밖에 없는 거야. 그날그날 알차게 사는 사람이 어느 날 갑자기 포부를 갖고 예술가가 되기로 마음먹었다고 해보자. 그는 이제야 드디어 자신에게 인생의 목적이 생겼다고 말해야 하는 게 아닐까?

을 : 그건 인생의 목적이 그날그날 알차게 사는 것에서 예술가가 되는 것으로 바뀐 것이라고 말하는 게 맞아.

갑 : 인생의 목적이 바뀐 것이라면 새로운 목적이 예전 목적보다 더 나은 것이겠지? 만약 둘 중에 어느 하나가 더 나은 목적이고 다른 하나가 그렇지 못한 목적이라면, 둘 다 인생의 목적이라고 말해서는 안 되는 거야. 예전 목적은 인생의 목적이 아니거나, 만일 그것이 인생의 목적이었다면 그것은 인생의 '뚜렷한' 목적은 아니었던 거야.

ⓐ 어떤 사람은 인생의 목적을 바꾼다.
ⓑ 그날그날 알차게 사는 사람의 인생은 무의미하지 않다.
ⓒ 살면서 목적이 바뀌었다면 그 전에는 인생의 목적이 없었건 것이다.

① ㉠

② ㉡

③ ㉠㉡

④ ㉡㉢

9 다음 중 '속물효과'의 사례로 적절한 것은?

> 사람들은 상호의존적인 성격을 가지고 있어 어떤 사람의 소비가 다른 사람의 소비에 영향을 받는 경우를 종종 볼 수 있다. 예를 들어 친구들이 어떤 게임기를 사자 자신도 그 게임기를 사겠다고 결심하는 경우가 그것이다. 이와 같이 어떤 사람의 소비가 다른 사람의 소비에 의해 영향을 받을 때 '네트워크 효과'가 있다고 말한다. 그 상품을 쓰는 사람들이 일종의 네트워크를 형성해 다른 사람의 소비에 영향을 준다는 뜻에서 이런 이름이 붙었다. 이 네트워크 효과의 대표적인 것으로 '유행효과'와 '속물효과'가 있다.
>
> 어떤 사람들이 특정 옷을 입으면 마치 유행처럼 주변 사람들도 이 옷을 따라 입는 경우가 있다. 이처럼 다른 사람의 영향을 받아 상품을 사는 것을 '유행효과'라고 부른다. 유행효과는 일반적으로 특정 상품에 대한 수요가 예측보다 더 늘어나는 현상을 설명해 준다. 예를 들어 옷의 가격이 4만 원일 때 5천 벌의 수요가 있고, 3만 원일 때 6천 벌의 수요가 있다고 하자. 그런데 유행효과가 있으면 늘어난 소비자의 수에 영향을 받아 새로운 소비가 창출되게 된다. 그래서 가격이 3만 원으로 떨어지면 수요가 6천 벌이 되어야 하지만 실제로는 8천 벌로 늘어나게 된다.
>
> 반면에, 특정 상품을 다른 사람들이 소비하면 어떤 사람들은 그 상품의 소비를 중단하는 경우가 있다. 자신들만이 그 상품을 소비할 수 있다는 심리적 만족감을 채울 수 없기 때문이다. 이처럼 어떤 상품을 소비하는 사람의 수가 증가함에 따라 그 상품을 사지 않는 것을 '속물효과'라고 부른다. 속물효과는 일반적으로 특정 상품에 대한 수요가 예측과는 달리 줄어드는 현상을 설명해 준다. 예를 들어 옷의 가격이 비싸 많은 사람들이 그 옷을 사지 못하는 상황에서, 가격이 떨어지면 수요가 늘어나야 한다. 그런데 속물효과가 있으면 가격이 떨어져도 소비가 예측보다 적게 늘어난다. 가격이 떨어지면서 소비하는 사람의 수가 늘어남에 따라 이에 심리적 영향을 받은 사람들이 소비를 중단하기 때문이다.
>
> 우리는 보통 다른 사람의 영향을 받지 않고 자신의 기호와 소득을 고려하여 합리적으로 소비를 결정한다고 생각한다. 그러나 현실 세계에서는 이런 생각이 빗나갈 때가 많다. 실제로는 어떤 사람의 소비가 다른 사람에 의해 영향을 받을 때가 많기 때문이다. 미국의 하비 라이벤스타인(Harvey Leibenstein)이 이론적인 기초를 세운 네트워크 효과는 이런 실제 경제 현상에 대한 우리의 이해를 돕는다는 점에서 그 의의가 있다.

① 은아는 값을 내린 단골 고급 식당에 손님이 몰리자 다른 고급 식당으로 바꿨다.
② 정현이는 자신이 차고 있던 시계를 디자인이 더 예쁜 다른 시계로 바꿨다.
③ 동원이는 자신이 타고 다니던 자동차보다 성능이 더 좋은 자동차로 바꿨다.
④ 철민이는 주위 친구들이 유명한 운동화를 신자 자신도 그 운동화로 바꿨다.

┃10~11┃ 다음은 환전 안내문이다. 이를 보고 물음에 답하시오.

일반 해외여행자(해외체재자 및 해외유학생이 아닌 분)의 해외여행경비
• 관광, 출장, 방문 등의 목적으로 해외여행 시 아래와 같이 외화를 환전할 수 있다.

환전 한도	제출 서류
• 금액 제한 없음(다만, 외국인 거주자는 1만 불 이내) ※ 동일인 기준 미화 1만 불 초과 환전 시 국세청 및 관세청에 통보된다. ※ 미화 1만 불 초과하여 휴대 출국 시, 출국 전에 관할 세관의장에게 신고하여야 한다.	• 실명확인증표 • 여권(외국인 거주자의 경우)

해외체재자(해외유학생 포함)의 해외여행경비
• 상용, 문화, 공무, 기술훈련, 6개월 미만의 국외연수 등으로 외국에 체재하는 기간이 30일을 초과하는 자(해외체재자) 및 외국의 교육기관 등에서 6개월 이상 수학, 연구, 연수목적 등으로 외국에 체재하는 자(해외유학생)에 대해 아래와 같이 외화를 환전할 수 있다.

환전 한도	제출 서류
• 금액 제한 없음 ※ 건당 미화 1만 불 초과 환전 시, 지정거래은행으로부터 "외국환신고(확인)필증"을 발급 받으시기 바랍니다. ※ 연간 미화 10만 불 초과 환전 및 송금 시, 국세청에 통보된다.	• 여권 • 입학허가서 등 유학사실 입증서류(해외유학생) • 소속 단체장 또는 국외연수기관장의 출장, 파견 증명서(해외체재자)

소지 목적의 외화환전
• 국민인 거주자는 소지를 목적으로 외국환은행으로부터 금액 제한 없이 외국통화 및 여행자수표를 매입할 수 있다.

환전 한도	제출 서류
• 금액 제한 없음 ※ 동일인 기준 미화 1만 불 초과 환전 시 국세청 및 관세청에 통보된다.	• 실명확인증표

북한지역 관광객 및 남북한 이산가족 방문여행자

환전 한도	제출 서류
• 미화 2천 불	• 여권 • 북한지역관광경비 지급영수증

10 관광 목적으로 미국을 여행하려는 자가 미화 1만 5천불을 휴대하여 출국하려는 경우에는 누구에게 신고하여야 하는가?

① 한국은행 총재

② 국세청장

③ 관세청장

④ 관할 세관의장

11 해외유학생이 미화 1만 5천 불을 환전하는 경우에는 지정거래은행으로부터 어떤 서류를 발급받아야 하는가?

① 소요 경비확인서

② 외국환신고(확인)필증

③ 취득경위 입증서류

④ 수수료 지급영수증

12 다음은 출산율 저하와 인구정책에 관한 글을 쓰기 위해 정리한 글감과 생각이다. 〈보기〉와 같은 방식으로 내용을 전개하려고 할 때 바르게 연결된 것은?

> ㉠ 가임 여성 1인당 출산율이 1.3명으로 떨어졌다.
> ㉡ 여성의 사회 활동 참여율이 크게 증가하고 있다.
> ㉢ 현재 시행되고 있는 출산장려 정책은 큰 효과가 없다.
> ㉣ 새롭고 실제 가정에 도움이 되는 출산장려 정책이 추진되어야 한다.
> ㉤ 가치관의 변화로 자녀의 필요성을 느끼지 않는다.
> ㉥ 인구 감소로 인해 노동력 부족 현상이 심화된다.
> ㉦ 노동 인구의 수가 국가 산업 경쟁력을 좌우한다.
> ㉧ 인구 문제에 대한 정부 차원의 대책을 수립한다.

> 〈보기〉
> 문제 상황 → 상황의 원인 → 예상 문제점 → 주장 → 주장의 근거 → 종합 의견

	문제 상황	상황의 원인	예상 문제점	주장	주장의 근거	종합 의견
①	㉠, ㉡	㉤	㉢	㉣	㉥, ㉦	㉧
②	㉠	㉡, ㉤	㉥, ㉦	㉣	㉢	㉧
③	㉡, ㉤	㉥	㉠	㉢, ㉣	㉧	㉦
④	㉢	㉠, ㉡, ㉤	㉦	㉧	㉥	㉣

13 다음 글을 읽고 바르게 설명한 것은?

> '핸드오버'란 이동단말기가 이동함에 따라 기존 기지국에서 이탈하여 새로운 기지국으로 넘어갈 때 통화가 끊기지 않도록 통화 신호를 새로운 기지국으로 넘겨주는 것을 말한다. 이런 핸드오버는 이동단말기, 기지국, 이동전화교환국 사이의 유무선 연결을 바탕으로 실행된다. 이동단말기가 기지국에 가까워지면 그 둘 사이의 신호가 점점 강해지는데 반해, 이동단말기와 기지국이 멀어지면 그 둘 사이의 신호는 약해진다. 이 신호의 세기가 특정 값 이하로 떨어지게 되면 핸드오버가 명령되어 이동단말기와 새로운 기지국 간의 통화 채널이 형성된다. 이 과정에서 이동전화교환국과 기지국 간 연결에 문제가 발생하면 핸드오버가 실패하게 된다.
>
> 핸드오버는 이동단말기와 기지국 간 통화 채널 형성 순서에 따라 '형성 전 단절 방식'과 '단절 전 형성 방식'으로 구분된다. TDMA와 FDMA에서는 형성 전 단절 방식을, CDMA에서는 단절 전 형성 방식을 사용한다. 형성 전 단절 방식은 이동단말기와 새로운 기지국 간의 통화 채널이 형성되기 전에 기존 기지국과의 통화 채널을 단절하는 것을 말한다. 이와 반대로 단절 전 형성 방식을 이동단말기와 기존 기지국 간의 통화 채널이 단절되기 전에 새로운 기지국과의 통화 채널을 형성하는 방식이다. 이런 핸드오버방식의 차이는 각 기지국이 사용하는 주파수 간 차이에서 비롯된다. 만약 각 기지국이 다른 주파수를 사용한다면, 이동단말기는 기존 기지국과의 통화 채널을 미리 단절한 뒤 새로운 기지국에 맞는 주파수를 할당 받은 후 통화 채널을 형성해야 한다. 그러나 각 기지국이 같은 주파수를 사용하고 있다면, 그런 주파수 조정이 필요 없으며 새로운 통화 채널을 형성하고 나서 기존 통화 채널을 단절할 수 있다.

① 단절 전 형성 방식의 각 기지국은 서로 동일하지 않은 주파수를 사용한다.

② 이동단말기와 기존 기지국 간의 통화 채널이 단절되면 핸드오버가 성공한 것이다.

③ 형성 전 단절 방식은 단절 전 형성 방식보다 더 빠르게 핸드오버를 명령할 수 있다.

④ CDMA에서는 하나의 이동단말기가 두 기지국과 동시에 통화 채널을 형성할 수 있지만, FDMA는 그렇지 않다.

14 다음은 '수학 교육'에 관한 글을 쓰기 위해 작성한 개요이다. 개요의 수정과 보완 방안으로 적절하지 않은 것은?

제목 : ㉠ 수학 교육의 중요성

Ⅰ. 서론 : ㉡ 국가 경쟁력 확보에서 수학이 차지하는 위상

Ⅱ. 본론

   1. 현재 수학 교육의 문제점

      가. ㉢ 수학 교육 과정 편성의 잘못

      나. 입시 위주의 암기식 수업

   2. 수학 교육의 개선 전략

      가. 수학 교육의 환경 개선에 필요한 재정 지원 확대

      나. 수학 교육 과정 개선

      다. ㉣ 수준별 수학 수업의 장려

Ⅲ. 결론 : 정리와 제언

---

① ㉠은 개요의 흐름으로 보아 '수학 교육 정책의 개선을 통한 국가 경쟁력 확보'로 수정한다.

② ㉡은 수학 교육의 내실화를 통해 경제적인 성공을 이룬 나라의 사례를 제시하여 내용을 보완한다.

③ ㉢은 내용이 모호하므로 현 교육 과정에서 수업 시수가 줄었다는 점과 과목 선택제로 인해 선택한 학생 수가 감소했음을 하위 항목으로 설정한다.

④ ㉣은 'Ⅱ-1-나'와 논리적 연관성이 없으므로 '우수 학생이 능력을 개발할 수 있는 기회 제공'으로 수정한다.

15 다음 대화에서 높임 표현에 대한 설명으로 적절한 것은?

> 점원 : 손님, ㉠발이 정말 예쁘시네요.
>
> 손님 : 그래요? 고마워요.
>
> 점원 : ㉡이 신발이 손님께 잘 어울리겠어요.
>
> 손님 : 정말요? ㉢그럼 이걸로 살게요.
>
> 점원 : 발 크기가 어떻게 되세요?
>
> 손님 : 235mm예요.
>
> 점원 : (잠시 찾은 후) 손님, 죄송합니다. ㉣그 크기의 상품은 다 떨어지셨어요.

① ㉠ : 서술어에 '–시네요'를 썼으므로 주어에 '께서'를 붙여야 한다.

② ㉡ : 객체인 '손님께'를 높이기 위해 '–시–'를 써야만 한다.

③ ㉢ : 대화 상대방을 높일 필요가 없으므로 '요'를 빼야 한다.

④ ㉣ : 주어가 높임의 대상이 아니므로 '–시–'를 쓰지 말아야 한다.

16 다음 글에서 주장하고 있는 독서법에 대한 설명인 것은?

> 나는 몇 년 전부터 독서에 대하여 대략 알게 되었다. 책을 그냥 읽기만 하면 하루에 천백번을 읽어도 읽지 않는 것과 마찬가지이다. 무릇 책을 읽을 때에는 한 글자를 볼 때마다 그 명의(名義)를 분명하게 알지 못하는 곳이 있으면, 모름지기 널리 고찰하고 자세히 연구해서 그 근본을 터득하고 따라서 그 글의 전체를 완전히 알 수 있어야 하니, 이렇게 하는 것을 계속하여야 한다.

① 글을 소리 내어 읽는다.

② 소리 내지 않고 속으로 글을 읽는다.

③ 뜻을 새겨 가며 자세히 읽는다.

④ 책의 내용이나 수준을 가리지 않고 닥치는 대로 읽는다.

17 다음은 사내홍보물에 사용하기 위한 인터뷰 내용이다. ㉠~㉢에 대한 설명으로 적절하지 않은 것을 고르면?

> 甲 : 안녕하세요. 저번에 인사드렸던 홍보팀 대리 甲입니다. 바쁘신 데도 이렇게 인터뷰에 응해 주셔서 감사합니다. 이번 호 사내 홍보물 기사에 참고하려고 하는데 혹시 녹음을 해도 괜찮을까요?
>
> 乙 : 네, 그렇게 하세요.
>
> 甲 : 그럼 ㉠우선 사랑의 도시락 배달이란 무엇이고 어떤 목적을 갖고 있는지 간단히 말씀해 주시겠어요?
>
> 乙 : 사랑의 도시락 배달은 끼니를 챙겨 드시기 어려운 독거노인분들을 찾아가 사랑의 도시락을 전달하는 일이에요. 이 활동은 회사 이미지를 홍보하는 데 기여할 뿐만 아니라 개인적으로는 마음 따뜻해지는 보람을 느끼게 된답니다.
>
> 甲 : 그렇군요. ㉡한 번 봉사를 할 때에는 하루에 몇 십 가구를 방문하신다고 들었는데요, 어떻게 그렇게 많은 가구들을 다 방문할 수가 있나요?
>
> 乙 : 아, 비결이 있다면 역할을 분담한다는 거예요.
>
> 甲 : 어떻게 역할을 나누나요?
>
> 乙 : 도시락을 포장하는 일, 배달하는 일, 말동무 해드리는 일 등을 팀별로 분담해서 맡으니 효율적으로 운영할 수 있어요.
>
> 甲 : ㉢(고개를 끄덕이며) 그런 방법이 있었군요. 마지막으로 이런 봉사활동에 관심 있는 사원들에게 한 마디 해주세요.
>
> 乙 : ㉣주중 내내 일을 하고 주말에 또 봉사활동을 가려고 하면 몸은 굉장히 피곤합니다. 하지만 거기에서 오는 보람은 잠깐의 휴식과 비교할 수 없으니 꼭 한번 참석해 보시라고 말씀드리고 싶네요.
>
> 甲 : 네, 그렇군요. 오늘 귀중한 시간을 내어 주셔서 감사합니다.

① ㉠ : 면담의 목적을 분명히 밝히면서 동의를 구하고 있다.

② ㉡ : 미리 알고 있던 정보를 바탕으로 질문을 하고 있다.

③ ㉢ : 적절한 비언어적 표현을 사용하며 상대방의 말에 반응하고 있다.

④ ㉣ : 자신의 경험을 바탕으로 봉사활동에 참석하기를 권유하고 있다.

18 다음 메모와 관련된 내용으로 옳지 않은 것은?

MEMO

To : All Staff

From : Robert Burns

Re : Staff meeting

This is just to remind everyone about the agenda for Monday's meeting. The meeting will be a combination of briefing and brainstorming session, Please come prepared to propose ideas for reorganizing the office! And remember that we want to maintain a positive atmosphere in the meeting. We don't criticize any ideas you share. All staff members are expected to attend meeting!

---

① 전 직원들에게 알리는 글이다.

② 간부들만 회의에 참석할 수 있음을 알리는 글이다.

③ 회의는 브리핑과 브레인스토밍 섹션으로 구성될 것이다.

④ 사무실 재편성에 관한 아이디어에 관한 회의가 월요일에 있을 것이다.

19 다음 중 외국인과의 미팅약속에 늦었을 경우의 사과 표현으로 적절한 것은?

① We must apologize for being late.

② We deeply regret his absence.

③ I do apologize for not attending the meeting.

④ I'm really sorry for rescheduling.

20 다음의 제시된 사례를 읽고 가장 큰 문제점을 바르게 설명한 것은?

> 김 팀장은 깐깐하고 꼼꼼한 업무 스타일과 결재성향으로 인하여 부하 직원들이 업무적으로 스트레스를 많이 받는 타입이다. 그러나 엄하고 꼼꼼한 상사 밑에서 일 잘하는 직원이 양산되듯, 김 팀장에게서 힘들게 일을 배운 직원들은 업무적으로 안정적인 궤도에 빨리 오른다. 꼼꼼하고 세심한 업무처리 때문에 신뢰를 가지고 있으나 지나치게 깐깐한 결재성향으로 인하여 밑에 있는 부하직원들은 스트레스가 날로 쌓여가고 있다. 하지만 김 팀장과는 의견교환이 되지 않고, 불만이 팀 외부로 새어 나가는 일도 많았으며, 그로 인해 '김 팀장 때문에 일 못하겠다.'며 사표를 던진 직원도 많았다. 회사의 입장에서 보면 유독 김 팀장 밑에 근무하면서 사표를 내는 직원들이 많아지니 김 팀장의 리더십과 의사소통능력에 대해 의문을 가지기 시작하였다. 그러던 중 올해 김 팀장 밑에서 근무하던 직원들 중 3명이 무더기로 사표를 던지고 해당 팀이 휘청거리게 되자 팀장이 교체되고 또한 직원들도 교체되어 팀이 공중분해가 되고 말았다.

① 리더의 카리스마 리더십 부재
② 부하직원들의 애사심 부재
③ 리더와 부하 간의 의사소통 부재
④ 팀원들의 업무능력 부족

21 According to the message below, why does Mr. Scott want Peter to call back?

To : Peter Lee

Date : Tue. Oct 25

While You Were Out · · ·

Mr. James Scott of Sun Flower Inc.

Phone (02)-1588-1588

Telephoned	✓	Returned Your Call	
Will Call Again		Came To See You	
Please Call	✓	Wants To See You	

Message :

Urgent ✓✓

Mr. Scott called about the board meeting that is scheduled for tomorrow.

He asks that you call him back immediately because the topic of your committee has been changed.

TAKEN BY : Marry Anderson

① to arrange board meeting

② to notify schedule change

③ to inform topic change

④ to contact committee members

22 다음 글을 읽고 빈칸에 들어갈 문장으로 가장 적절한 것을 고르시오.

전통 예술의 현대화나 민족 예술의 세계화라는 명제와 관련하여 흔히 사물놀이를 모범 사례로 든다. 전통의 풍물놀이 '농악'을 무대 연주 음악으로 탈바꿈시킨 사물놀이는 짧은 역사에도 불구하고 한국 현대 예술에서 당당히 한 자리를 잡은 가운데 우리 전통 음악의 신명을 세계에 전하는 구실을 하고 있다.

그러나 문화계 일각에서는 사물놀이에 대한 비판적 관점도 제기되고 있다. 특히 전통 풍물을 살리기 위한 노력을 전개하는 쪽에서 적지 않은 우려를 나타내고 있다. 그들은 무엇보다도 사물놀이가 풍물놀이의 굿 정신을 잃었거나 또는 잃어 가고 있다는 데 주목한다. 풍물놀이는 흔히 '풍물굿'으로 불리는 것으로서 모두가 마당에서 함께 어울리는 가운데 춤·기예(技藝)와 더불어 신명나는 소리를 펼쳐내는 것이 본질적인 특성인데, 사물놀이는 리듬악이라는 좁은 세계에 안착함으로써 풍물놀이 본래의 예술적 다양성과 생동성을 약화시켰다는 것이다. 사물놀이에 의해 풍물놀이가 대체되는 흐름은 우리 민족 예술의 정체성 위기로까지도 이어질 수 있다는 의견이다. 사물놀이에 대한 우려는 그것이 창조적 발전을 거듭하지 못한 채 타성에 젖어 들고 있다는 측면에서도 제기된다. 많은 사물놀이 패가 새로 생겨났지만, 사물놀이의 창안자들이 애초에 이룩한 음악 어법이나 수준을 넘어서서 새로운 발전을 이루어 내지 못한 채 그 예술적 성과와 대중적 인기에 안주하고 있다는 것이다. 이는 사물놀이가 민족 예술로서의 정체성을 뚜렷이 갖추지 못한 데에 따른 결과로 분석되기도 한다. 이런 맥락에서 비판자들은 혹시라도 사물놀이가 (   ) 흘러갈 경우 머지않아 위기를 맞게 될지도 모른다고 경고하고 있다.

① 대중이 일시적인 기호에 영합하는 방향으로
② 형식과 전통을 뛰어 넘는 방향으로
③ 서양 음악과의 만남을 시도하는 방향으로
④ 본래의 예술성과 생동성을 찾아가는 방향으로

23 다음은 방송 프로그램 제작을 위해 방송 작가와 교수가 나눈 대화의 일부이다. ㉠ ~ ㉣에 대한 설명으로 적절하지 않은 것은?

작가 : 교수님, 이번 방송에서 우리가 다룰 주제는 무엇인가요?

교수 : 이번 주제는 '철학하는 과학자'입니다. 과학계의 난제를 해결하기 위해서는 과학자에게 철학자로서의 자세가 필요하다는 것을 전하고 싶습니다. 이에 해당하는 과학자를 중심으로 얘기하려고 합니다. 닐스 보어를 염두에 두고 있습니다.

작가 : ㉠아, 닐스 보어라면 1년 전에 처음 프로그램을 시작할 때 들려주셨던 기억이 납니다. 그러고 보니 교수님과 프로그램을 함께 한 지도 벌써 1년이 지났네요. 어쨌든, 보어에 대한 기본 정보를 알려 줄 겸 그의 삶을 전반적으로 다루면 어떨까요?

교수 : ㉡(고개를 끄덕이며) 좋은 생각입니다. 보어를 모르는 학생들도 많을 테니까요.

작가 : 그렇죠? 그런데 저는 보어의 삶에 대해 교수님께서 직접 말씀하시는 것보다, 성우의 내레이션을 곁들인 영상으로 전하는 것이 좋지 않을까 싶은데……. (미소를 띠며) ㉢물론 성우가 교수님만큼 완벽하게 설명할 수는 없겠지만요.

교수 : (껄껄 웃으며) 좋습니다. 그럼 저도 촬영 부담이 줄어서 좋죠. 제가 아는 사람 중에 보어의 삶을 다룬 다큐멘터리를 제작한 분이 계신데, 필요하시면 그 자료를 구해드릴까요?

작가 : 역시 교수님은 아는 분이 참 많으시네요.

교수 : ㉣아닙니다. 어쩌다 보니 도움이 될 때도 있네요.

작가 : 어쨌든 정말 감사합니다. 음, 이제 본격적으로 주제에 대해 얘기해 보죠. 보어가 왜 철학하는 과학자인가요?

교수 : 보어는 과감한 사고의 전환을 통해 빛의 이중성이라는 당대 과학계의 수수께끼를 풀어낸 사람입니다. 이율배반적인 두 가지 성질을 놓고 선택하기에 바빴던 당대 과학자들과 달리 보어는 새로운 인식 방법을 제시하여 수수께끼를 해결했죠.

작가 : 말씀하신 내용 중에서 빛의 이중성이 뭔가요?

교수 : 빛의 이중성이란 빛이 입자의 성질과 파동의 성질을 동시에 갖고 있다는 뜻입니다.

---

① ㉠에서 작가는 공유하는 경험의 진위를 따지며 경쟁의식을 드러내고 있다.

② ㉡에서 교수는 비언어적 표현을 수반하며 상대방의 의견에 동조하고 있다.

③ ㉢에서 작가는 상대방의 기분을 고려하는 말로 상호 협력적 분위기를 조성하고 있다.

④ ㉣에서 교수는 겸양적 발화를 통해 상대방의 칭찬에 대해 겸손하게 반응하고 있다.

24 공문서를 작성할 경우, 명확한 의미의 전달은 의사소통을 하는 일에 있어 가장 중요한 요소라고 할 수 있다. 다음에 제시되는 문장 중 명확하지 않은 중의적인 의미를 포함하고 있는 문장이 아닌 것은 어느 것인가?

① 그녀를 기다리고 있던 성진이는 길 건너편에서 모자를 쓰고 있었다.

② 그곳까지 간 김에 나는 철수와 영희를 만나고 돌아왔다.

③ 대학 동기동창이던 하영이와 원태는 지난 달 결혼을 하였다.

④ 울면서 떠나는 영희에게 철수는 손을 흔들었다.

25 다음 두 대화에서 공통적으로 엿볼 수 있는 의사소통의 태도로 알맞은 것은?

(가)
김 대리 : "죄송합니다, 부장님. 오늘까지 마무리하려고 했는데 도저히 시간 내에 완성할 수가
       없었습니다. 회의 참석하시는 데 문제가 없으신지요?"
강 부장 : "아니야, 괜찮네. 지난 번 점심시간에 김 대리 얘길 듣다 보니, 자네 사정이 요즘 좀
       힘든 것 같더군. 요 며칠 어머님이 편찮으셔서 그런지 영 마음이 잡히질 않았지? 자
       료는 내가 미리 훑어보았으니 큰 걱정은 안 해도 되네."

(나)
팀장 : "업무도 업무지만 이번 출장은 비용이 너무 많이 들어갈 것 같군. 상반기 팀 손익도 안
     좋은데 비용만 자꾸 발생해서 영 마음이 개운치가 않아."
신 대리 : "팀장님께서 요즘 경비 지출에 좀 예민하신 것 같아서요, 바이어와 일정 조율을 진행
       하고 있습니다. 제가 바이어 사무실로 이동하는 것도 좋겠지만, 이번엔 바이어에게
       저희 지사 사무실로 한 번 방문해 달라고 요청해 두었습니다. 로컬 항공료가 많이 절
       약될 수 있을 겁니다."

① 고정관념과 선입견을 배제하고 듣기   ② 끝까지 들어보기
③ 상대방에게 격려와 동의하기   ④ 상대방의 입장에서 대화하기

26 의사소통능력의 향상을 위한 방법으로 볼 수 없는 것은?

① 사후검토와 피드백의 활용   ② 언어의 단순화
③ 적극적인 경청   ④ 감정의 표출

27 다음 중 의사소통능력에 대한 설명으로 옳지 않은 것은?

① 전문용어는 그 언어를 사용하는 집단 구성원들 사이에 사용될 때에나 조직 밖에서 사용할 때나 동일하게 이해를 촉진시킨다.

② 상대방의 이야기를 들어주는 것과 경청의 의미는 다르다.

③ 피드백은 상대방이 원하는 경우 대인관계에 있어서 그의 행동을 개선할 수 있는 기회를 제공해 줄 수 있다.

④ 의사소통능력을 개발하기 위해서는 자신이 실천할 수 있는 작은 습관부터 고쳐나가는 것이 좋다.

28 아래의 내용을 읽고 어법에 맞으면서 가장 자연스러운 문장을 고르면?

① 날씨가 어찌나 추웠던지 수도관이 터져 버렸다.

② 환경 단체는 시화호 오염에 대해 정부에게 강력히 항의했다.

③ 그 선생님은 국어를 교육시키는 분이다.

④ 나는 반드시 그 일을 하지 않겠다.

29 다음 내용을 참고할 때, 빈칸에 들어갈 사자성어로 적절한 것은?

우리 속담에 (　　　　)라는 사자성어가 있다. 군사시설 주변에는 이러한 사자성어에 해당하는 일이 다반사로 일어나고 있다. 군사시설을 지을 때는 인근 지역 주민이 생업에 지장을 초래하지 않고 최대한 민원이 발생하지 않도록 한적한 곳에 위치하게 한다. 하지만 세월이 흐르면서 인적이 드문 군사시설 주변에는 건물이 들어서고 상가가 조성되면서 점차 번화가로 탈바꿈하게 된다. 이럴 경우 군사시설 주변에 군 관련 크고 작은 민원이 제기됨으로써 화합을 도모해야 할 민·군이 갈등관계로 변모되는 사례가 종종 있어 왔다.

① 塞翁之馬　　　　　　　　　　② 客反爲主

③ 燈火可親　　　　　　　　　　④ 指鹿爲馬

30 다음 글에서 가장 중요한 요점은 무엇인가?

부패방지위원회

수신자 : 수신자 참조
(경유)
제목 : 2015년 부패방지평가 보고대회 개최 알림

1. 귀 기관의 무궁한 발전을 기원합니다.
2. 지난 3년 간의 부패방지 성과를 돌아보고 국가청렴도 향상을 위한 정책방안을 정립하기 위하여 2015년 부패방지평가 보고대회를 붙임(1)과 같이 개최하고자 합니다.
3. 동 보고대회의 원활한 진행을 위하여 붙임(2)의 협조사항을 2015년 1월 20일까지 행사준비팀(전화 : 02-000-0000, 팩스 : 02-000-0001, E-mail : 0000@0000.co.kr)로 알려주시기 바랍니다.

※ 초정장은 추후 별도 송부 예정임

붙임(1) : 2015년 부패방지평가 보고대회 기본계획 1부
    (2) : 행사준비관련 협조사항 1부. 끝.

부패방지위원회 회장
○○○

수신자   부패방지공관   부패방지시민모임   기업홍보부   정의실천모임

---

① 수신자의 기관에 무궁한 발전을 위하여
② 초청장의 발행 여부 확인을 위하여
③ 보고대회가 개최됨을 알리기 위하여
④ 기업홍보를 위한 스폰서를 모집하기 위하여

주먹과 손바닥으로 상징되는 이항 대립 체계는 롤랑 바르트도 지적하고 있듯이 서구 문화의 뿌리를 이루고 있는 기본 체계이다. 천사와 악마, 영혼과 육신, 선과 악, 괴물을 죽여야 공주와 행복한 결혼을 한다는 이른바 세인트 조지 콤플렉스가 바로 서구 문화의 본질이었다고 할 수 있다. 그러니까 서양에는 이항 대립의 중간항인 가위가 결핍되어 있었던 것이다. 주먹과 보자기만 있는 대립 항에서는 어떤 새로운 변화도 일어나지 않는다. 항상 이기는 보자기와 지는 주먹의 대립만이 존재한다.

서양에도 가위바위보와 같은 민속놀이가 있긴 하지만 그것은 동아시아에서 들어온 것이라고 한다. 그들은 이런 놀이를 들여옴으로써 서양 문화가 논리적 배중률이니 모순율이니 해서 극력 배제하려고 했던 가위의 힘, 말하자면 세 손가락은 닫혀 있고 두 손가락은 펴 있는 양쪽의 성질을 모두 갖춘 중간항을 발견하였다. 열려 있으면서도 닫혀 있는 가위의 존재, 그 때문에 이항 대립의 주먹과 보자기의 세계에 새로운 생기와 긴장감이 생겨난다. 주먹은 가위를 이기고 가위는 보자기를 이기며 보자기는 주먹을 이기는, 그 어느 것도 정상에 이를 수 없으며 그 어느 것도 밑바닥에 깔리지 않는 서열 없는 관계가 형성되는 것이다.

유교에서 말하는 중용(中庸)도 가위의 기호 체계로 보면 정태론이 아니라 강력한 동태적 생성력으로 해석될 수 있을 것이다. 그것은 단순한 균형이나 조화가 아니라 주먹과 보자기의 가치 시스템을 파괴하고 새로운 질서를 끌어내는 혁명의 원리라고도 볼 수 있다. 〈역경(易經)〉을 서양 사람들이 변화의 서(書)라고 부르듯이 중용 역시 변화를 전제로 한 균형이며 조화라는 것을 잊어서는 안 된다. 쥐구멍에도 볕들 날이 있다는 희망은 이와 같이 변화의 상황에서만 가능한 꿈이라고 할 수 있다.

요즘 서구에서 일고 있는 '제3의 길'이란 것은 평등과 자유가 이항 대립으로 치닫고 있는 것을 새로운 가위의 패러다임으로 바꾸려는 시도라고 풀이할 수 있다. 지난 냉전 체제는 바로 정치 원리인 평등을 극단적으로 추구하는 구소련의 체제와 경제 원리인 자유를 극대화한 미국 체제의 충돌이었다고 할 수 있다. 이 '바위-보'의 대립 구조에 새로운 가위가 끼어들면서 구소련은 붕괴하고 자본주의는 승리라기보다 새로운 패러다임의 전환점에 서 있게 된 것이다. 새 천년의 21세기는 새로운 게임, 즉 가위바위보의 게임으로 상징된다고도 볼 수 있다. 화식과 생식의 요리 모델밖에 모르는 서구 문화에 화식(火食)도 생식(生食)도 아닌 발효식의 한국 김치가 들어가게 되면 바로 그러한 가위 문화가 생겨나게 되는 것이다.

역사학자 홉스봄의 지적대로 20세기는 극단의 시대였다. 이런 대립적인 상황이 열전이나 냉전으로 나타나 1억 8천만 명의 전사자를 낳는 비극을 만들었다. 전쟁만이 아니라 정신과 물질의 양극화로 환경은 파괴되고 세대의 갈등과 양성의 대립은 가족의 붕괴, 윤리의 붕괴를 일으키고 있다. 원래 예술과 기술은 같은 것이었으나 그것이 양극화되어 이상과 현실의 간극처럼 되고 인간 생활의 균형을 깨뜨리고 말았다. 이런 위기에서 벗어나기 위해 우리는 주먹과 보자기의 대립을 조화시키고 융합하는 방법을 찾아야 할 것이다.

① 동양 문화의 장점을 살려 새로운 문화를 창조해야 한다.

② 이분법적인 사고에서 벗어나 새로운 발상을 해야한다.

③ 냉전 시대의 해체로 화합과 조화의 자세가 요구된다.

④ 미래의 사회는 자유와 평등을 함께 구현해야한다.

32　다음의 빈칸에 들어갈 알맞은 것은?

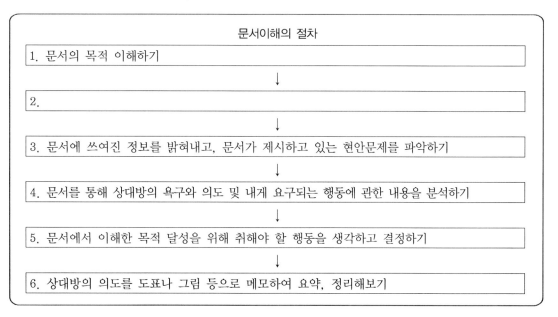

① 문서를 작성한 사람의 이름과 소속 확인하기

② 문서의 수신자가 내가 맞는지 확인하기

③ 문서가 작성된 배경과 주제를 파악하기

④ 문서가 작성된 날짜를 확인하고 순서대로 정리하기

33 다음 (   ) 안에 들어가야 할 내용으로 알맞은 것은?

> 직장생활을 하다보면 회사차원에서 대외적으로 추진하는 일은 정보를 제공해야 성사가 되는 경우가 많다. 자신과 부서에 대한 정보뿐만 아니라 행사를 개최하거나 제품을 개발했을 경우에는 반드시 정보를 제공해야 한다. 통상 회사 자체에 대한 인력보유 홍보나 기업정보를 제공하는 경우가 있는데 이때에는 홍보물이나 보도자료 등을 이용하는 것이 중요하다. 그리고 제품이나 서비스에 대한 정보를 제공하여야 하는 경우에는 (   )나 안내서 등이 필요하며, 정보제공을 위한 문서를 작성하고자 하는 경우에는 시각적인 자료의 활용이 더욱 중요하다. 정보제공을 위한 문서는 다른 문서와는 달리 신속하게 정보를 알리는 것이 중요하므로 빠르면 빠를수록 효과적이다.

① 기획서   ② 설명서

③ 보고서   ④ 공문서

34 다음의 글을 읽고 박 대리가 저지른 실수를 바르게 이해한 것은?

> 직장인 박 대리는 매주 열리는 기획회의에서 처음으로 발표를 할 기회를 얻었다. 박 대리는 자신이 할 수 있는 문장실력을 총 동원하여 4페이지의 기획안을 작성하였다. 기획회의가 열리고 박 대리는 기획안을 당당하게 읽기 시작하였다. 2페이지를 막 읽으려던 때, 부장이 한 마디를 했다. "박 대리, 그걸 전부 읽을 셈인가? 결론이 무엇인지만 말하지." 그러자 박 대리는 자신이 작성한 기획안을 전부 발표하지 못하고 중도에 대충 결론을 맺어 발표를 마무리하게 되었다.

① 박 대리의 기획안에는 첨부파일이 없었다.

② 박 대리의 발표는 너무 시간이 길었다.

③ 박 대리의 기획안에는 참신한 아이디어가 없었다.

④ 박 대리의 발표는 간결하지 못하고 시각적인 부분이 부족했다.

35 문서작성의 원칙에 대한 내용으로 적절하지 못한 것은?

① 문장은 짧고 간결하게 작성하여야 한다.

② 상대방이 이해하기가 쉽도록 작성하여야 한다.

③ 중요하지 않은 경우 한자의 사용을 금해야 한다.

④ 문서의 주요한 내용은 마지막에 쓰도록 한다.

36 다음은 2017년 연말 우수사원 시상식에서 최우수 사원을 받은 장그래씨의 감사 인사말이다. 밑줄 친 단어 중 잘못 고쳐 쓴 것을 고르면?

> 사실 입사 후 저는 실수투성이로 아무 것도 모르는 풋내기였습니다. 그런 제가 최우수 사원에 선정되어 상을 받을 수 있게 된 것은 오차장님을 비롯한 영업3팀의 여러 선배님들 탓이라고 생각합니다. 어색하게 있던 제게 친근히 말을 <u>부쳐</u>주시던 김대리님, <u>묵묵이</u> 지켜봐주셨던 천과장님, 그리고 그밖에 도움을 주셨던 영업팀 팀원들에게 이 자리를 <u>빌려서</u> 감사의 말씀 드리고 싶습니다.

① 탓 → 덕분

② 부쳐 → 붙여

③ 묵묵이 → 묵묵히

④ 빌려서 → 빌어서

37 다음 글의 밑줄 친 부분을 고쳐 쓰기 위한 방안으로 절절하지 않은 것은?

> 봉사는 자발적으로 이루어지는 것이므로 원칙적으로 아무런 보상이 주어지지 않는다. ㉠그리고 적절한 칭찬이 주어지면 자발적 봉사자들의 경우에도 더욱 적극적으로 활동하게 된다고 한다. ㉡그러나 이러한 칭찬 대신 일정액의 보상을 제공하면 어떻게 될까? ㉢오히려 봉사자들의 동기는 약화된다고 한다. 왜냐하면 봉사에 대해 주어지는 금전적 보상은 봉사자들에게 그릇된 메시지를 전달하기 때문이다. 봉사에 보수가 주어지면 봉사자들은 다른 봉사자들도 무보수로 일하지 않는다고 생각할 것이고 언제나 보수를 기대하게 된다. 보수를 기대하게 되면 그것은 봉사라고 하기 어렵다. ㉣즉, 자발적 봉사가 사라진 자리를 이익이 남는 거래가 차지하고 만다.

① ㉠은 앞의 문장과 상반된 내용이므로 '하지만'으로 고쳐 쓴다.

② ㉡에서 만일의 상황을 가정하므로 '그러나'는 '만일'로 고쳐 쓴다.

③ ㉢은 뒤 내용이 일반적 예상과는 다른 결과가 될 것임을 암시하는데, 이는 적절하므로 그대로 둔다.

④ ㉣은 '예를 들면'으로 고쳐 쓴다.

38 다음은 스티븐씨의 한국방문일정이다. 옳지 않은 것은?

> Tues. march. 24, 2016
> 10:30 Arrive Seoul (KE 086)
> 12:00 ~ 14:00 Luncheon with Directors at Seoul Branch
> 14:30 ~ 16:00 Meeting with Suppliers
> 16:30 ~ 19:00 Tour of Insa-dong
> 19:00 Depart for Dinner
>
> Wed. march. 25, 2016
> 8:30 Depart for New York (OZ 222)
> 11:00 Arrive New York

① 총 2대의 비행기를 이용할 것이다.

② 오후에 인사동을 관광할 것이다.

③ 서울에 도착 후 이사와 오찬을 먹을 것이다.

④ 두 번에 걸친 회의가 있다.

39 다음 중 문서작성 시 주의해야 할 사항으로 잘못된 것은?

① 문서의 첨부파일은 반드시 필요한 자료 외에는 첨부하지 않는 것이 좋다.

② 문서를 작성한 후에는 반드시 다시 한 번 내용을 검토하는 것이 좋다.

③ 문서의 작성 시기는 중요하지 않다.

④ 문서내용에 기재된 사항은 정확성을 기하여야 한다.

40 다음 기사는 프랜차이즈 관련한 내용이다. 이를 읽고 추측 가능한 내용으로 가장 적절한 것을 고르면?

> 먹다 남은 식재료로 죽을 만들어 이른바 '쓰레기 죽' 파장을 몰고 온 본죽 사건이 본사와 가맹점 간 소송으로 이어지게 됐다. 7일 서울중앙지법에 따르면 프랜차이즈 업체 '본 죽'과 '본 비빔밥'을 운영하고 있는 ㈜ 본 아이에프는 다른 손님이 먹다 남긴 김치 등을 재활용해 '낙지김치죽', '참치김치죽'을 만들어 판매했던 가맹점 업주 송모 씨와 홍모 씨 등을 상대로 각각 3억 원의 손해배상 청구소송을 제기했다. 본 아이에프 측은 소장에서 "지난해 11월 서울 관악구와 영등포구에 있는 가맹점 두 곳에서 손님이 반찬으로 남기고 간 김치를 재활용해 다시 죽을 조리하는 모습이 방송 프로그램에 방영되면서 전국 가맹점들의 매출 급감 사태가 발생했다"고 주장했다. 본 아이에프는 1200여 개에 이르는 전국 본죽 가맹점의 매출 손실을 모두 합하면 1개월에 50억 원에 달한다고 추산했다. 본 아이에프는 "가맹점 매출이 감소함에 따라 식재료를 공급하는 본사의 매출도 38억 원이 줄어 지난해 순수익이 예상보다 약 9억 원 감소했다"고 덧붙였다. 실제로 소비자들은 일부 본 죽 가맹점에서 먹다 남은 식재료를 다시 써서 음식을 만들고 있다는 사실이 알려진 후 인터넷을 통해 '쓰레기 죽을 먹지 않겠다'는 등의 반응을 보였다. 이에 따라 송씨와 홍씨 등은 지난해 12월 점포를 자진 폐업했다.

① 하나의 프랜차이지 실패는 타 지점과 전체 시스템에 영향을 미칠 수 있다.

② 재료의 대량구매에 의한 규모의 경제달성이 가능하다고 볼 수 있다.

③ 사업 초기부터 소비자에 대한 신뢰도의 구축이 가능하다.

④ 소액의 자본으로도 시작이 가능하다는 것을 알 수 있다.

|1~3| 규칙을 찾아 빈칸에 들어갈 숫자를 고르시오.

1

$$60 \quad \frac{\sqrt{2}}{2} \quad 75 \qquad 100 \quad 0.5 \quad 50 \qquad 5 \quad (\quad) \quad 105$$

① 1

② $\frac{\sqrt{3}}{2}$

③ $\frac{\sqrt{2}}{2}$

④ $\frac{1}{2}$

2

53	62
63	41

→

82	84
93	( )

① 53

② 69

③ 74

④ 94

3

$$4 \quad 2 \quad 4 \quad 6 \quad (\quad) \quad 1 \quad 2 \quad 4 \quad 2$$

① 1

② 2

③ 3

④ 4

4 ① $2^5 - 6 \div 3$

② $\dfrac{5}{8} \div \dfrac{4}{8} \times 3 + \dfrac{3}{4} \div \dfrac{1}{7} \times 5$

③ $1^0 + 2^1 + 3^2 + 4^3 - 45$

④ $\sqrt{8} \times 5 \times \dfrac{\sqrt{9}}{\sqrt{2}}$

5 ① $4!$

② 32

③ 2, 3, 8의 최소 공배수

④ 12의 약수 중 홀수를 제외한 수의 합

6 세 숫자 468, 364, 312의 최대 공약수의 약수의 합은?

① 98   ② 97

③ 96   ④ 95

7 A, B, C, D, E 5명의 학생은 영어와 수학시험을 보았다. A를 제외한 학생들의 영어 평균은 83점이었으며, 5명의 영어 평균은 84점이라고 한다. A의 수학성적은 영어보다 5점 낮으며, A와 E를 제외한 학생들의 수학 평균은 90점이고, 5명의 수학 평균은 85점일 때, E의 수학 점수는?

① 72점   ② 74점

③ 76점   ④ 78점

8 반지름이 2인 원이 4바퀴 굴러간 길이와 동일한 길이의 밑변 둘레를 가진 원뿔의 부피가 96일 때, 원뿔의 높이는? (단, 원주율은 3으로 계산한다.)

① 1   ② 1.5

③ 2   ④ 2.5

9 원가가 500원인 지우개가 있다. 처음에 x%의 이윤을 남겨 정가로 정하여 10개를 판매했지만, 잘 팔리지 않자 정가의 x%를 할인하여 50개를 판매하였다. 이때 이윤이 0원이었다면, x의 값은?

① 5   ② 10

③ 15   ④ 20

10 이번 달 1, 2, 3일 연속으로 비가 내렸는데, 2일에는 전날 대비 40% 더 내렸으며, 3일에는 전날 대비 20% 덜 내려 3일 동안 총 176mm의 비가 왔다고 한다. 그렇다면 3일에는 1일에 비해 비가 얼마나 더 내린 것인가?

① 6mm   ② 8mm

③ 10mm   ④ 12mm

11 지름의 길이가 1cm인 동전이 20바퀴와 15바퀴를 굴러간 거리가 책상 가로·세로의 길이와 동일하다면 책상의 넓이는? (원주율은 3.14로 계산하고, 소수점 첫째자리에서 반올림하시오.)

① $2,948cm^2$ ② $2,957cm^2$

③ $2,958cm^2$ ④ $2,967cm^2$

12 소금 40g으로 5%의 소금물을 만들었다. 이 소금물에 새로운 소금물 40g을 넣었더니 농도가 7%가 되었다. 이때 추가한 소금물의 농도는?

① 41%

② 43%

③ 45%

④ 47%

13 길이 200m의 기차가 1km의 터널을 완전히 통과하기까지 40초가 걸렸다고 한다. 이 기차가 A역에서 오후 3시 50분에 출발하여 B역에 오후 5시 30분에 도착했다면, 두 역 사이의 거리는?

① 150km

② 160km

③ 170km

④ 180km

14 부피가 32인 구의 지름과 동일한 길이를 반지름으로 갖는 원뿔의 높이가 6이라면, 원뿔의 부피는 구의 부피의 몇 배인가?(단, 원주율은 3으로 계산한다.)

① 1

② 2

③ 3

④ 4

15 영희가 반 친구들에게 과자를 나누어주려고 한다. 9개씩 나누어주었을 때 친구들 중 2명은 받지 못한 채로 6개가 남고, 6개씩 나누어주었을 때, 친구들에게 다 주고도 12개가 남는다고 한다. 이때, 반 친구들에게 과자를 3개씩 나누어 준다면, 몇 개의 과자가 남는가?

① 16개

② 26개

③ 36개

④ 46개

16 영진이가 서로 다른 주사위 3개를 굴려서 2개는 짝수가, 1개는 홀수가 나올 확률은?

① $\dfrac{1}{8}$ ② $\dfrac{3}{8}$

③ $\dfrac{5}{16}$ ④ $\dfrac{7}{16}$

17 어느 두 자리 수가 있다. 이 숫자의 각 자릿수의 합은 9이며, 숫자의 위치를 바꾸면 처음 숫자의 2배보다 9만큼 작다고 한다. 이때, 처음 숫자는?

① 27   ② 36

③ 45   ④ 90

18 배를 타고 길이가 10km인 강을 거슬러 올라가는 데 1시간, 내려오는 데 30분이 걸렸다. 이 강에 종이배를 띄운다면 이 종이배가 1km를 떠내려가는데 몇 분이 걸리는가? (단, 배와 강물의 속력은 일정하고, 종이배는 바람 등의 외부의 영향을 받지 않는다)

① 10분   ② 12분

③ 14분   ④ 16분

19 어떤 일을 하는데 수빈이는 16일, 혜림이는 12일이 걸린다. 처음에는 수빈이 혼자서 3일 동안 일을 하고, 그 다음은 수빈이와 혜림이가 같이 일을 하다가 마지막 하루는 혜림이만 일하여 일을 끝냈다. 수빈이와 혜림이가 함께 일 한 기간은?

① 3일   ② 4일

③ 5일   ④ 6일

20 언니와 동생은 매월 일정액을 예금하고 있다. 현재 언니의 예금액이 만 원, 동생의 예금액은 7,000원이다. 언니는 매월 700원을, 동생은 매월 1,000원을 예금한다면, 동생의 예금액이 언니의 예금액보다 많아지는 것은 최소 몇 개월 후인가?

① 8개월   ② 9개월

③ 10개월   ④ 11개월

21 어느 학급의 남학생과 여학생의 비율이 5:5였다. 몇 명의 남학생이 전학을 와 남녀 비율이 6:5가 되었고 총 학생은 55명이 되었다면, 전학 온 남학생의 수는?

① 1명   ② 3명

③ 5명   ④ 7명

22 도단이가 낮잠을 자는 동안 엄마가 집에서 마트로 외출을 했다. 곧바로 잠에서 깬 도단이는 엄마가 출발하고 10분 후 엄마의 뒤를 따라 마트로 출발했다. 엄마는 매분 100m의 속도로 걷고, 도단이는 매분 150m의 속도로 걷는다면 도단이는 몇 분 만에 엄마를 만나게 되는가?

① 10분   ② 20분

③ 30분   ④ 40분

23 다음은 학생들을 대상으로 대중교통을 이용하는 횟수에 대한 설문 조사를 한 결과를 나타낸 자료이다. 설문에 참여한 총인원의 월 평균 대중교통을 이용하는 횟수가 65회라면, 빈 칸에 들어갈 알맞은 인원은 몇 명인가?

월 평균 대중교통 이용 횟수(회)	인원 수(명)
0~20	10
20~40	20
40~60	30
60~80	( )
80~100	25
100~120	20

① 30명　　　　　　　　　　　② 32명

③ 35명　　　　　　　　　　　④ 38명

▌24~25▐ 다음은 어떤 은행의 지점별 직원 수, 영업시간 동안 방문 고객 수, 의자 수를 나타낸 것이다. 다음을 보고 물음에 답하시오.

(단위 : 명, 개)

구분	A지점	B지점	C지점	D지점
직원	10	15	13	11
고객	258	349	316	297
의자	35	45	40	40

※ 은행 영업시간 : 오전 9시~오후4시

24 직원 1인당 담당하는 고객의 수가 가장 많은 지점은?

① A지점　　　　　　　　　　② B지점

③ C지점　　　　　　　　　　④ D지점

25 영업시간 1시간 동안 평균 방문 고객이 모두 의자에 앉기 위해 추가해야 하는 모든 지점 의자의 수는?

① 12개

② 14개

③ 16개

④ 18개

26 다음 표는 어느 분야의 각 국가별 특허 출원 및 논문 발표 현황을 나타낸다. 다음 설명 중 옳은 것은?

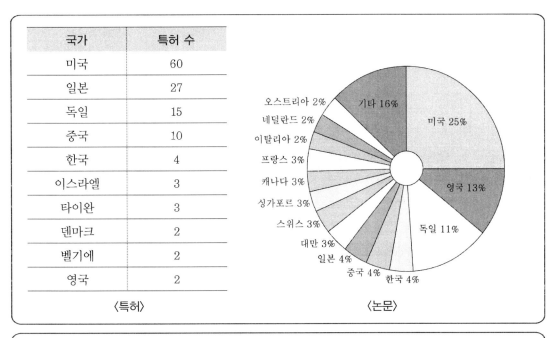

국가	특허 수
미국	60
일본	27
독일	15
중국	10
한국	4
이스라엘	3
타이완	3
덴마크	2
벨기에	2
영국	2

〈특허〉

〈논문〉

㉠ 미국의 논물 발표 수는 2위와 3위 국가의 논문 발표 수를 합친 것보다 많다.
㉡ 한국은 중국보다 특허 수가 적다.
㉢ 이스라엘은 타이완보다 특허 수가 많다.
㉣ 표시되지 않은 국가에서 발표한 논문 수는 영국에서 발표한 논문 수보다 적다.

① ㉠㉡

② ㉠㉢

③ ㉡㉣

④ ㉢㉣

27 다음은 2009년~2019년의 남녀 비만율(%)에 대한 그래프이다. 다음 중 옳지 것은?(단, 조사인원은 매해 동일하며, 남녀의 조사인원 또한 동일하다.)

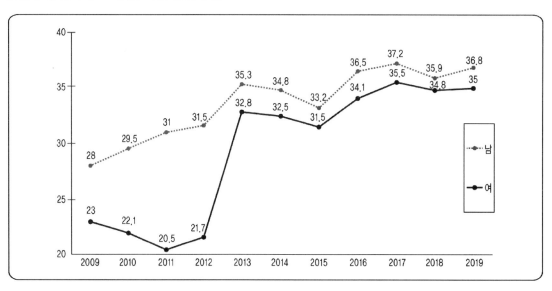

① 전체적으로 남성의 비만율이 여성의 비만율보다 항상 높다.

② 2012년부터 남성의 비만율 증감과 여성의 비만율 증감은 동일하게 변하고 있다.

③ 10년 전에 비해 남성의 비만율은 여성의 비만율보다 더 적게 증가했다.

④ 남성의 비만율과 여성의 비만율이 가장 비슷한 것은 2015년이다.

28 다음은 어느 지역의 연도별 65세 기준 인구의 분포를 나타낸 자료이다. 이에 대한 설명으로 옳은 것은?

구분	인구 수(명)		
	계	65세 미만	65세 이상
2012년	66,557	51,919	14,638
2013년	68,270	53,281	14,989
2014년	150,437	165,130	15,307
2015년	243,023	227,639	15,384
2016년	325,244	310,175	15,069
2017년	465,354	450,293	15,061
2018년	573,176	557,906	15,270
2019년	659,619	644,247	15,372

① 65세 미만 인구수는 조금씩 감소하였다.

② 전체 인구수는 매년 지속적으로 증가하였다.

③ 65세 이상 인구수는 매년 지속적으로 증가하였다.

④ 65세 이상 인구수는 매년 전체의 5% 이상이다.

29 다음 표는 1885~1892년 동안 조선의 대청·대일 무역규모를 나타낸 자료이다. 다음 표에 대한 설명으로 옳지 않은 것은?

(단위 : 달러)

연도	조선의 수출액		조선의 수입액	
	대청	대일	대청	대일
1885	9,479	377,775	313,342	1,377,392
1886	15,977	488,041	455,015	2,064,353
1887	18,873	783,752	742,661	2,080,787
1888	71,946	758,238	860,328	2,196,115
1889	109,789	1,122,276	1,101,585	2,299,118
1890	70,922	3,475,098	1,660,075	3,086,897
1891	136,464	3,219,887	2,148,294	3,226,468
1892	149,861	2,271,628	2,055,555	2,555,675

※ 무역수지=수출액-수입액

① 1889년 조선의 대청 수출액은 수입액보다 적었다.

② 1887년 조선의 대일 수출액은 1885년의 대일 수출액의 2배 이상이다.

③ 1885~1892년 동안 조선의 대일 수입액은 매년 증가하고 있다.

④ 1885~1892년 동안 매년 조선의 대일 수출액은 대청 수출액의 10배 이상이다.

30 논벼의 수익성을 다음 표와 같이 나타낼 때, 빈칸 (개)와 (내)에 들어갈 수치는 차례대로 각각 얼마인가?

(단위 : 원, %, %p)

구분	2018년	2019년	전년대비	
			증감	증감률
총수입(a)	856,165	974,553	118,388	13.8
생산비(b)	647,340	691,374	17,033	2.5
경영비(c)	426,619	(개)	6,484	1.5
순수익(a−b)	181,825	283,179	101,355	55.7
순수익률	21.2	29.1	7.8	
소득(a−c)	429,546	541,450	111,904	26.1
소득률	(내)	55.6	5.4	

※ 순수익률＝(순수익÷총수입)×100, 소득률＝(소득÷총수입)×100

① 433,103/45.2

② 433,103/50.2

③ 423,605/45.2

④ 423,605/50.2

31~33 다음은 성별 경제활동인구를 나타낸 자료이다. 다음을 보고 물음에 답하시오.

(단위 : 천 명, %)

구분	2019		2018	
	남	여	남	여
15세 이상인구	21,886	22,618	21,699	22,483
취업자	15,463	11,660	15,372	11,450
실업자	627	437	630	443
비경제활동인구	5,797	10,521	5,697	10,590
경제활동참가율	73.5	53.5	73.7	52.9
실업률	3.9	3.6	3.9	3.7
고용률	(가)	(나)	(다)	(라)

※ 경제활동인구란 15세 이상 인구 중 취업자와 실업자를 의미한다.

※ 비경제활동인구란 15세 이상 인구 중 경제활동인구를 제외한 나머지를 의미한다.

※ 경제활동참가율 : 15세 이상 인구 중 취업자와 실업자를 합한 경제활동인구의 비율

※ 실업률 : 경제활동인구 중 실업자가 차지하는 비율

※ 고용률 : 15세 이상 인구 중 취업자의 비율

31 ㈎~㈐에 들어갈 숫자들의 합은?(고용률은 소수점 둘째자리에서 반올림하여 구한다.)

① 243.8　　　　② 243.9

③ 244.0　　　　④ 244.1

32 2019년의 전체 실업률을 2018년의 전체 실업률과 비교하면?(실업률은 소수점 둘째자리에서 반올림한다.)

① 전체 실업률은 동일하다.

② 2019년의 실업률이 2018년의 실업률보다 크다.

③ 2018년의 실업률이 2017년의 실업률보다 크다.

④ 2019년과 2018년의 실업률은 비교할 수 없다.

33 만약 2020년 남성의 고용률, 취업자 수는 전년과 동일하며, 2020 남성의 실업자 수가 작년에 비해 8천 명 많아졌다면, 남성의 비경제활동인구 수는?(비경제활동인구 수는, 소수점 첫째자리에서 반올림한다.)

① 5,763천 명

② 5,773천 명

③ 5,783천 명

④ 5,793천 명

▌34~36▌ 다음은 2018년과 2019년도의 여행 시 사용한 이동수단을 나타낸 자료이다. 다음을 보고 물음에 답하시오.

(단위 : %)

구분		자가용	철도	항공	지하철	여행자 수 (백 명)
2018	15~19세	70.8	15.4	4.1	9.7	322
	20대	75.4	10.6	9.6	4.4	1,025
	30대	72.4	13.8	7.0	6.8	674
	40대	71.9	16.3	7.9	3.9	511
	50대 이상	68.1	20.6	8.1	3.2	90
2019	15~19세	65.7	18.5	3.2	12.6	360
	20대	78.9	5.4	9.6	6.1	1,234
	30대	73.2	16.5	6.0	4.3	598
	40대	70.7	20.5	5.3	3.5	506
	50대 이상	65.8	26.8	3.9	3.5	95

34 다음 표에 대한 설명으로 옳은 것을 고르면?

㉮ 2019년에 자가용을 이용하여 여행가는 20대의 비율은 전년 대비 약 26% 증가하였다.
㉯ 20세 미만의 사람 중 항공을 이용한 사람은 2019년이 더 많다.
㉰ 2018년에 비해 2019년에 여행을 간 사람의 수가 더 적다.
㉱ 2018년에 20세 미만을 제외한 나머지 사람들은 여행 시 자가용＞철도＞항공＞지하철 순서대로 이용수단의 비율이 높다.

① ㉮, ㉯ 　　　　② ㉮, ㉱
③ ㉯, ㉰ 　　　　④ ㉰, ㉱

35 2017년도에 여행을 간 30대가 648백 명이며, 그 중 철도를 이용한 사람의 비율이 16.2%라면 2018년도의 전년 대비 30대의 철도 이용인원은 몇 % 감소한 것인가?(단, 감소율은 소수점 둘째자리에서 반올림한다.)

① 10.3%
② 10.4%
③ 11.3%
④ 11.4%

36 2018년에 여행을 한 사람 중 지하철을 사용한 사람의 합은?

① 14,498명
② 14,508명
③ 14,518명
④ 14,528명

|37~38| 다음은 2016~2020년 총 5년 동안 행정구역별 예금액에 대한 자료이다. 다음 표를 보고 물음에 답하시오.

(단위 : 만 원)

구분	2020년	2019년	2018년	2017년	2016년
서울시	820,709.9	811,396.7	819,649.3	788,698.7	778,474.6
경기도	238,455.9	231,478.6	229,505.7	227,590.4	221,677.1
강원도	27,568.9	28,549.7	27,339.8	27,467.6	25,716.1
충청북도	23,867.4	23,085.8	22,690.2	22,789.6	21,778.2
충청남도	28,376.6	27,103.2	26,795.9	27,081	25,860
전라북도	(가)	38,263.7	39,241.2	38,039.7	36,834.2
전라남도	25,734.7	24,969.5	25,249.9	25,464.4	34,258.2
경상북도	37,602.2	36,727.5	36,048.7	35,882.1	34,426
경상남도	52,121.6	50,155.2	49,757.3	50,171.2	47,289.8

37 2020년 전라북도의 예금액이 작년 대비 증가율이 약 0.7%일 때, (가)의 값을 구하시오.(단, 소수둘째자리에서 반올림한다.)

① 38,434.4

② 38,434.5

③ 38,531.4

④ 38,531.5

38 위 자료에 대한 설명으로 옳지 않은 것은?

① 2020년에 4년 전 대비 증가율이 가장 큰 구역은 경상남도이다.

② 5년간 예금액의 평균이 약 27,000만 원 이상 30,000만 원 이하인 지역은 4곳이다.

③ 서울시를 제외한 행정구역의 예금액의 합은 서울시 예금액의 절반 이상을 차지한다.

④ 해마다 예금액이 증가한 지역은 서울시, 경기도, 경상북도 3곳뿐이다.

39~40 다음 〈표〉는 이용부문별 프린터 판매 및 매출 현황이다. 다음을 보고 물음에 답하시오.

(단위 : 대, 백만달러)

이용부문	판매대수	매출액
정부	317,593	122.7
교육	190,301	41.0
일반 가정	1,092,452	121.2
자영업	704,415	165.5
소규모 기업	759,294	270.6
중규모 기업	457,886	207.9
대규모 기업	415,620	231.4
계	3,937,561	1,160.3

※ 시장가격 = $\dfrac{\text{매출액}}{\text{판매대수}}$

39 위의 표에 대한 설명으로 옳지 않은 것은?

① 판매대수가 가장 많은 부문은 일반 가정 부문이다.

② 판매대수 총계에서 정부의 판매대수가 차지하는 비중은 10% 이하이다.

③ 판매대수가 많은 부문일수록 매출액도 크다.

④ 판매대수가 가장 적은 부문은 교육 부문이다.

40 위의 표에서 교육 부문의 시장가격은 약 얼마인가? (단, 소수점 이하는 버린다)

① 200달러 ② 215달러

③ 230달러 ④ 245달러

03 문제해결능력

┃1~2┃ 신입사원 A, B, C, D, E 5명이 거래처인 (가), (나), (다), (라), (마) 공장에 가야 한다. 다음에 주어진 조건을 읽고 물음에 답하시오.

- 신입사원들은 각 공장에 혼자가야 한다.
- 공장은 (가), (나), (다), (라), (마)의 순서로 나란히 붙어 있다.
- B는 항상 D가 가는 공장의 바로 오른쪽에 있는 곳에 가야한다.
- (마) 공장에는 B와 C가 갈 수 없다.

1 신입사원들이 각각의 공장에 가는 방법은 총 몇 가지인가?

① 12가지   ② 14가지

③ 16가지   ④ 18가지

2 C와 D가 바로 옆에 이웃해 있는 공장에 가는 방법은 몇 가지인가?

① 2가지   ② 4가지

③ 6가지   ④ 8가지

3 K지점으로부터 은행, 목욕탕, 편의점, 미용실, 교회 건물이 각각 다음과 같은 조건에 맞게 위치해 있다. 모두 K지점으로부터 일직선상에 위치해 있다고 할 때, 다음 설명 중 올바른 것은 어느 것인가? (언급되지 않은 다른 건물은 없다고 가정한다)

> • K지점으로부터 50m 이상 떨어져 있는 건물은 목욕탕, 미용실, 은행이다.
> • 목욕탕과 교회 건물 사이에는 편의점을 포함한 2개의 건물이 있다.
> • 5개의 건물은 각각 K지점에서 15m, 40m, 60m, 70m, 100m 떨어진 거리에 있다.

① 목욕탕과 편의점과의 거리는 40m이다.

② 연이은 두 건물 간의 거리가 가장 먼 것은 은행과 편의점이다.

③ 미용실과 편의점의 사이에는 1개의 건물이 있다.

④ K지점에서 미용실이 가장 멀리 있다면 은행과 교회는 45m 거리에 있다.

4 다음 글과 상황을 근거로 판단할 때, A국 각 지역에 설치될 것으로 예상되는 풍력발전기 모델명을 바르게 짝지은 것은?

풍력발전기는 회전축의 방향에 따라 수평축 풍력발전기와 수직축 풍력발전기로 구분된다. 수평축 풍력발전기는 구조가 간단하고 설치가 용이하며 에너지 변환효율이 우수하다. 하지만 바람의 방향에 영향을 많이 받기 때문에 바람의 방향이 일정한 지역에만 설치가 가능하다. 수직축 풍력발전기는 바람의 방향에 영향을 받지 않아 바람의 방향이 일정하지 않은 지역에도 설치가 가능하며, 이로 인해 사막이나 평원에도 설치가 가능하다. 하지만 부품이 비싸고 수평축 풍력발전기에 비해 에너지 변환효율이 떨어진다는 단점이 있다. B사는 현재 4가지 모델의 풍력발전기를 생산하고 있다. 각 풍력발전기는 정격 풍속이 최대 발전량에 도달하며, 가동이 시작되면 최소 발전량 이상의 전기를 생산한다. 각 발전기의 특성은 아래와 같다.

모델명	U-50	U-57	U-88	U-93
시간 당 최대 발전량(kW)	100	100	750	2,000
시간 당 최소 발전량(kW)	20	20	150	400
발전기 높이(m)	50	68	80	84.7
회전축 방향	수직	수평	수직	수평

〈상황〉

A국은 B사의 풍력발전기를 X, Y, Z지역에 각 1기씩 설치할 계획이다. X지역은 산악지대로 바람의 방향이 일정하며, 최소 150kW 이상의 시간 당 발전량이 필요하다. Y지역은 평원지대로 바람의 방향이 일정하지 않으며, 철새보호를 위해 발전기 높이는 70m 이하가 되어야 한다. Z지역은 사막지대로 바람의 방향이 일정하지 않으며, 주민 편의를 위해 정격 풍속에서 600kW 이상의 시간당 발전량이 필요하다. 복수의 모델이 각 지역의 조건을 충족할 경우, 에너지 변환효율을 높이기 위해 수평축 모델을 설치하기로 한다.

	X지역	Y지역	Z지역			X지역	Y지역	Z지역
①	U-88	U-50	U-88		②	U-88	U-57	U-93
③	U-93	U-50	U-88		④	U-93	U-50	U-93

5 A, B, C는 같은 지점에서 출발하여 임의의 순서로 나란히 이웃한 놀이동산, 영화관, 카페에 자가용, 지하철, 버스 중 한 가지를 이용하여 갔다. 다음 조건을 만족할 때, 다음 중 옳은 것은?

- 가운데에 위치한 곳에 간 사람은 버스를 통해 이동했다.
- B와 C는 서로 이웃해 있지 않은 곳으로 갔다.
- C는 가장 먼 곳으로 갔다.
- 카페와 영화관은 서로 이웃해있다.
- B는 영화관에 갔다.
- 놀이동산에 갈 수 있는 유일한 방법은 지하철이다.

① 놀이동산 – 영화관 – 카페 순서대로 이웃해있다.
② C는 지하철을 타고 놀이동산에 가지 않았다.
③ 영화관에 가기 위해 자가용을 이용해야 한다.
④ A는 버스를 이용하고, B는 지하철을 이용한다.

┃6~8┃ 다음 조건을 읽고 옳은 설명을 고르시오.

6

- 나는 오전에 영화를 보거나 공부를 할 것이다.
- 나는 오전에 공부를 하지 않았고 오후에 공부를 하였다.
- 나는 영화 보는 것을 좋아한다.

A : 나는 오늘 공부를 하였다.
B : 나는 오늘 영화를 보았다.

① A만 옳다.
② B만 옳다.
③ A와 B 모두 옳다.
④ A와 B 모두 그르다.

7

- 자동차는 마차보다 빠르다.
- 비행기는 자동차보다 빠르다.
- 자동차는 마차보다 무겁다.

A : 비행기가 가장 무겁다.
B : 비행기, 자동차, 마차 순으로 속도가 빠르다.

① A만 옳다.
② B만 옳다.
③ A와 B 모두 옳다.
④ A와 B 모두 그르다.

8

> • 구일이와 민아는 부부이다.
> • 지섭이는 재신이의 손자이다.
> • 구일이는 재신이의 아들이다.
> • 민지는 민아의 딸이다.

> A : 민지는 재신이의 손녀이다.
> B : 지섭이는 구일이의 아들이다.

① A만 옳다.

② B만 옳다.

③ A와 B 모두 옳다.

④ A와 B 모두 그르다.

9 다음으로부터 바르게 추론한 것으로 옳은 것을 〈보기〉에서 고르면?

> • 5개의 갑, 을, 병, 정, 무 팀이 있다.
> • 현재 '갑'팀은 0개, '을'팀은 1개, '병'팀은 2개, '정'팀은 2개, '무'팀은 3개의 프로젝트를 수행하고 있다.
> • 8개의 새로운 프로젝트 a, b, c, d, e, f, g, h를 5개의 팀에게 분배하려고 한다.
> • 5개의 팀은 새로운 프로젝트 1개 이상을 맡아야 한다.
> • 기존에 수행하던 프로젝트를 포함하여 한 팀이 맡을 수 있는 프로젝트 수는 최대 4개이다.
> • 기존의 프로젝트를 포함하여 4개의 프로젝트를 맡은 팀은 2팀이다.
> • 프로젝트 a, b는 한 팀이 맡아야 한다.
> • 프로젝트 c, d, e는 한 팀이 맡아야 한다.

> 〈보기〉
> ㉠ a를 '을'팀이 맡을 수 없다.
> ㉡ f를 '갑'팀이 맡을 수 있다.
> ㉢ 기존에 수행하던 프로젝트를 포함해서 2개의 프로젝트를 맡는 팀이 있다.

① ㉠

② ㉡

③ ㉢

④ ㉠㉢

10 다음에 따라 ○○대회 예선이 진행된다. 甲이 심사위원장을 알아내고자 할 때, 〈보기〉에서 옳은 것만을 모두 고르면?

- 예선의 심사위원은 심사위원장 1인을 포함하여 총 4인이며, 그 중 누가 심사위원장인지 참가자에게 공개되지 않는다.
- 심사위원은 참가자의 노래를 들은 후 동시에 O 또는 X의 결정을 내리며, 다수결에 의해 예선 통과 여부가 결정된다.
- 만약 O와 X를 결정한 심사위원의 수가 같다면, 심사위원장이 O 결정을 한 경우 통과, X 결정을 한 경우 탈락한다.
- 4명의 참가자들은 어떤 심사위원이 자신에게 O 또는 X 결정을 내렸는지와 통과 또는 탈락 여부를 정확히 기억하여 甲에게 알려주었다.

〈보기〉

㉠ 4명의 참가자가 모두 심사위원 3인의 O 결정으로 통과했다면, 甲은 심사위원장을 알아낼 수 없다.

㉡ 4명의 참가자가 모두 같은 2인의 심사위원에게만 O 결정을 받아 탈락했다면, 甲은 심사위원장을 알아낼 수 있다.

㉢ 4명의 참가자가 모두 2인의 심사위원에게만 O 결정을 받았고, O 결정을 한 심사위원의 구성이 모두 다르다면, 甲은 심사위원장을 알아낼 수 있다.

---

① ㉠

② ㉡

③ ㉠㉢

④ ㉡㉢

11 빵, 케이크, 마카롱, 쿠키를 판매하고 있는 베이커리에서 A~F 6명이 제품을 섭취하고 알레르기가 발생했다는 민원이 제기되었다. 아래의 사례를 참고할 때, 다음 중 반드시 거짓인 경우를 고르시오.

- 알레르기 유발 원인이 된 제품은 빵, 케이크, 마카롱, 쿠키 중 하나이다.
- 6명이 섭취한 제품과 알레르기 유무는 아래와 같다.

구분	섭취 제품	알레르기 발생 유무
A	빵과 케이크를 먹고 마카롱과 쿠키를 먹지 않음	유
B	빵과 마카롱을 먹고 케이크와 쿠키를 먹지 않음	무
C	빵과 쿠키를 먹고 케이크와 마카롱을 먹지 않음	유
D	케이크와 마카롱을 먹고 빵과 쿠키를 먹지 않음	유
E	케이크와 쿠키를 먹고 빵과 마카롱을 먹지 않음	무
F	마카롱과 쿠키를 먹고 빵과 케이크를 먹지 않음	무

① A, B, D의 사례만을 고려하면, 케이크가 알레르기의 원인이다.

② A, C, E의 사례만을 고려하면, 빵이 알레르기의 원인이다.

③ B, D, F의 사례만을 고려하면, 케이크가 알레르기의 원인이다.

④ C, D, F의 사례만을 고려하면, 마카롱이 알레르기의 원인이다.

12 다음 〈상황〉과 〈조건〉을 근거로 판단할 때 옳은 것은?

〈상황〉

A대학교 보건소에서는 4월 1일(월)부터 한 달 동안 재학생을 대상으로 금연교육 4회, 금주교육 3회, 성교육 2회를 실시하려는 계획을 가지고 있다.

〈조건〉

- 금연교육은 정해진 같은 요일에만 주 1회 실시하고, 화, 수, 목요일 중에 해야 한다.
- 금주교육은 월요일과 금요일을 제외한 다른 요일에 시행하며, 주 2회 이상은 실시하지 않는다.
- 성교육은 4월 10일 이전, 같은 주에 이틀 연속으로 실시한다.
- 4월 22일부터 26일까지 중간고사 기간이고, 이 기간에 보건소는 어떠한 교육도 실시할 수 없다.
- 보건소의 교육은 하루에 하나만 실시할 수 있고, 토요일과 일요일에는 교육을 실시할 수 없다.
- 보건소는 계획한 모든 교육을 반드시 4월에 완료하여야 한다.

---

① 금연교육이 가능한 요일은 화요일과 수요일이다.

② 4월 30일에도 교육이 있다.

③ 금주교육은 4월 마지막 주에도 실시된다.

④ 성교육이 가능한 일정 조합은 두 가지 이상이다.

13 Z회사에 근무하는 7명의 직원이 교육을 받으려고 한다. 교육실에서 직원들이 앉을 좌석의 조건이 다음과 같을 때 직원 중 빈자리 바로 옆 자리에 배정받을 수 있는 사람은?

〈교육실 좌석〉			
첫 줄	A	B	C
중간 줄	D	E	F
마지막 줄	G	H	I

〈조건〉

- 직원은 강훈, 연정, 동현, 승만, 문성, 봉선, 승일 7명이다.
- 서로 같은 줄에 있는 좌석들끼리만 바로 옆 자리일 수 있다.
- 봉선의 자리는 마지막 줄에 있다.
- 동현이의 자리는 승만이의 바로 옆 자리이며, 또한 빈자리 바로 옆이다.
- 승만이의 자리는 강훈이의 바로 뒷자리이다.
- 문성이와 승일이는 같은 줄의 좌석을 배정받았다.
- 문성이나 승일이는 누구도 강훈이의 바로 옆 자리에 배정받지 않았다.

① 승만

② 문성

③ 연정

④ 봉선

14 다음 글을 근거로 판단할 때, 9월 17일(토)부터 책을 대여하기 시작한 甲이 마지막 편을 도서관에 반납할 요일은? (단, 다른 조건은 고려하지 않는다)

> 甲은 10편으로 구성된 위인전을 완독하기 위해 다음과 같이 계획하였다.
>
> 책을 빌리는 첫째 날은 한 권만 빌려 다음날 반납하고, 반납한 날 두 권을 빌려 당일 포함 2박 3일이 되는 날 반납한다. 이런 식으로 도서관을 방문할 때마다 대여하는 책의 수는 한 권씩 증가하지만, 대여 일수는 빌리는 책 권수를 n으로 했을 때 두 권 이상일 경우 $(2n-1)$의 규칙으로 증가한다.
>
> 예를 들어 3월 1일(월)에 1편을 빌렸다면 3월 2일(화)에 1편을 반납하고 그날 2, 3편을 빌려 3월 4일(목)에 반납한다. 4일에 4, 5, 6편을 빌려 3월 8일(월)에 반납하고 그날 7, 8, 9, 10편을 대여한다.
>
> 도서관은 일요일만 휴관하고, 이날은 반납과 대여가 불가능하므로 다음날인 월요일에 반납과 대여를 한다. 이 경우에 한하여 일요일은 대여 일수에 포함되지 않는다.

① 월요일   ② 화요일

③ 수요일   ④ 목요일

15 어떤 사람이 가격이 1,000만 원인 자동차를 구매하기 위해 은행에서 상품 A, B, C에 대해 상담을 받았다. 다음 상담 내용을 참고하여 옳은 것을 고르시오.(단, 총비용으로 은행에 내야하는 금액과 수리비만을 고려하고, 등록비용 등 기타 비용은 고려하지 않는다.)

• A상품

고객님이 자동차를 구입하여 소유권을 취득하실 때, 은행이 자동차 판매자에게 즉시 구입금액 1,000만 원을 지불해드립니다. 그리고 그 날부터 매월 1,000만 원의 1%를 이자로 내시고, 1년이 되는 시점에 1,000만 원을 상환하시면 됩니다.

• B상품

고객님이 원하시는 자동차를 구매하여 고객님께 전달해 드리고, 고객님께서는 1년 후에 자동차 가격에 이자를 추가하여 총 1,200만 원을 상환하시면 됩니다. 자동차의 소유권은 고객님께서 1,200만 원을 상환하시는 시점에 고객님께 이전되며, 그 때까지 발생하는 모든 수리비는 저희가 부담합니다.

• C상품

고객님이 원하시는 자동차를 구매하여 고객님께 임대해 드립니다. 1년 동안 매월 90만원의 임대료를 내시면 1년 후에 그 자동차는 고객님의 소유가 되며, 임대기간 중 발생하는 모든 수리비는 저희가 부담합니다.

㉠ 사고 여부와 관계없이 자동차 소유권 취득 시까지의 총비용 측면에서 B상품보다 C상품을 선택하는 것이 유리하다.

㉡ 최대한 빨리 자동차 소유권을 얻고 싶다면 A상품을 선택하는 것이 다른 두 선택지보다 유리하다.

㉢ 자동차 소유권을 얻기까지 은행에 내야 하는 총금액은 A상품이 가장 적다.

㉣ 1년 내에 사고가 발생해 50만 원의 수리비가 소요될 것으로 예상한다면 총비용 측면에서 A 상품보다 B, C 상품을 선택하는 것이 유리하다.

---

① ㉠㉡

② ㉡㉢

③ ㉠㉡㉢

④ ㉡㉢㉣

16 다음 〈조건〉을 근거로 판단할 때, 가장 많은 품삯을 받은 일꾼은? (단, 1전은 10푼이다)

〈조건〉
- 일꾼 다섯 명의 이름은 좀쇠, 작은놈, 어인놈, 상득, 정월쇠이다.
- 다섯 일꾼 중 김씨가 2명, 이씨가 1명, 박씨가 1명, 윤씨가 1명이다.
- 이들의 직업은 각각 목수, 단청공, 벽돌공, 대장장이, 미장공이다.
- 일당으로 목수와 미장공은 4전 2푼을 받고, 단청공과 벽돌공, 대장장이는 2전 5푼을 받는다.
- 윤씨는 4일, 박씨는 6일, 김씨 두 명은 각각 4일, 이씨는 3일 동안 동원되었다. 동원되었지만 일을 하지 못한 날에는 보통의 일당 대신 1전을 받는다.
- 박씨와 윤씨는 동원된 날 중 각각 하루씩은 배가 아파 일을 하지 못했다.
- 목수는 이씨이다.
- 좀쇠는 박씨도 이씨도 아니다.
- 어인놈은 단청공이다.
- 대장장이와 미장공은 김씨가 아니다.
- 정월쇠의 일당은 2전 5푼이다.
- 상득은 김씨이다.
- 윤씨는 대장장이가 아니다.

① 좀쇠　　　　　　　　　　② 작은놈
③ 어인놈　　　　　　　　　④ 상득

17 G 음료회사는 신제품 출시를 위해 시제품 3개를 만들어 전직원을 대상으로 블라인드 테스트를 진행한 후 기획팀에서 회의를 하기로 했다. 독창성, 대중성, 개인선호도 세 가지 영역에 총 15점 만점으로 진행된 테스트 결과가 다음과 같을 때, 기획팀 직원들의 발언으로 옳지 않은 것은?

	독창성	대중성	개인선호도	총점
시제품 A	5	2	3	10
시제품 B	4	4	4	12
시제품 C	2	5	5	12

① 우리 회사의 핵심가치 중 하나가 창의성 아닙니까? 저는 독창성 점수가 높은 A를 출시해야 한다고 생각합니다.

② 독창성이 높아질수록 총점이 낮아지는 것을 보지 못하십니까? 저는 그 의견에 반대합니다.

③ 무엇보다 현 시점에서 회사의 재정상황을 타계하기 위해서는 대중성을 고려하여 높은 이윤이 날 것으로 보이는 C를 출시해야 하지 않겠습니까?

④ 그럼 독창성과 대중성, 개인선호도를 모두 고려하여 B를 출시하는 것이 어떻겠습니까?

18 지환이의 신장은 170cm, 체중은 80kg이다. 다음을 근거로 할 때, 지환이의 비만 정도를 바르게 나열한 것은?

> 과다한 영양소 섭취와 적은 체내 에너지 소비로 인한 에너지 대사의 불균형으로 지방이 체내에 지나치게 축적되어 체중이 과다해지는 것을 비만이라 한다.
>
> 비만 정도를 측정하는 방법은 Broca 보정식과 체질량지수를 이용하는 것이 대표적이다.
>
> Broca 보정식은 신장과 체중을 이용하여 비만 정도를 측정하는 간단한 방법이다. 이 방법에 의하면 신장(cm)에서 100을 뺀 수치에 0.9를 곱한 수치가 '표준체중(kg)'이며, 표준체중의 110% 이상 120% 미만의 체중을 '체중과잉', 120% 이상의 체중을 '비만'이라고 한다.
>
> 한편 체질량 지수는 체중(kg)을 '신장(m)'의 제곱으로 나눈 값을 의미한다. 체질량 지수에 따른 비만 정도는 다음 〈표〉와 같다.

〈표〉

체질량 지수	비만 정도
18.5 미만	저체중
18.5 이상 ~ 23.0 미만	정상
23.0 이상 ~ 25.0 미만	과체중
25.0 이상 ~ 30.0 미만	경도비만
30.0 이상 ~ 35.0 미만	중등도비만
35.0 이상	고도비만

① Broca 보정식으로는 체중과잉, 체질량 지수로는 과체중에 해당한다.
② Broca 보정식으로는 체중과잉, 체질량 지수로는 경도비만에 해당한다.
③ Broca 보정식으로는 비만, 체질량 지수로는 중등도비만에 해당한다.
④ Broca 보정식으로는 비만, 체질량 지수로는 경도비만에 해당한다.

19 무역회사 신입사원 A씨는 수출품을 일련번호로 바꾸어 문서에 저장을 하는데, 일정한 규칙이 있다는 것을 발견하였다. 이 규칙을 메모해 두고 조금 더 쉽게 문서를 작성하기로 하였을 때, 작성한 문서의 내용이 항상 옳지 않은 것은?

2016년 2월	116022036060 → 중국(아시아)에서 수출된 60번째 항목(고무)
	016023052101 → 미국(북아메리카)에서 수입한 1번째 항목(장미)
2016년 8월	116081020332 → 프랑스(유럽)에서 수출된 32번째 항목(소시지)
2017년 5월	017052043232 → 일본(아시아)에서 수입한 32번째 항목(비누)
	117051012121 → 영국(유럽)에서 수출된 21번째 항목(장미)

※ 번호는 12자리로 왼쪽부터 시작된다.

① 2020년 3월에 태국에서 5번째로 수출된 고무의 번호는 120032936005가 된다.

② 2019년 9월에 캐나다에서 87번째로 수입한 초콜릿의 번호는 019093779987이 된다.

③ 2012년 2월에 이집트에서 10번째로 수입한 소시지의 번호는 012125500310이 된다.

④ 2017년 11월에 프랑스에서 1번째로 수출된 칫솔의 번호는 117111037601이 된다.

20 다음에 설명하고 있는 창의적 사고 개발 방법은?

> 주제와 본질적으로 닮은 것을 힌트로 하여 새로운 아이디어를 얻는 방법이다.

① 자유 연상법

② 강제 연상법

③ 비교 발상법

④ 대조 발상법

21 신제품 출시에 대해 비판 없는 아이디어를 수용하기 위해 가장 적절한 발상법은?

① 브레인스토밍

② 체크리스트

③ NM기법

④ Synectics법

22 논리적 사고의 구성요소로 옳지 않은 것은?

① 생각하는 습관

② 상대 논리의 구조화

③ 타인에 대한 이해

④ 대략적인 생각

23 해결안 평가 및 최적안 선정에 있어 고려할 사항이 아닌 것은?

① what ② why

③ when ④ how

24 많은 사람들은 노후에 전원주택에서 살고 싶어하는 꿈을 꾼다. 전원주택에서 살고 싶은 성원이가 전원주택을 지으려 하는데 1㎡당 80만 원 하는 토지 60평에 85㎡의 집을 1평 당 99만 원의 건축비를 들여 짓기로 하고, 계약금으로 총액의 30%를 지불했다. 이 계약금은 얼마인가? (단, 1평은 3.3㎡로 한다.)

① 5,017만 원

② 5,117만 원

③ 5,317만 원

④ 5,517만 원

▌25~26▐ 다음은 ○○협회에서 주관한 학술세미나 일정에 관한 것으로 다음 세미나를 준비하는 데 필요한 일, 각각의 일에 걸리는 시간, 일의 순서 관계를 나타낸 표이다. 제시된 표를 바탕으로 물음에 답하시오. (단, 모든 작업은 동시에 진행할 수 없다)

■ 세미나 준비 현황

구분	작업	작업시간(일)	먼저 행해져야 할 작업
가	세미나 장소 세팅	1	바
나	현수막 제작	2	다, 마
다	세미나 발표자 선정	1	라
라	세미나 기본계획 수립	2	없음
마	세미나 장소 선정	3	라
바	초청자 확인	2	라

25 현수막 제작을 시작하기 위해서는 최소 며칠이 필요하겠는가?

① 4일　　　　　　　　　　② 5일

③ 6일　　　　　　　　　　④ 7일

26 세미나 기본계획 수립에서 세미나 장소 세팅까지 모든 작업을 마치는 데 필요한 시간은?

① 10일　　　　　　　　　　② 11일

③ 12일　　　　　　　　　　④ 13일

27 울릉도에서 유학하고 있는 단짝인 용수와 명용이는 태어나 처음으로 섬을 나와 서울로 여행을 왔다. 이들은 우선 용수의 친척집으로 가기로 했는데 지하철을 처음 타 보는 두 사람은 난관에 봉착하고 말았다. 이들의 친척집이 있는 도착지(수락산역)까지 가는 데 있어 노선도 및 각 조건에 맞게 상황을 대입했을 시 두 사람의 개인 당 편도 운임 및 역의 수를 옳게 나타낸 것을 고르면?

> (조건1) 출발역은 7호선 고속터미널역이며, 환승 없이 직통으로 간다.
> (조건2) 추가요금은 기본운임에 연속적으로 더한 금액으로 한다. 고속터미널역~건대입구역 구간은 1,250원(기본운임)이며, 건대입구역~상봉역까지 100원 추가, 상봉역~장암역까지 200원 추가된다.

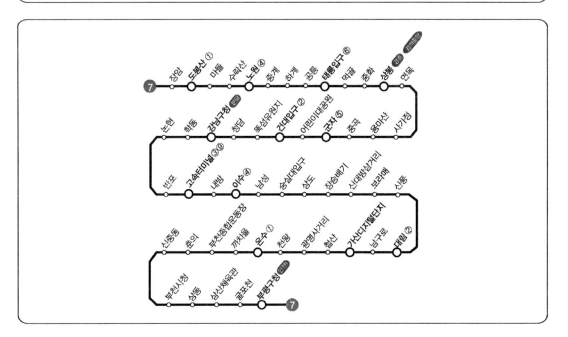

개인 편도 금액	역의 수
① ㉠ 1,500원	㉡ 23개 역
② ㉠ 1,550원	㉡ 23개 역
③ ㉠ 1,570원	㉡ 25개 역
④ ㉠ 1,590원	㉡ 25개 역

28 다음의 글이 문제해결과정 중 어느 부분에 위치하는 것이 가장 적절한지를 고르면?

> T사는 1950년대 이후 세계적인 자동차 생산 회사로서의 자리를 지켜 왔다. 그러나 최근 T사의 자동차 생산라인에서 문제가 발생하고 있었는데, 이 문제는 자동차 문에서 나타난 멍자국이었다. 문을 어느 쪽에서 보는가에 따라 다르기는 하지만, 이 멍자국은 눌린 것이거나 문을 만드는 과정에서 생긴 것 같았다.
>
> 문을 만들 때는 평평한 금속을 곡선으로 만들기 위해 강력한 프레스기에 넣고 누르게 되는데, 그 때 표면이 올라 온 것처럼 보였다. 실제적으로 아주 작은 먼지나 미세한 입자 같은 것도 프레스기 안에 들어가면 문짝의 표면에 자국을 남길 수 있을 것으로 추정되었다.
>
> 그러던 어느 날 공장의 생산라인 담당자 B로 부터 다음과 같은 푸념을 듣게 되었다. "저는 매일 같이 문짝 때문에 재작업을 하느라 억만금이 들어간다고 말하는 재정 담당사람들이나, 이 멍자국이 어떻게 해서 진열대까지 올라가면 고객들을 열받게 해서 다 쫓아 버린다고 말하는 마케팅 직원들과 싸우고 있어요." 처음에 A는 이 말을 듣고도 '멍자국이 무슨 문제가 되겠어?'라고 별로 신경을 쓰지 않았다.
>
> 그러나 자기 감독 하에 있는 프레스기에서 나오는 멍자국의 수가 점점 증가하고 있다는 것을 알게 되었고, 그것 때문에 페인트 작업이나 조립 공정이 점점 늦어짐으로써 회사에 막대한 추가 비용과 시간이 든다는 문제를 인식하게 되었다.

① 문제의 해결단계   ② 문제의 평가단계
③ 문제의 인식단계   ④ 문제의 처리단계

29 다음 중 '단것을 좋아하는 사람은 수박을 좋아한다.'의 명제가 참이 되기 위해 필요한 명제 3가지를 보기에서 고르시오.

> ㉠ 딸기를 좋아하는 사람은 초콜릿을 싫어한다.
> ㉡ 초콜릿을 좋아하는 사람은 수박을 좋아하지 않는다.
> ㉢ 단것을 좋아하는 사람은 딸기를 좋아하지 않는다.
> ㉣ 수박을 좋아하지 않는 사람은 초콜릿을 좋아한다.
> ㉤ 딸기를 싫어하는 사람은 수박을 좋아한다.
> ㉥ 초콜릿을 좋아하지 않는 사람은 단것을 좋아하지 않는다.

① ㉠㉢㉤   ② ㉠㉤㉥
③ ㉡㉢㉣   ④ ㉣㉤㉥

30 한국저작권위원회에 입사한 L씨는 다음의 자료를 가지고 '대학생의 표절문제와 그 해결 방안'에 대한 인터넷 보도기사를 작성하라는 지시를 받았다. 이 자료를 활용한 L씨의 태도로 옳지 않은 것은?

(가) 다른 신문에 게재된 기사의 내용

'표절'은 의도적인 것은 물론이고 의도하지 않은 베끼기, 출처 미표기 등을 포함하는 개념으로, 학문 발전 및 공동체 윤리를 저해한다. 연구윤리정보센터의 ○○○ 씨는 '다른 사람이 써 놓은 글을 표절하는 것은 물건을 훔치는 것과 같은 범죄'라면서, 학생들이 표절인 걸 알면서도 대수롭지 않게 여기는 태도도 문제라고 지적했다. 이러한 문제들을 해결하기 위해서는 우선적으로 의식 개선이 필요하다고 말했다.

(나) 설문조사의 결과

설문 대상 : A 대학교 학생 331명 (단위 : %)

1. 다른 사람의 자료를 인용하면서 출처를 밝히지 않은 경험이 있는가?

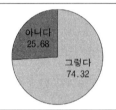

아니다 25.68
그렇다 74.32

2. 다른 사람의 자료를 인용하면서 출처를 밝히지 않으면 표절이라고 생각하는가?

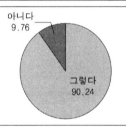

아니다 9.76
그렇다 90.24

(다) 연구 자료

B 대학교 학생 42명을 대상으로 표절 검사 시스템의 효과 검증 연구가 이루어졌다. 연구자는 학생들에게 1차, 2차 과제물을 차례로 부여하였다. 과제물의 성격은 같으며 과제 작성 기간도 1주일로 동일하다. 1차 과제물을 부여할 때는 아무런 공지도 하지 않았으며, 2차 과제물을 부여할 때는 표절검사를 실시할 것임을 공지하였다. 과제물 수합 후 표절 검사 시스템을 통해 각각의 표절 여부를 확인하였다.

[연구 결과 : 시스템을 통한 표절 검사 결과 비교]

일치성 비율	1차 과제물	2차 과제물
10 % 미만	24	31
10 % 이상 ~ 20 % 미만	6	10
20 % 이상 ~ 30 % 미만	7	1
30 % 이상	5	0

(이 검사에서는 일치성 비율이 20 % 이상일 경우 표절에 해당함.)

① ㈎를 활용하여 표절의 개념과 해결의 필요성을 제시한다.

② ㈏-1을 활용하여 학생들의 표절 실태를 제시한다.

③ ㈐를 활용하여 표절 검사 시스템의 도입이 표절 방지에 도움이 될 수 있음을 제시한다.

④ ㈏-2와 ㈐를 활용하여 표절에 대한 학생들의 인식이 부족한 이유를 제시한다.

31 밑줄 친 ㉠~㉣ 중 국제 자본 이동의 방향이 나머지와 다른 것은?

> 국제 자본 이동은 돈이 국경을 넘어서 옮겨다니는 것을 말한다. 이러한 이동은 매우 다양한 형태로 발생한다. 가령 ㉠ 국내 기업이 외국 기업을 경영하거나 자산을 증식하기 위한 목적으로 해당 기업의 주식을 매입하는 경우, ㉡ 국내 기업이 외국에 새로운 법인이나 공장을 세우는 경우, ㉢ 국내 기업이 외국의 채권, 상업 어음 등의 자산을 취득하는 경우, ㉣ 정부나 혹은 예금 은행들이 장·단기적으로 외국 자본을 차입하는 경우, 개인이 자산의 증식을 위해 외국 기업의 주식 등을 취득하는 경우 등이 국제 자본 이동의 대표적 사례에 해당한다.
>
> 자본은 가장 위험이 낮으면서도 가장 수익률이 높을 것으로 기대되는 투자 기회를 찾아서 이동한다. 이는 자본이 한 나라 안에서뿐만 아니라 국제적으로 이동할 때도 마찬가지이다. 투자 수익률의 기댓값이 크고, 위험 요인이 적을 때 이동이 이루어지는 것이다. 국내에서의 자본 이동과 국제 자본 이동의 차이점으로는 기대되는 수익률이나 초래될 수 있는 위험에 영향을 미치는 요소가 다른 점을 들 수 있다. 국제 자본 이동은 국내에서의 자본 이동과 달리 환율의 변동, 투자 대상국의 제도와 규제 등의 영향을 받는다.

① ㉠

② ㉡

③ ㉢

④ ㉣

32 인구보건복지협회에 입사한 Y씨는 상사의 지시로 '우리나라의 영유아 보육 문제'에 관한 보고서를 쓰기 위해 다음과 같이 자료를 수집하였다. 이를 토대로 이끌어 낸 내용으로 적절하지 않은 것은?

㈎ 통계 자료

1. 전체 영유아 보육 시설 현황

(단위 : 개)

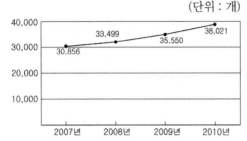

2. 설립 주체별 영유아 보육 시설 비율

(단위 : %)

	민간시설	국공일시설	사회복지법인시설
2007년	89.6	5.7	4.7
2008년	90.2	5.4	4.4
2009년	90.5	5.4	4.1
2010년	90.8	5.3	3.9

㈏ 신문 기사

2014년 말 기준 전국 영유아 보육 시설 정원에 30만 6,898명의 여유가 있다. 그런데 많은 지역에서 부모들이 아이를 맡길 보육 시설을 찾지 못해 어려움을 겪고 있다. 지역에 따라 보육 시설이 편중되어 있으며, 특히 부모들이 선호하는 국공립이나 사회복지법인 보육 시설이 턱없이 부족하기 때문이다. 이로 인해 부모들은 비싼 민간 보육 시설에 아이들을 맡길 수밖에 없어 보육비 부담이 가중되고 있다.

−○○일보−

㈐ 인터뷰 내용

○ "일본은 정부나 지방자치단체의 지원과 감독을 받는 국공립 및 사회복지법인 보육 시설이 대부분입니다. 이런 보육 시설이 우리보다 10배나 많으며 우수한 교육 프로그램을 운영하여 보육에 대한 부모들의 만족도가 높습니다."

−○○대학교 교수 한○○−

○ "보육 시설 안전사고가 매년 4,500여 건이나 발생한다고 들었습니다. 우리 아이가 다니는 보육 시설은 안전한지 늘 염려가 됩니다."

−학부모 이○○−

---

① ㈎−1과 ㈏를 활용하여, 전체적으로 보육 시설이 증가하고 있음에도 많은 학부모들이 아이를 맡길 보육 시설을 구하는 데 어려움을 겪고 있음을 문제점으로 지적한다.

② ㈎−2와 ㈐를 활용하여, 우리나라와 일본의 보육 시설 현황을 대비하여 민간 보육 시설이 대부분인 우리나라의 문제점을 부각한다.

③ ㈏와 ㈐를 활용하여, 국공립 및 사회복지법인 보육 시설의 교육 프로그램의 질 저하가 보육 시설에 대한 부모들의 불신을 키우는 주요 원인임을 밝힌다.

④ ㈎−1과 ㈐를 활용하여, 보육 시설이 지속적으로 증가하고 있는 만큼 보육 시설의 안전사고를 줄이기 위한 관리와 감독을 시급히 강화해야 한다고 제안한다.

33 공연기획사인 A사는 이번에 주최한 공연을 보러 오는 관객을 기차역에서 공연장까지 버스로 수송하기로 하였다. 다음의 표와 같이 공연 시작 4시간 전부터 1시간 단위로 전체 관객 대비 기차역에 도착하는 관객의 비율을 예측하여 버스를 운행하고자 하며, 공연 시작 시간까지 관객을 모두 수송해야 한다. 다음을 바탕으로 예상한 수송 시나리오 중 옳은 것을 모두 고르면?

▣ 전체 관객 대비 기차역에 도착하는 관객의 비율

시각	전체 관객 대비 비율(%)
공연 시작 4시간 전	a
공연 시작 3시간 전	b
공연 시작 2시간 전	c
공연 시작 1시간 전	d
계	100

• 전체 관객 수는 40,000명이다.
• 버스는 한 번에 대당 최대 40명의 관객을 수송한다.
• 버스가 기차역과 공연장 사이를 왕복하는 데 걸리는 시간은 6분이다.

▣ 예상 수송 시나리오

㉠ a = b = c = d = 25라면, 회사가 전체 관객을 기차역에서 공연장으로 수송하는 데 필요한 버스는 최소 20대이다.

㉡ a = 10, b = 20, c = 30, d = 40이라면, 회사가 전체 관객을 기차역에서 공연장으로 수송하는 데 필요한 버스는 최소 40대이다.

㉢ 만일 공연이 끝난 후 2시간 이내에 전체 관객을 공연장에서 기차역까지 버스로 수송해야 한다면, 이때 회사에게 필요한 버스는 최소 50대이다.

① ㉠

② ㉢

③ ㉠㉡

④ ㉡㉢

34 빅 데이터 솔루션 업체에 근무중인 R씨는 다음의 내용을 살펴보고 [A]에 'ㄱ씨의 취미는 독서이다.'라는 정보를 추가하라는 지시를 받았다. R씨가 작업한 내용으로 가장 적절한 것은?

빅 데이터(Big Data)란 기존의 일반적인 기술로는 관리하기 곤란한 대량의 데이터를 가리키는 것으로, 그 특성은 데이터의 방대한 양과 다양성 및 데이터 발생의 높은 빈도로 요약된다. 이전과 달리 특수 학문 분야가 아닌 일상생활과 밀접한 환경에서도 엄청난 분량의 데이터가 만들어지게 되었고, 소프트웨어 기술의 발달로 이전보다 적은 시간과 비용으로 대량의 데이터 분석이 가능해졌다. 또한 이를 분석하여 유용한 규칙이나 패턴을 발견하고 다양한 예측에 활용하는 사례가 늘어나면서 빅 데이터 처리 기술의 중요성이 부각되고 있다. 이러한 빅 데이터의 처리 및 분류와 관계된 기술에는 NoSQL 데이터베이스 시스템에 의한 데이터 처리 기술이 있다. 이를 이해하기 위해서는 기존의 관계형 데이터베이스 관리 시스템(RDBMS)에 대한 이해가 필요하다. RDBMS에서는 특정 기준이 제시된 데이터 테이블을 구성하고 이 기준을 속성으로 갖는 정형적 데이터를 다룬다. 고정성이 중요한 시스템이므로 상호 합의된 데이터 테이블의 기준을 자의적으로 추가, 삭제하거나 변용하는 것이 쉽지 않다. 또한 데이터 간의 일관성과 정합성*이 유지될 것을 요구하므로 데이터의 변동 사항은 즉각적으로 반영되어야 한다. 〈그림 1〉은 RDBMS를 기반으로 은행들 간의 상호 연동되는 데이터를 정리하기 위해 사용하는 데이터 테이블의 가상 사례이다.

한예금 씨의 A 은행 거래내역

거래일자	입금액	출금액	잔액	거래내용	기록사항	거래점
2013.10.08.	₩30,000		₩61,217	이체	나저축	B 은행
2013.10.09.		₩55,000	₩6,217	자동납부	전화료	A 은행

〈그림 1〉 RDBMS에 의해 구성된 데이터 테이블의 예

NoSQL 데이터베이스 시스템은 특정 기준을 적용하기 어려운 비정형적 데이터를 효율적으로 처리할 수 있도록 설계되었다. 이 시스템에서는 선형으로 데이터의 특성을 나열하여 정리하는 방식을 통해 데이터의 속성을 모두 반영하여 처리한다. 〈그림 2〉는 NoSQL 데이터베이스 시스템으로 자료를 다루는 방식을 나타낸 것이다.

| ㄱ씨, 34세, 간호사, 남 | 27세, 여, ㄴ씨, 서울 거주 | ㄷ씨, 남, SNS 사용 | … |

[A]
행 = 1, 이름 = ㄱ씨, 나이 = 34세, 직업 = 간호사, 성별 = 남
행 = 2, 나이 = 27세, 성별 = 여, 이름 = ㄴ씨, 거주지 = 서울
행 = 3, 이름 = ㄷ씨, 성별 = 남, SNS = 사용

〈그림 2〉 NoSQL 데이터베이스 시스템에 의한 데이터 처리의 예

〈그림 2〉에서는 '이름=', '나이=', '직업='과 같이 데이터의 속성을 표시하는 기준을 같은 행 안에 포함시킴으로써 데이터의 다양한 속성을 빠짐없이 기록하고, 처리된 데이터를 쉽게 활용할 수 있도록 하고 있다. 또한 이 시스템은 데이터와 관련된 정보의 변용이 상대적으로 자유로우며, 이러한 변화가 즉각적으로 반영되지 않는다는 특성을 지닌다.

① 1행의 '성별 = 남' 다음에 '취미 = 독서'를 기록한다.

② 1행과 2행 사이에 행을 삽입하여 '취미 = 독서'를 기록한다.

③ 3행 다음에 행을 추가하여 '행 = 4, 이름 = ㄱ씨, 취미 = 독서'를 기록한다.

④ 기준에 맞는 데이터 테이블을 구성하여 해당란에 '독서'를 기록한다.

35 표는 A씨의 금융 상품별 투자 보유 비중 변화를 나타낸 것이다. ㈎에서 ㈏로 변경된 내용으로 옳은 설명을 고르면?

금융 상품		(가) 보유 비중(%)	(나) 보유 비중(%)
주식	○○(주)	30	20
	△△(주)	20	0
저축	보통예금	10	20
	정기적금	20	20
채권	국·공채	20	40

㉠ 직접금융 종류에 해당하는 상품 투자 보유 비중이 낮아졌다.

㉡ 수익성보다 안정성이 높은 상품 투자 보유 비중이 높아졌다.

㉢ 배당 수익을 받을 수 있는 자본 증권 투자 보유 비중이 높아졌다.

㉣ 일정 기간 동안 일정 금액을 예치하는 예금 보유 비중이 낮아졌다.

① ㉠㉡

② ㉠㉢

③ ㉡㉢

④ ㉡㉣

36 A, B, C, D 네 사람은 서로 이웃한 빨간 집·노란 집·초록 집·파란 집에 살고 있으며, 사무직·기술직·서비스직·영업직에 종사하고 있으며, 서로 다른 애완동물을 키운다. 알려진 정보가 다음과 같을 때, 직업이 바르게 짝지어진 것은?

> ㉠ B는 빨간 집에 산다.
> ㉡ D는 기술직에 종사한다.
> ㉢ 초록집에 사는 사람은 사무직에 종사한다.
> ㉣ 영업직에 종사하는 사람은 새를 기른다.
> ㉤ 노란 집 사람은 고양이를 키운다.
> ㉥ 오른쪽에서 두 번째 집에 사는 사람은 영업직에 종사한다.
> ㉦ A는 왼쪽에서 첫 번째 집에 살고 있다.
> ㉧ 강아지를 기르는 사람은 고양이를 기르는 사람의 옆에 산다.
> ㉨ A는 파란 집 옆집에 산다.

① A-서비스직
② B-사무직
③ C-기술직
④ D-영업직

37 ㉠에 대한 근거로 적절한 것만을 〈보기〉에서 있는 대로 고른 것은?

화재가 발생하며 화재의 기전에 의해 사망하는 것을 화재사라고 한다. 화재 현장에서 불완전 연소의 결과로 발생한 매연(煤煙)을 들이키면 폐, 기관지 등 호흡기 점막에 새까맣게 매(煤)가 부착된다. 화재 현장에서 생성되는 다양한 유독가스 중 일산화탄소는 피해자의 호흡에 의해 혈류로 들어가 헤모글로빈에 산소보다 더 강하게 결합하여 산소와 헤모글로빈의 결합을 방해한다. 생체의 피부에 고열이 작용하면 화상이 일어나는데 그중 가장 경미한 정도인 1도 화상에서는 손상에 대한 생체의 반응으로 피부로의 혈액공급이 많아져 발적과 종창이 나타난다. 더 깊이 침범된 2, 3도 화상에서는 피부의 물집, 피하조직의 괴사 등이 나타난다. 불길에 의해 고열이 가해지면 근육은 근육 단백질의 형태와 성질이 변하여 위축되는 모양을 띤다. 근육의 위축은 그 근육에 의해 가동되는 관절 부위의 변화를 가져오게 되는데 관절을 펴는 근육보다는 굽히는 근육의 양이 더 많으므로 불길에 휩싸여 열변성이 일어난 시신은 대부분의 관절이 약간씩 굽은 모습으로 탄화된다.

한편, 화재 현장에서 변사체가 발견되어 부검이 시행되었다. 부검을 마친 법의학자는 ㉠희생자가 생존해 있을 때에 화재가 발생하여 화재의 기전에 의해 사망하였다고 판단하였다.

〈보기〉
㉠ 불에 탄 시체의 관절이 약간씩 굽어 있다.
㉡ 얼굴에 빨간 발적이나 종창이 일어난 화상이 있다.
㉢ 혈액 내에 일산화탄소와 결합한 헤모글로빈 농도가 높다.

① ㉠㉡   ② ㉠㉢
③ ㉡㉢   ④ ㉠㉡㉢

38 아래 주어진 그림을 보고 상황을 잘못 분석하고 있는 사람을 고르면?

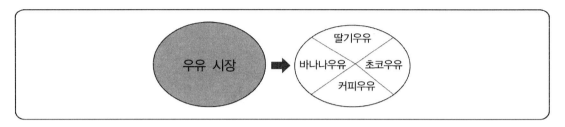

① 민성 : 하나의 전체 시장을 소비자들의 욕구에 맞게 여러 개의 세분시장으로 나누어 소비자들의 니즈에 부응하도록 하는 마케팅 전략임을 알 수 있어

② 용수 : 위 그림과 같은 상황에서는 자원이 풍부한 대기업 등에서 주로 활용하게 되지

③ 경주 : 전체 시장에서의 매출은 증가되는 현상을 보이게 되어 있어

④ 명용 : 각각의 세분시장에 차별화된 제품 및 광고 판촉을 제공하기 위해 비용은 줄어드는 현상을 보이게 되잖아

39 다음의 상황에서 교장이 정확하게 선생님인지 학생인지 알 수 있는 사람은 누구인가?

> 어느 노인대학에 진실만을 말하는 선생님과 짓궂은 학생들이 모여 있다. 짓궂은 학생들은 거짓말만 한다. 누가 선생님인지 누가 학생인지 모르는 교장이 자기 앞에 서있는 다섯 사람에게 자신 또는 다른 사람에 대해 이야기해보라고 했다.
> A : 저는 선생님입니다.
> B : D는 학생입니다.
> C : 저 빼고 다 학생입니다.
> D : 저는 선생님이고, B는 거짓말을 하고 있습니다.
> E : A는 거짓말을 하고 있습니다.

① A

② B

③ C

④ D

40 초코쿠키 1개, 딸기쿠키2개, 녹차쿠키2개, 바닐라쿠키2개를 A, B, C, D 4명이서 나누어가졌다. 누가 어떤 맛을 가지고 있는지 모르지만 A, B, D 3명은 마카롱을 두 개씩 가지고 있으며, 한 사람이 동일한 맛을 가질 수 없다고 한다. 서로가 가진 마카롱 맛의 조합은 다른 사람과 겹치지 않으며, 주어진 정보가 다음과 같을 때 A가 항상 가지게 되는 쿠키의 맛은?

- 본인이 가지고 있는 쿠키가 다른 사람이 가지고 있는 쿠키 맛과 하나도 겹치지 않았을 때 서로 교환할 수 있다면, A는 C와만 교환이 가능하며, B는 D와만 교환이 가능하고 C는 D와 교환이 가능하다고 한다.
- B가 가진 쿠키 중 하나는 딸기맛이며, D가 가진 쿠키 중 하나는 녹차맛이다.

---

① 바닐라 ② 녹차

③ 딸기 ④ 초코

1 甲회사 인사부에 근무하고 있는 H부장은 각 과의 요구를 모두 충족시켜 신규직원을 배치하여야 한다. 각 과의 요구가 다음과 같을 때 홍보과에 배정되는 사람은 누구인가?

〈신규직원 배치에 대한 각 과의 요구〉
• 관리과 : 5급이 1명 배정되어야 한다.
• 홍보과 : 5급이 1명 배정되거나 6급이 2명 배정되어야 한다.
• 재무과 : B가 배정되거나 A와 E가 배정되어야 한다.
• 총무과 : C와 D가 배정되어야 한다.

〈신규직원〉
• 5급 2명(A, B)
• 6급 4명(C, D, E, F)

---

① A

② B

③ C와 D

④ E와 F

2 이번에 탄생한 TF팀에서 팀장과 부팀장을 선정하려고 한다. 선정기준은 이전에 있던 팀에서의 근무성적과 성과점수, 봉사점수 등을 기준으로 한다. 구체적인 선정기준이 다음과 같을 때 선정되는 팀장과 부팀장을 바르게 연결한 것은?

〈선정기준〉
- 최종점수가 가장 높은 직원이 팀장이 되고, 팀장과 다른 성별의 직원 중에서 가장 높은 점수를 받는 직원이 부팀장이 된다(예를 들어 팀장이 남자가 되면, 여자 중 최고점을 받은 직원이 부팀장이 된다).
- 근무성적 40%, 성과점수 40%, 봉사점수 20%로 기본점수를 산출하고, 기본점수에 투표점수를 더하여 최종점수를 산정한다.
- 투표점수는 한 명당 5점이 부여된다(예를 들어 2명에게서 한 표씩 받으면 10점이다).

〈직원별 근무성적과 점수〉

직원	성별	근무성적	성과점수	봉사점수	투표한 사람 수
고경원	남자	88	92	80	2
박하나	여자	74	86	90	1
도경수	남자	96	94	100	0
하지민	여자	100	100	75	0
유해영	여자	80	90	80	2
문정진	남자	75	75	95	1

① 고경원 - 하지민
② 고경원 - 유해영
③ 하지민 - 도경수
④ 하지민 - 문정진

3 경비 집행을 담당하는 H대리는 이번 달 사용한 비용 내역을 다음과 같이 정리하였다. 이를 본 팀장은 H대리에게 이번 달 간접비의 비중이 직접비의 25%를 넘지 말았어야 했다고 말한다. 다음 보기와 같이 H대리가 생각하는 내용 중 팀장이 이번 달 계획했던 비용 지출 계획과 어긋나는 것은 어느 것인가?

〈이번 달 비용 내역〉
• 직원 급여 1,200만 원
• 출장비 200만 원
• 설비비 2,200만 원
• 자재대금 400만 원
• 사무실 임대료 300만 원
• 수도/전기세 35만 원
• 광고료 600만 원
• 비품 30만 원
• 직원 통신비 60만 원

① '비품을 다음 달에 살 걸 그랬네...'
② '출장비가 80만 원만 더 나왔어도 팀장님이 원하는 비중대로 되었을 텐데...'
③ '어쩐지 수도/전기세를 다음 달에 몰아서 내고 싶더라...'
④ '직원들 통신비를 절반으로 줄이기만 했어도...'

4 다음은 영업사원인 甲씨가 오늘 미팅해야 할 거래처 직원들과 방문해야 할 업체에 관한 정보이다. 다음의 정보를 모두 반영하여 하루의 일정을 짠다고 할 때 순서가 올바르게 배열된 것은? (단, 장소간 이동 시간은 없는 것으로 가정한다)

〈거래처 직원들의 요구 사항〉

• A거래처 과장 : 회사 내부 일정으로 인해 미팅은 10시~12시 또는 16~18시까지 2시간 정도 가능합니다.
• B거래처 대리 : 12시부터 점심식사를 하거나, 18시부터 저녁식사를 하시죠. 시간은 2시간이면 될 것 같습니다.
• C거래처 사원 : 외근이 잡혀서 오전 9시부터 10시까지 1시간만 가능합니다.
• D거래처 부장 : 외부일정으로 18시부터 저녁식사만 가능합니다.

〈방문해야 할 업체와 가능시간〉

• E서점 : 14~18시, 소요시간은 2시간
• F은행 : 12~16시, 소요시간은 1시간
• G미술관 관람 : 하루 3회(10시, 13시, 15시), 소요시간은 1시간

① C거래처 사원 – A거래처 과장 – B거래처 대리 – E서점 – G미술관 – F은행 – D거래처 부장
② C거래처 사원 – A거래처 과장 – F은행 – B거래처 대리 – G미술관 – E서점 – D거래처 부장
③ C거래처 사원 – G미술관 – F은행 – B거래처 대리 – E서점 – A거래처 과장 – D거래처 부장
④ C거래처 사원 – A거래처 과장 – B거래처 대리 – F은행 – G미술관 – E서점 – D거래처 부장

┃5~6┃ 다음은 T센터 대강당 대관 안내문이다. 자료를 보고 이어지는 물음에 답하시오.

• 설비 사용료

구분	장비명		수량	가격	비고
음향 장치	일반 마이크	다이나믹	65개	4,500원	7대 무료, 8대부터 비용
		콘덴서	55개	4,500원	
	고급 마이크		25개	25,000원	건전지 사용자 부담
	써라운드 스피커 시스템		4대	25,000원	1일 1대
촬영 장치	빔 프로젝터		1대	210,000원	1일 1대
	영상 재생 및 녹화 서비스	USB	1대	25,000원	
		CD	1대	32,000원	1일 1대
조명 장치	solo 라이트		2대	6,000원	1일 1대
	rail 라이트		10대	55,000원	

• 주의사항
 – 내부 매점 이외에서 구매한 음식물 반입 엄금(음용수 제외)
 – 대관일 하루 전날 사전 점검 및 시설물 설치 가능, 행사 종료 즉시 시설물 철거 요망
 – 건물 내 전 지역 금연(실외 지정 흡연 부스 있음)

• 주차장 안내
 – 행사장 주최측에 무료 주차권 100장 공급
 – 무료 주차권 없을 경우, 1시간 3,000원/이후 30분당 1,000원
 – 경차, 장애인 차량 주차 무료

• 기타사항
 – 예약 후, 행사 당일 3일 전 이후 취소 시 향후 대관 불가
 – 정치적 목적의 행사, 종교 행사 등과 사회 기피적 모임 및 활동을 위한 대관 불가

5 다음 중 위의 대강당 대관에 대한 안내사항을 올바르게 이해하지 못한 것은?

① 행사에 필요한 시설물 설치팀은 행사 당일 아침 일찍 도착하여 시설물을 설치해야 한다.

② 3시간짜리 행사인 경우, 무료 주차권을 받지 못했다면 주차료 7,000원이 발생한다.

③ 행사 이틀 전에 갑작스런 취소 사유가 발생할 경우, 취소 자체가 불가능한 것은 아니다.

④ 콘덴서 마이크의 사용 가능량 전체를 사용할 경우의 비용은 216,000원이다.

6 다음 중 아래와 같은 장비가 필요한 경우, 총 장비 대여 비용으로 알맞은 것은?

- 다이나믹 일반 마이크 32개, 고급 마이크 12개
- 써라운드 스피커 2개
- USB 영상 녹화 3개
- solo 라이트 1대, rail 라이트 4대

① 700,500원

② 730,000원

③ 752,000원

④ 763,500원

7 다음 글에서 암시하고 있는 '자원과 자원관리의 특성'을 가장 적절하게 설명한 것은 보기 중 어느 것인가?

> 더 많은 토지를 사용하고 모든 농장의 수확량을 최고의 농민들이 얻은 수확량으로 올리는 방법으로 식량 공급을 늘릴 수 있다. 그러나 우리의 주요 식량 작물은 높은 수확량을 달성하기 위해 좋은 토양과 물 공급이 필요하며 생산 단계에 있지 않은 토지는 거의 없다. 실제로 도시의 스프롤 현상, 사막화, 염화 및 관개용으로 사용된 대수층의 고갈은 미래에 더 적은 토지가 농업에 제공될 수 있음을 암시한다. 농작물은 오늘날 사용되는 것보다 더 척박한 땅에서 자랄 수 있고, 수확량이 낮고 환경 및 생물 다양성이 저하될 환경일지도 모른다. 농작물의 수확량은 농장과 국가에 따라 크게 다르다. 예를 들어, 2013년 미국의 옥수수 평균 수확량은 10.0t/ha, 짐바브웨가 0.9t/ha였는데, 두 국가 모두 작물 재배를 위한 기후 조건은 비슷했다(2015년 유엔 식량 농업기구). 미국의 수확률이 다른 모든 나라의 목표겠지만 각국의 정책, 전문가의 조언, 종자 및 비료에 접근하는 데 크게 의존할 수밖에 없다. 그리고 그 중 어느 것도 새로운 농지에서 확실한 수확률을 보장하지는 않는다. 따라서 좋은 시기에는 수확 잠재력이 개선된 종자가 필요하지 않을 수도 있지만, 아무것도 준비하지 않는 건 위험하다. 실험실에서 혁신적인 방법을 개발하는 것과 그걸 바탕으로 농민에게 종자를 제공하는 것 사이에 20년에서 30년의 격차가 있다는 걸 감안할 때, 분자 공학과 실제 작물 육종 간의 격차를 줄이고 더 높은 수율을 달성하는 일은 시급하다.

① 누구나 동일한 자원을 가지고 있으며 그 가치와 밀도도 모두 동일하다.
② 특정 자원이 없음으로 해서 다른 자원을 확보하는 데 문제가 발생할 수 있다.
③ 자원은 유한하며 따라서 어떻게 활용하느냐 하는 일이 무엇보다 중요하다.
④ 사람들이 의식하지 못하는 사이에 자원은 습관적으로 낭비되고 있다.

8 다음 상황에서 총 순이익 200억 중에 Y사가 150억을 분배 받았다면 Y사의 연구개발비는 얼마인가?

X사와 Y사는 신제품을 공동개발하여 판매한 총 순이익을 다음과 같은 기준에 의해 분배하기로 약정하였다.
- 1번째 기준 : X사와 Y사는 총 순이익에서 각 회사 제조원가의 10%에 해당하는 금액을 우선 각자 분배받는다.
- 2번째 기준 : 총 순수익에서 위의 1번째 기준에 의해 분배 받은 금액을 제외한 나머지 금액에 대한 분배는 각 회사가 연구개발을 지출한 비용에 비례하여 분배액을 정한다.

〈신제품 개발과 판례에 따른 연구개발비용과 총 순이익〉

(단위 : 억 원)

구분	X사	Y사
제조원가	200	600
연구개발비	100	( )
총 순이익	200	

① 200억 원
② 250억 원
③ 300억 원
④ 350억 원

9 "(주) 미래"에서는 A라는 상품의 재고를 정량발주법으로 관리하고 있다. 이 상품에 대한 연간 수요량이 400개, 구매가격은 단위 당 10,000원, 연간 단위당 재고유지비는 구매가격의 10%이고, 1회 주문비용은 8,000원이다. 단 1년은 365일로 한다. 아래의 조건을 활용하여 이러한 경우에 물적 자원을 관리하기 위한 주문주기를 구하면?

(조건) 경제적주문량 = $\sqrt{\dfrac{2 \times 수요량 \times 회당 \ 주문비용}{단위 \ 당 \ 재고유지비용}}$

① 57일
② 73일
③ 81일
④ 99일

▌10~11▐ D회사에서는 1년에 1명을 선발하여 해외연수를 보내주는 제도가 있다. 김부장, 최과장, 오과장, 홍대리 4명이 지원한 가운데 〈선발 기준〉과 〈지원자 현황〉은 다음과 같다. 다음을 보고 물음에 답하시오.

〈선발 기준〉

구분	점수	비고
외국어 성적	50점	
근무 경력	20점	15년 이상이 만점 대비 100%, 10년 이상 15년 미만이 70%, 10년 미만이 50%이다. 단, 근무경력이 최소 5년 이상인 자만 선발 자격이 있다.
근무 성적	10점	
포상	20점	3회 이상이 만점 대비 100%, 1~2회가 50%, 0회가 0%이다.
계	100점	

〈지원자 현황〉

구분	김부장	최과장	오과장	홍대리
근무경력	30년	20년	10년	3년
포상	2회	4회	0회	5회

※ 외국어 성적은 김부장과 최과장이 만점 대비 50%이고, 오과장이 80%, 홍대리가 100%이다.

※ 근무 성적은 최과장이 만점이고, 김부장, 오과장, 홍대리는 만점 대비 90%이다.

10 위의 선발기준과 지원자 현황에 따를 때 가장 높은 점수를 받은 사람이 선발된다면 선발되는 사람은?

① 김부장　　　　　　　　　　　② 최과장

③ 오과장　　　　　　　　　　　④ 홍대리

11 회사 규정의 변경으로 인해 선발기준이 다음과 같이 변경되었다면, 새로운 선발기준 하에서 선발되는 사람은? (단, 가장 높은 점수를 받은 사람이 선발된다)

구분	점수	비고
외국어 성적	40점	
근무 경력	40점	30년 이상이 만점 대비 100%, 20년 이상 30년 미만이 70%, 20년 미만이 50%이다. 단, 근무경력이 최소 5년 이상인 자만 선발 자격이 있다.
근무 성적	10점	
포상	10점	3회 이상이 만점 대비 100%, 1~2회가 50%, 0회가 0%이다.
계	100점	

① 김부장　　　　　　　　　　　② 최과장

③ 오과장　　　　　　　　　　　④ 홍대리

12 K회사에서 근무하는 甲팀장은 팀의 사기를 높이기 위하여 팀원들을 데리고 야유회를 가려고 한다. 주어진 상황이 다음과 같을 때 비용이 가장 저렴한 펜션은 어디인가?

〈상황〉
- 팀장을 포함하여 인원은 6명이다.
- 2박 3일을 갔다 오려고 한다.
- 팀장은 나무펜션 1회 이용 기록이 있다.
- 펜션 비용은 1박을 기준으로 부과된다.

〈펜션 비용〉

펜션	가격 (1박 기준)	비고
나무펜션	70,000원 (6인 기준)	• 1박을 한 후 연이어 2박을 할 때는 2박의 비용은 처음 1박의 10%를 할인받는다. • 나무펜션 이용 기록이 있는 경우에는 총 합산 금액의 10%를 할인받는다. (중복 할인 가능)
그늘펜션	60,000원 (4인 기준)	• 인원 추가 시, 1인당 10,000원의 추가비용이 발생된다. • 나무, 그늘, 푸른, 구름펜션 이용기록이 1회라도 있는 경우에는 총 합산 금액의 20%를 할인받는다.
푸른펜션	80,000원 (6인 기준)	• 1박을 한 후 연이어 2박을 할 때는 2박의 비용은 처음 1박의 15%를 할인받는다.
구름펜션	55,000원 (4인 기준)	• 인원 추가시, 1인당 10,000원의 추가 비용이 발생된다.

① 나무펜션   ② 그늘펜션
③ 푸른펜션   ④ 구름펜션

13 다음은 어느 회사의 성과상여금 지급기준이다. 다음 기준에 따를 때 성과상여금을 가장 많이 받는 사원과 가장 적게 받는 사원의 금액 차이는 얼마인가?

〈성과상여금 지급기준〉

지급원칙
• 성과상여금은 적용대상 사원에 대하여 성과(근무성적, 업무난이도, 조직 기여도의 평점 합) 순위에 따라 지급한다.

성과상여금 지급기준액

5급 이상	6급~7급	8급~9급	계약직
500만 원	400만 원	200만 원	200만 원

지급등급 및 지급률
• 5급 이상

지급등급	S등급	A등급	B등급	C등급
성과 순위	1위	2위	3위	4위 이하
지급률	180%	150%	120%	80%

• 6급 이하 및 계약직

지급등급	S등급	A등급	B등급
성과 순위	1~2위	3~4위	5위 이하
지급률	150%	130%	100%

지급액 산정방법
개인별 성과상여금 지급액은 지급기준액에 해당 등급의 지급율을 곱하여 산정한다.

〈소속사원 성과 평점〉

사원	평점			직급
	근무성적	업무난이도	조직기여도	
수현	8	5	7	계약직
이현	10	6	9	계약직
서현	8	8	6	4급
진현	5	5	8	5급
준현	9	9	10	6급
지현	9	10	8	7급

① 260만 원　　　　　　② 340만 원

③ 400만 원　　　　　　④ 450만 원

14 다음 글의 내용과 〈조건〉에 따를 경우, 기획재정부가 채택하기에 적합하지 않은 정책은?

올해의 전력수급현황은 다음과 같다.
- 총공급전력량 : 7,200만kW, 최대전력수요 : 6,000만kW

이에 따라 기획재정부는 내년도 전력수급기본계획을 마련하고, 정책목표를 다음과 같이 설정하였다.

〈정책목표 : 내년도 전력예비율을 30% 이상으로 유지한다.〉

※ 전력예비율(%) $= \dfrac{\text{총공급전력량} - \text{최대전력수요}}{\text{최대전력수요}} \times 100$

〈조건〉
조건 1 : 발전소를 하나 더 건설하면 총공급전력량이 100만kW 증가한다.
조건 2 : 전기요금을 α% 인상하면 최대전력수요는 α% 감소한다.

※ 발전소는 즉시 건설 · 운영하는 것으로 가정하고 이외의 다른 변수는 고려하지 않는다.

① 발전소를 1개 더 건설하고, 전기요금을 10% 인상한다.

② 발전소를 3개 더 건설하고, 전기요금을 3% 인상한다.

③ 발전소를 6개 더 건설하고, 전기요금을 1% 인상한다.

④ 발전소를 8개 더 건설하고, 전기요금을 동결한다.

총 500건의 피해가 발생했고, 기업측에서는 실제 피해 현황을 심사하여 보상하기로 하였다. 심사에 소요되는 비용은 보상 예산에서 사용한다. 심사를 통해 좀 더 정확한 피해 규모를 파악할 수 있지만, 그에 따라 소요되는 비용 또한 증가하게 된다.

	1일째	2일째	3일째	4일째
일별 심사 비용(억 원)	0.5	0.7	0.9	1.1
일별 보상대상 제외건수	50	45	40	35

• 보상금 총액＝예산－심사 비용
• 표는 누적수치가 아닌, 하루에 소요되는 비용을 말함
• 일별 심사 비용은 매일 0.2억씩 증가하고 제외건수는 매일 5건씩 감소함
• 제외건수가 0이 되는 날, 심사를 중지하고 보상금을 지급함

15 기업측이 심사를 중지하는 날까지 소요되는 일별 심사 비용은 총 얼마인가?

① 15억 원 ② 15.5억 원
③ 16억 원 ④ 16.5억 원

16 심사를 중지하고 총 500건에 대해서 보상을 한다고 할 때, 보상대상자가 받는 건당 평균 보상금은 대략 얼마인가?

① 약 1천만 원 ② 약 2천만 원
③ 약 3천만 원 ④ 약 4천만 원

17 기업에서의 재고는 창고에 쌓여있는 제품을 의미하는 것으로 점포나 기업이 보유하고 있는 제품, 반제품, 원자재 등을 포함한다. 이러한 재고는 기업의 자산에 포함되며, 기업에서는 재고조사를 통해 기록상의 재고 및 실제 보유 재고를 대조해서 재고량을 파악한다. 형일이는 "(주) 폭탄"에서 재고관리를 맡고 있다. 재고도 기업의 입장에서는 추후에 사용 및 판매 가능한 물적 자원이다. 다음 중 이에 관련한 재고보관단위 (SKU)에 대한 설명으로 옳은 것만을 모두 고른 것은?

> ㉠ 같은 크기의 박스에 담겨져 있는 색상이 다른 양복은 동일한 SKU가 아니다.
> ㉡ 같은 재고 위치에 있는 바지가 디자인이나 사이즈가 다르다면 다른 SKU를 갖는다.
> ㉢ 같은 통에 담겨져 있는 다른 규격의 전선은 동일한 SKU를 갖는다.
> ㉣ 6개짜리 새우깡과 7개짜리 새우깡은 동일한 SKU를 갖는다.
> ㉤ 같은 크기의 박스에 담겨져 있는 사이즈가 다른 치마는 동일한 SKU를 갖는다.

① ㉠, ㉡   ② ㉡, ㉣
③ ㉢, ㉣   ④ ㉣, ㉤

┃18~19┃ 사무용 비품 재고 현황을 파악하기 위해서 다음과 같이 표로 나타내었다. 다음 물음에 답하시오.

〈사무용 비품 재고 현황〉

품목	수량	단위 당 가격
믹스커피	1BOX(100개입)	15,000
과자	2BOX(20개입)	1,800
서류봉투	78장	700
가위	3개	3,000
물티슈	1개	2,500
휴지	2롤	18,000
나무젓가락	15묶음	2,000
종이컵	3묶음	1,200
형광펜	23자루	500
테이프	5개	2,500
볼펜	12자루	1,600
수정액	5개	5,000

18 다음 중 가장 먼저 구매해야 할 비품은 무엇인가?

① 수정액   ② 물티슈

③ 종이컵   ④ 믹스커피

19 다음 비품 예산이 3만 원 남았다고 할 때, 예산 안에 살 수 없는 것은 무엇인가?

① 믹스커피 1BOX＋수정액 2개

② 형광펜 30자루＋서류봉투 10장

③ 나무젓가락 10묶음＋볼펜 8자루

④ 휴지 1롤＋물티슈 3개

20 자원관리능력이 필요한 이유와 가장 관련 있는 자원의 특성은?

① 가변성　　　　　　　　　　　② 유한성

③ 편재성　　　　　　　　　　　④ 상대성

21 시간계획 시 계획된 행동과 비계획된 행동(계획 외의 행동 및 자발적 행동)의 적절한 비중은 얼마인가?

① 80 : 20　　　　　　　　　　② 70 : 30

③ 60 : 40　　　　　　　　　　④ 50 : 50

22 다음에 설명하고 있는 합리적인 인사관리 원칙은?

> 근로자의 인권을 존중하고 공헌도에 따라 노동의 대가를 지급한다.

① 적재적소 배치의 원리

② 공정 보상의 원칙

③ 공정 인사의 원칙

④ 종업원 안정의 원칙

23 다음 중 비용의 성격이 다른 하나는?

① 재료비　　　　　　　　　　　② 인건비

③ 시설비　　　　　　　　　　　④ 광고비

24 총무팀 공 대리는 교통 체증이 심한 시간에 운전을 하여 거래처를 다녀와야 한다. 회사의 위치가 A, 거래처가 B, 이동 가능한 경로가 선으로 연결된 다음과 같은 그림을 참고할 때, 공 대리가 선택할 수 있는 최단 거리의 경로는 모두 몇 가지인가? (단, ● 지점은 공사가 진행 중이어서 통과할 수 없다)

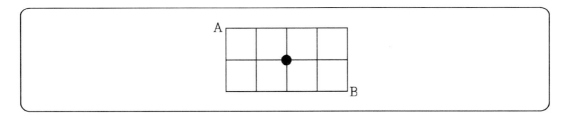

① 3가지

② 4가지

③ 5가지

④ 6가지

25 ㈜ A사의 배송센터에 도착한 트럭의 수는 4월에서 8월까지 아래의 자료와 같다. 3개월 이동평균법으로 9월에 도착할 트럭의 수를 예측하면? (단, 이동평균법은 계산 시 이전에 발생한 수치를 계속 평균해서 원가를 구하는 방법을 의미한다.)

월	4월	5월	6월	7월	8월
트럭 수	450	200	480	300	420

① 220

② 380

③ 400

④ 510

26 부산에서 근무하는 A씨는 미팅을 위해 2시까지 회사에 도착해야 한다. 집에서 기차역까지 30분, 고속터미널까지 15분이 걸린다. 교통비와 스케줄이 다음과 같을 때, A씨의 선택은 무엇인가? (단, 도착시간이 빠른 것을 우선순위로 두고, 도착시간이 동일하다면 비용이 저렴한 것을 우선순위로 한다.)

	방법	출발 시간	환승시간	이동시간	회사까지 걷는 시간	비용(원)
㈎	기차	8:25	−	5시간		9만
㈏	고속버스 → 버스	7:15	10분	6시간		7만 2천
㈐	기차 → 버스	7:20	20분	5시간 30분	10분	9만 2천
㈑	고속버스	8:05	−	5시간 25분		7만

① ㈎   ② ㈏

③ ㈐   ④ ㈑

27 ○○시에서는 연못 조성 관리를 위해 가로 길이가 10m, 세로 길이가 8m인 연못둘레에 가로등을 설치하려고 한다. 다음 중 예산 사용을 최소한으로 한다면, 선택해야 하는 설치 조건은? (단, 모서리에 설치하는 가로등은 밝기가 5가 되어야 하며, 나머지는 조건에 따라 설치한다.)

> − 밝기는 총 1~5로 5단계가 있으며 밝기5는 가장 밝은 가로등을 의미한다.
> − 밝기5의 가로등 금액은 한 개당 30만 원이며, 밝기가 내려갈수록 금액 또한 5만 원씩 줄어든다.
> 1. 가로와 세로 모두 2m 간격으로 설치 … ㈎
>   • 가로와 세로 밝기를 3으로 한다.
> 2. 가로는 1m, 세로는 2m 간격으로 설치 … ㈏
>   • 가로의 밝기는 1, 세로의 밝기는 4로 한다.
> 3. 가로는 2.5m, 세로는 4m 간격으로 설치 … ㈐
>   • 가로의 밝기는 5, 세로의 밝기는 4로 한다.
> 4. 가로와 세로 모두 1m 간격으로 설치 … ㈑
>   • 가로와 세로 밝기 모두 1로 한다.

① ㈎   ② ㈏

③ ㈐   ④ ㈑

28 A통신사를 사용하던 미정이는 서비스에 불만족을 느끼고 핸드폰을 새로 구입하면서 B통신사로 변경을 하였다. 미정이가 한 달에 총 190분을 통화하고, 데이터는 5.2G를 사용할 때, 다음 중 어떤 요금제를 선택해야 하는가?

1. 기본요금(다음 사항을 포함하고 있으며, 아래 기준을 초과하여 사용하면 추가요금을 납부하셔야합니다.)

기본요금서	A요금제	B요금제	C요금제	D요금제
기본요금	4만 6천원	5만 원	4만 8천원	5만 1천원
전화(분)	60	100	80	120
문자(통)	50	200	150	150
데이터(G)	1.7	2.5	1.5	3

2. 추가요금

추가요금서	A요금제	B요금제	C요금제	D요금제
전화(분/원)	90	100	95	120
문자(10통/원)	300	100	170	80
데이터(100M/원)	95	100	100	110

※ 신규 고객님은 처음 1년(12개월)간은 요금제를 변경할 수 없습니다.

※ 요금표를 기준으로 매달 사용금액은 다음 달 1일에 자동 납부됩니다.

※ 신규 고객님은 기본요금이 5만 원 이상인 요금제를 사용하시면 처음 3달 동안은 최종요금(한 달 사용 요금)의 5%를 할인해드립니다.

① A요금제   ② B요금제
③ C요금제   ④ D요금제

29 다음은 어느 회사의 연차 제도를 나타낸 것이다. 현재 날짜는 2020년 8월 13일 일 때, 다음 자료를 보고 연차가 가장 많이 남은 사원을 고르면?

<연차 제도>

재직 기간	연차 일수
1년 미만	5
1년 이상 2년 미만	6
2년 이상 4년 미만	8
4년 이상 7년 미만	11
7년 이상	13

※ 표는 기본 연차일수를 나타낸 것이며 직급과 지난 성과에 따라 연차일수는 추가됩니다.

- 대리 : +2일, 과장 · 차장 : +3일, 부장 : +5일
- 성과→70~79점 : +1일, 80~89점 : +2일, 90~100점 : +3일

※ 반차 1회 사용 시 연차를 0.5일로 계산합니다.

① 2018년 8월 20일에 입사한 사원 A는 지난 성과에서 95점을 받았으며, 연차 1일과 반차 3회를 사용하였다.

② 2019년 10월 30일에 입사한 부장 B는 지난 성과에서 57점을 받았으며, 연차 3일을 사용하였다.

③ 2016년 11월 5일에 입사한 대리 C는 지난 성과에서 72점을 받았으며, 연차 4일과 반차 4회를 사용하였다.

④ 2015년 2월 1일에 입사한 차장 D는 지난 성과에서 69점을 받았으며, 연차 2일과 반차 9회를 사용하였다.

30 최부장은 런던에서 있었던 미팅 보고를 위해 한국에 있는 회사에 한국 현지 시각으로 16일 오후 3시에 도착해야한다. 인천공항에서 회사까지 차로 한 시간 반이 걸리고 런던에서 인천공항까지 비행기로 약 14시간 비행을 해야 한다. 한국이 런던보다 8시간 빠르다면, 최부장은 런던 시각을 기준으로 런던공항에서 늦어도 몇 시에는 출발해야하는가?

① 16일 3:30   ② 15일 23:30
③ 15일 19:30   ④ 15일 15:30

┃31~32┃ 다음 표는 어떤 렌터카 회사에서 제시한 차종별 자동차 대여료이다. 다음을 보고 물음에 답하시오.

구분	대여 기간별 1일 요금(원)			대여 시간별 요금(원)	
	1~2일	3~6일	7일 이상	6시간	12시간
소형(4인승)	75,000	68,000	60,000	34,000	49,000
중형(5인승)	105,000	95,000	84,000	48,000	69,000
대형(8인승)	182,000	164,000	146,000	82,000	119,000
SUV(7인승)	152,000	137,000	122,000	69,000	99,000

※ 대여 시간을 초과하면 다음 단계의 요금을 적용
※ 소형차, 중형차, 대형차 대여 시 차 대수×대여일수>7일 이라면, 전체 금액의 5%할인
※ SUV 대여시 차 대수×대여일수>5일이라면, 전체 금액의 10% 할인
　(예를 들어 소형차 2대와 SUV 1대를 4일간 대여한다면 소형차2대×4일>7일이 되므로 소형차 2대의 4일 대여 가격만 5% 할인해드립니다.)
※ 저희 렌터카 회사와 협력업체인 B, K, S회사의 직원분들은 이용료의 10%를 할인해드리오니 많은 이용 바랍니다.

31 A부장은 팀원 9명과 함께 차량을 대여하여 3박 4일로 야유회를 계획하고 있다. 다음 중 가장 경제적인 차량 임대 방법은?

① SUV 2대 대여

② 소형차 3대 대여

③ 중형차 2대 대여

④ SUV 1대와 소형차 1대 대여

32 B회사 직원 13명이 차를 대여하여 1박 2일로 대형차를 대여하여 출장을 갈 예정이다. 출발일 오전 9시에 출발하고, 도착일 오후 2시에 차를 반납할 때, 이들이 지급해야하는 대여료는?

① 728,000원　　　　　　　② 655,200원

③ 528,000원　　　　　　　④ 475,200원

33 다음 〈조건〉을 근거로 판단할 때, 광고홍보비를 분배기준으로 할 경우 A사의 분배액은 얼마인가?

〈조건〉

- A사와 B사는 신제품을 공동 개발하여 판매한 총 순이익을 다음과 같은 기준에 의해 분배하기로 하였다.
  ㉠ A사와 B사는 총 순이익에서 각 회사 제조원가의 10%에 해당하는 금액을 우선 각자 배분한다.
  ㉡ 총 순이익에서 ㉠의 금액을 제외한 나머지 금액에 대한 분배기준은 연구개발비, 판매관리비, 광고홍보비 중 어느 하나로 결정하며, 각 회사가 지출한 비용에 비례하여 분배액을 정하기로 한다.
- 신제품 개발과 판매에 따른 비용과 총 순이익은 다음과 같다.

구분	A사	B사
제조원가	200억 원	600억 원
연구개발비	100억 원	300억 원
판매관리비	200억 원	200억 원
광고홍보비	300억 원	150억 원
총 순이익	200억 원	

① 80억 원

② 100억 원

③ 120억 원

④ 150억 원

34 점포의 다양한 매력을 고려한 MCI(Multiplicative Competitive Interaction)모형에서 상품구색 효용, 판매원의 서비스 효용, 상업시설까지의 거리 효용 등을 포함하는 각종 인적자원 및 물적 자원에 대한 효용이 아래와 같을 때, B마트를 찾을 경우에 그 확률은 얼마인가?

<상업시설 명단 및 효용치 구분>

구분		상품구색에 대한 효용치	판매원서비스에 대한 효용치	상업시설까지의 거리에 대한 효용치
A	할인점	10	3	5
B	마트	5	4	5
C	상점가	2	5	10
D	백화점	5	5	6

① 10%

② 20%

③ 30%

④ 40%

▌35~36 ▌ 다음은 각 회사 신입사원의 성별 교육연수 분포와 초임결정에 대한 자료이다. 다음을 보고 물음에 답하시오.

<A사와 B사 신입사원 성별 교육연수>

(단위 : 명)

구분		12(고졸)	14(초대졸)	16년(대졸)	18년(대학원졸)
A사	남	30	20	40	10
	여	25	20	50	5
B사	남	20	30	30	20
	여	30	10	20	10

<신입사원 초임결정 공식>

■ A사
- 남자 : 1,150만 원+(195만 원×교육연수)
- 여자 : 1,580만 원+(150만 원×교육연수)

■ B사
- 남자 : 900만 원+(200만 원×교육연수)
- 여자 : 1,300만 원+(160만 원×교육연수)

35 신입사원 초임결정 공식을 적용했을 때, 교육연수가 16년인 A사 여자 신입사원과 B사 여자 신입사원의 초임 차에 대한 설명으로 옳은 것은?

① A사 신입사원이 120만 원 더 많다.

② A사 신입사원이 120만 원 더 적다.

③ B사 신입사원이 12만 원 더 많다.

④ B사 신입사원이 12만 원 더 적다.

36 신입사원 초임결정 공식을 적용했을 때, B사의 대졸 이상 신입사원의 평균 초임을 구하면 얼마인가?

① 3,850만 원

② 3,950만 원

③ 4,050만 원

④ 4,150만 원

▎37~38▎ 다음은 ○○회사 영업팀, 경영팀, 개발팀의 9월 일정표 및 메모이다. 9월 1일이 화요일일때, 다음을 보고 물음에 답하시오.

<9월 일정표>

영업팀		경영팀		개발팀	
16일→회사 전체 회의					
7	개발팀과 A제품 판매 회의	10	영업팀과 A제품 판매를 위한 회의	1	A제품 개발 마감
10	경영팀과 A제품 판매를 위한 회의	25	다음 달 채용 준비 시작	4	A제품 시연
14	국내에서 A제품 판매시작			7	영업팀과 A제품 판매를 위한 회의

<필독사항>

영업팀	경영팀	개발팀
• 경영팀과 판매회의를 끝낸 후에 국내에서 판매를 시작하겠습니다. • 국내에서 제품 판매 이후에 해외에서 제품을 판매하려고 계획 중입니다.	• 출장을 다녀오신 분들은 출장 직후 경영팀에게 보고해주세요. • 채용 준비 시작 일주일 동안은 바쁘니 보고사항은 그 전에 해주세요.	• 영업팀은 국내외의 제품 사용자들의 후기를 듣고 정리하여 개발팀에 보고해주세요.

37 영업팀 이 대리는 A제품 판매를 위해 해외로 3박 4일 동안 출장을 다녀왔다. 출장 시작일 또는 도착일 중 어느 날도 주말이 아니었으며, 출장보고를 작성하는 데 하루가 소요되었다면, 이 대리는 언제 출발하였는가?

① 17일 ② 18일
③ 20일 ④ 21일

38 이 대리는 출장 이후 개발팀에게 전할 보고서를 2일간 작성했다고 한다. 보고서 작성을 끝낸 다음 날 개발팀에게 보고서를 넘겨주었을 때, 개발팀이 보고서를 받은 요일은?

① 화 ② 수
③ 목 ④ 금

39 다음은 A스포츠센터의 수영 프로그램과 한 달간 이용금액에 대한 내용이다. 직장인 이 씨는 A스포츠센터에서 한 달 동안 매일 수영을 하려고 한다. 평일에는 출퇴근 때문에 오전에는 8시 전에, 오후에는 7시 9시 사이에 시간이 난다. 이때, 이 씨가 선택할 프로그램과 금액의 조합으로 옳은 것은?(비용이 가장 적게 들어가는 프로그램으로 선택한다.)

프로그램			강습시간	강습료(원)	비고
			시간		
강습	주5일 (월~금)	성인	A−06:00~06:50 B−07:00~07:50 C−20:00~20:50	80,000	• 50분 강습(정해진 시간대에만 가능, 시간대 교차 불가능) • 월 자유수영·주말 50% 할인 • 주5일 강습회원은 주말(일요일 또는 국경일일 경우) 자유수영 무료입장 • 주2일 강습회원 토요일 자유수영
		청소년	A−07:00~07:50 B−19:00~19:50 C−20:00~20:50 D−21:00~21:50	65,000	
	주3일 (월, 수, 금) 또는 주 2일 (화, 목)	성인, 청소년	A−07:00~07:50 B−09:00~09:50 C−10:00~10:50 D−11:00~12:50 E−20:00~20:50 F−21:00~21:50	성인 3일 : 64,000 2일 : 56,000 청소년 3일 : 60,000 2일 : 54,000	
주말	− (토, 일)	토	A−14:00~14:50 B−15:00~15:50 C−16:00~16:50 D−17:00~17:50	44,000	• 시간대 교차 가능
		일	A−09:00~09:50 B−10:00~10:50 C−11:00~11:50 D−12:00~12:00		
자유	성인남녀 (월~토 6일)		08:00~08:50 12:00~13:50 ※ 토 09:00~11:50 13:00~14:50 16:00~17:50	64,000	

※ 만 13세 이상은 모두 성인 요금을 납부하셔야 됩니다.

※ 신규 회원은 2만원을 회원비로 별도로 1회 납부하셔야합니다.

※ 동일한 프로그램을 3달 연속으로 등록하시면 신청한 프로그램 금액의 10%가 할인됩니다.

※ 6세 이하 아동은 보호자의 유무 관계없이 이용할 수 없습니다.

① 주5일B＋주말반, 143,000원

② 주5일A＋주말반, 122,000원

③ 주3일A＋주2일E, 144,000원

④ 자유반＋주말반, 127,000원

40 Z회사는 오늘을 포함하여 30일 동안에 자동차를 생산할 계획이며 Z회사의 하루 최대투입가능 근로자 수는 100명이다. 다음 〈공정표〉에 근거할 때 Z회사가 벌어들일 수 있는 최대 수익은 얼마인가? (단, 작업은 오늘부터 개시되며 각 근로자는 자신이 투입된 자동차의 생산이 끝나야만 다른 자동차의 생산에 투입될 수 있고 1일 필요 근로자 수 이상의 근로자가 투입되더라도 자동차당 생산 소요기간은 변하지 않는다)

〈공정표〉

자동차	소요기간	1일 필요 근로자 수	수익
A	5일	20명	15억 원
B	10일	30명	20억 원
C	10일	50명	40억 원
D	15일	40명	35억 원
E	15일	60명	45억 원
F	20일	70명	85억 원

① 150억 원

② 155억 원

③ 160억 원

④ 165억 원

1 H공단의 다음과 같은 조직도를 참고할 때, 〈보기〉와 같은 개선 사항을 반영한 업무 변경에 대한 올바른 지적은?

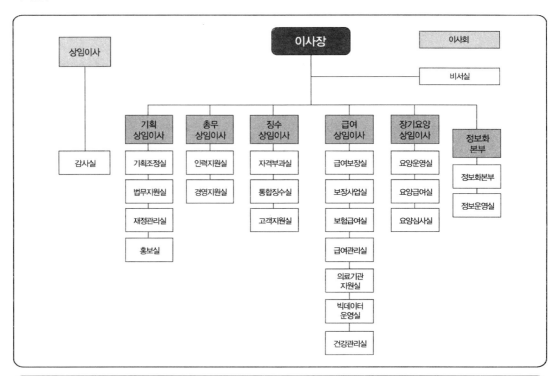

〈보기〉
• 4대 사회보험료 징수업무(고지·수납)에 대한 민원을 ONE-STOP으로 처리할 수 있어 여러 기관을 방문해야 하는 불편함이 해소되었으며, 고지방식, 납부방법, 창구일원화로 국민들이 보다 편리하게 사회보험을 처리할 수 있다.
• 국민건강보험공단, 국민연금공단, 근로복지공단은 중복업무의 효율화를 통하여 인건비, 고지서 발송 비용, 기타 행정 비용 등을 절감할 수 있다.
• 절감 인력을 신규서비스 및 기존 서비스 확대 업무에 재배치하여 비용증가 없이도 대국민서비스가 향상될 수 있다.

① 인력지원실은 신규 인원이 배치되어 보다 효율적인 업무 수행이 가능해진다.

② 재정관리실은 H공단의 징수업무 추가에 따라 비용 부담이 더 증가할 전망이다.

③ 비서실의 업무는 H공단 추가 조직 신설에 따라 세분화되어야 한다.

④ 징수 상임이사는 4대 사회보험료 징수 총괄업무를 관장하여야 한다.

2 사원 A씨는 고객 참여 현장 이벤트에 대한 내용을 협력부서에 메일로 보내려 한다. 다음 중 잘못 작성 된 부분은?

일시 : 2020년 6월 23일 PM 2:30

수신 : ① 경영지원팀

참조 : ② 영업1팀

발신 : 영업1팀 사원 A

제목 : ③ 하반기 프로모션 기간 중 고객 참여 현장 이벤트

안녕하세요, 영업1팀 사원A입니다.

영업1팀에서 2020년 8월 중에 하반기 프로모션을 진행할 계획을 갖고 있습니다. 프로모션 기간과 영업2팀에서 담당하고 있는 지역의 주요 경쟁사 할인 일정 및 할인율 확인이 필요하오니 ④ 다음주 화요일(6/29) 13시에 10층 소회의실에서 있을 회의에 팀장 또는 담당 사원의 참여를 바랍니다.

감사합니다.

3 다음은 여성의류 인터넷쇼핑몰의 SWOT분석이다. 가장 적절한 전략은?

> SWOT분석이란 기업의 환경 분석을 통해 마케팅 전략을 수립하는 기법이다. 조직 내부 환경으로는 조직이 우위를 점할 수 있는 강점(Strength), 조직의 효과적인 성과를 방해하는 자원·기술·능력 면에서의 약점(Weakness), 조직 외부 환경으로는 조직 활동에 이점을 주는 기회(Opportunity), 조직 활동에 불이익을 미치는 위협(Threat)으로 구분된다.
>
> ※ SWOT분석에 의한 마케팅 전략
> ㉠ SO전략(강점-기회전략) : 시장의 기회를 활용하기 위해 강점을 사용하는 전략
> ㉡ ST전략(강점-위협전략) : 시장의 위협을 회피하기 위해 강점을 사용하는 전략
> ㉢ WO전략(약점-기회전략) : 약점을 극복함으로 시장의 기회를 활용하려는 전략
> ㉣ WT전략(약점-위협전략) : 시장의 위협을 회피하고 약점을 최소화하는 전략

강점(Strength)	• 쉽고 빠른 제품선택, 시·공간의 제약 없음 • 오프라인 매장이 없어 비용 절감 • 고객데이터 활용의 편리성
약점(Weakness)	• 높은 마케팅비용 • 보안 및 결제시스템의 취약점 • 낮은 진입 장벽으로 경쟁업체 난립
기회(Opportunity)	• 업체 간 업무 제휴로 상생 경영 • IT기술과 전자상거래 기술 발달
위협(Threat)	• 경기 침체의 가변성 • 잦은 개인정보유출사건으로 인한 소비자의 신뢰도 하락 • 일부 업체로의 집중화에 의한 독과점 발생

① SO전략 : 악세사리 쇼핑몰과의 제휴로 마케팅비용을 줄인다.

② ST전략 : 높은 IT기술을 이용하여 보안부문을 강화한다.

③ WO전략 : 남성의류 쇼핑몰과 제휴를 맺어 연인컨셉으로 경쟁력을 높인다.

④ WT전략 : 고객데이터를 이용하여 이벤트를 주기적으로 열어 경쟁력을 높인다.

4 기업 조직은 추구하고자 하는 사업방향 및 상황의 변화로 인해 조직구성을 유동성 있게 변화하고 있다. 이번에 윤실이가 입사한 "㈜영원"의 기업 조직도 마찬가지로 힘든 경영환경에 맞춰 발 빠르게 움직이고 있다. 아래의 그림은 윤실이가 입사한 조직에서 경영환경에 따른 개편된 조직을 보여주고 있다. 아래의 조직구조를 보고 윤실이의 친구들이 말한 내용 중 해당 조직구조에 대해 가장 잘못 말하고 있는 사람을 고르면?

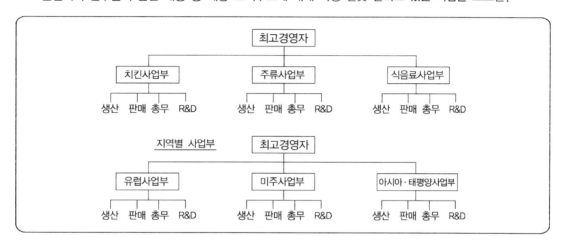

① 영숙 : 제품별 · 시장별 · 지역별로 이익중심점을 설정해서 독립채산제를 실시할 수 있는 분권적 조직을 뜻하지

② 미숙 : 고객 · 시장욕구에 대한 관심의 제고, 경쟁에 따른 단기적 성과 제고 및 목표달성에 초점을 둔 책임경영체제를 실현할 수 있다는 장점이 있어

③ 노숙 : 위 조직구조의 경우에는 해산을 전제로 하여 임시로 편성된 일시적 조직이며, 혁신적 · 비일상적인 과제의 해결을 위해 형성되는 동태적 조직이야

④ 하숙 : 하지만 위 조직의 경우에는 자원의 중복에 따른 능률 저하, 과당경쟁으로 인해 조직전체의 목표달성에 저해를 가져올 수 있어

┃5～6┃ 다음은 전화응대 매뉴얼이다. 이를 읽고 물음에 답하시오.

〈전화응대 매뉴얼〉

1. 전화응대의 중요성

   전화응대는 직접응대와 달리 목소리만으로 응대하기 때문에 더욱 신중을 기해야 한다. 목소리의 감정과 높낮이에 따라 회사의 이미지도 결정되기 때문이다.

2. 전화걸 때 매뉴얼

   1) 준비사항

   • 준비물 – 메모지/펜, 전화번호(내선목록, 전화번호부)

   2) 전화거는 요령

   • 용건은 6하 원칙으로 정리하여 메모합니다.

   • 전화번호를 확인 후 왼손으로 수화기를 들고 오른손으로 다이얼을 누릅니다.

   3) 전화응대 요령

   • 상대방이 나오면 자신을 밝힌 후 상대방을 확인합니다.

   • 간단한 인사말을 한 후 시간, 장소, 상황을 고려하여 용건을 말합니다.

   4) 전화응대 종료

   • 용건이 끝났음을 확인한 후 마무리 인사를 합니다.

   • 상대방이 수화기를 내려놓은 다음 수화기를 조심스럽게 내려놓습니다.

3. 전화 받을 때 매뉴얼

구분	응대방법
준비된 응대 (1단계)	• 전화기는 왼쪽에, 펜과 메모지는 오른쪽에 둔다. • 밝은 톤의 목소리로 명랑하고 경쾌하게 받는다.
정중한 응대 (2단계)	• 전화벨이 3번 이상 울리기 전에 받는다. – "감사합니다. ○○○팀 ○○○입니다." – "늦게 받아 죄송합니다. ○○○팀 ○○○입니다." • 상대방의 말을 가로막지 않는다.
성의있는 응대 (3단계)	• 밝고 정중한 어투로 받는다. – "전화주셔서 감사합니다." – "○○○에 관한 말씀 주셨는데 더 궁금하신 내용은 없으십니까?" – "더 필요하신 사항 있으시면 언제든지 전화 주십시오." • 말끝을 흐리지 않고 경어로 마무리 한다. – "네↗ ○○○에 관한 내용이시군요." – "네↗ ○○○ 과장 찾으십니까?" – "잠시만 기다려 주십시오(정확하게 연결)" • 상대방이 찾는 사람이 부재 중인 경우 성의있게 응대하여 메모를 받아 놓는다. 이때 메모 사항은 복창하여 확인한다. – "자리에 안 계시는데 메모 남겨드리겠습니다."
성실한 응대(4단계)	• 고객이 끊고 난 후 수화기를 살며시 내려놓는다(응대완료).

5 다음 중 전화 응대 매뉴얼에 따라 바르지 못한 행동을 한 사람은?

① 민영 – 과장님께서 회의에 들어가셔서 전화거신 분께 메모 남겨 드리겠다고 말씀드렸어.

② 희우 – 용건을 확인하기 위해 귀찮아 하셨지만 6하 원칙으로 여쭤보아 메모했어.

③ 찬영 – 내 담당업무가 아니어서 담당자분을 연결드리겠다고 하고 연결해드렸어.

④ 주희 – 급하게 부장님이 찾으셔서 나중에 전화드리겠다고 말씀드리고 끊었어.

6 다음은 전화응대에 대한 상사의 추가 피드백 사항이다. 다음 중 적절하지 않은 예시문은?

상황	추가내용
① 전화감이 좋지 않을 때	"죄송합니다만, 전화감이 멀어서 잘 못 들었습니다. 다시 한번 말씀해 주시겠습니까?"
② 찾는 사람이 다른 전화중일 때	"통화가 길어질 것 같습니다. 연락처를 주시면 전화를 드리라고 하겠습니다."
③ 잘못 연결된 전화일 때	"전화 잘못 거셨습니다"
④ 담당자가 부재 중일 때	"죄송합니다만 지금 외출(교육, 출장, 회의) 중입니다."

7~9 다음 결재규정을 보고 주어진 상황에 맞게 작성된 양식을 고르시오.

〈결재규정〉

- 결재를 받으려는 업무에 대해서는 대표이사를 포함한 이하 직책자의 결재를 받아야 한다.
- '전결'은 회사의 경영·관리 활동에 있어서 대표이사의 결재를 생략하고, 자신의 책임 하에 최종적으로 결정하는 행위를 말한다.
- 전결사항에 대해서도 위임 받은 자를 포함한 이하 직책자의 결재를 받아야 한다.
- 표시내용 : 결재를 올리는 자는 대표이사로부터 전결 사항을 위임 받은 자가 있는 경우 결재란에 전결이라고 표시하고 최종결재란에 위임받은 자를 표시한다. 다만, 결재가 불필요한 직책자의 결재란은 상향대각선으로 표시한다.
- 대표이사의 결재사항 및 대표이사로부터 위임된 전결사항은 아래의 표에 따른다.

구분	내용	금액기준	결재서류	팀장	부장	대표이사
접대비	거래처 식대, 경조사비 등	20만 원 이하	접대비지출품의서 지출결의서	● ■		
		30만 원 이하			● ■	
		30만 원 초과				● ■
교통비	국내 출장비	30만 원 이하	출장계획서 출장비신청서	● ■		
		50만 원 이하		●	■	
		50만 원 초과		●		■
	해외 출장비			●		■
소모품비	사무용품		지출결의서	■		
	문서, 전산소모품					■
	잡비	10만 원 이하		■		
		30만 원 이하			■	
		30만 원 초과				■
교육비	사내·외 교육		기안서 지출결의서	●		■
법인카드	법인카드 사용	50만 원 이하	법인카드 신청서	■		
		100만 원 이하			■	
		100만 원 초과				■

※ ● : 기안서, 출장계획서, 접대비지출품의서

※ ■ : 지출결의서, 각종신청서

7 영업부 사원 甲씨는 부산출장으로 450,000원을 지출했다. 甲씨가 작성한 결재 양식으로 옳은 것은?

①

출장계획서				
결	담당	팀장	부장	최종결재
재	甲	╱	╱	팀장

②

출장계획서				
결	담당	팀장	부장	최종결재
재	甲		전결	부장

③

출장비신청서				
결	담당	팀장	부장	최종결재
재	甲		╱	팀장

④

출장비신청서				
결	담당	팀장	부장	최종결재
재	甲		전결	부장

8 기획팀 사원 乙씨는 같은 팀 사원 丙씨의 부친상 부의금 500,000원을 회사 명의로 지급하기로 했다. 乙씨가 작성한 결재 양식으로 옳은 것은?

①

접대비지출품의서				
결	담당	팀장	부장	최종결재
재	乙		전결	부장

②

접대비지출품의서				
결	담당	팀장	부장	최종결재
재	乙			대표이사

③

지출결의서				
결	담당	팀장	부장	최종결재
재	乙	전결	╱	팀장

④

지출결의서				
결	담당	팀장	부장	최종결재
재	乙		전결	부장

9 민원실 사원 丁씨는 외부 교육업체로부터 1회에 5만 원씩 총 10회에 걸쳐 진행되는 「전화상담 역량교육」을 담당하게 되었다. 丁씨가 작성한 결재 양식으로 옳은 것은?

①

기안서				
결	담당	팀장	부장	최종결재
재	丁	전결	╱	팀장

②

기안서				
결	담당	팀장	부장	최종결재
재	丁			대표이사

③

지출결의서				
결	담당	팀장	부장	최종결재
재	丁	전결	╱	팀장

④

지출결의서				
결	담당	팀장	부장	최종결재
재	丁		전결	대표이사

10 다음은 기업용 소프트웨어를 개발·판매하는 A기업의 조직도와 사내 업무협조전이다. 주어진 업무협조전의 발신부서와 수신부서로 가장 적절한 것은?

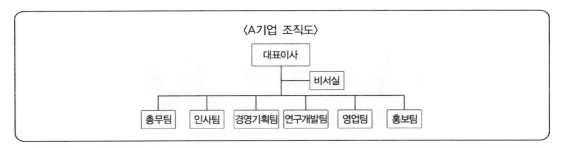

〈A기업 조직도〉

대표이사 — 비서실

총무팀 | 인사팀 | 경영기획팀 | 연구개발팀 | 영업팀 | 홍보팀

업무협조전

제목 : 콘텐츠 개발에 따른 적극적 영업 마케팅 협조

내용 :

2014년 경영기획팀의 요청으로 저희 팀에서 제작하기 시작한 업무매니저 "한방에" 소프트웨어가 모두 제작 완료되었습니다. 하여 해당 소프트웨어 5종에 관한 적극적인 마케팅을 부탁드립니다.

"한방에"는 거래처관리 소프트웨어, 직원/급여관리 소프트웨어, 매입/매출관리 소프트웨어, 증명서 발급관리 소프트웨어, 거래/견적/세금관리 소프트웨어로 각 분야별 영업을 진행하시면 될 것 같습니다.

특히나 직원/급여관리 소프트웨어는 회사 직원과 급여를 통합적으로 관리할 수 있는 프로그램으로 중소기업에서도 보편적으로 이용할 수 있도록 설계되어 있기 때문에 적극적인 영업 마케팅이 더해졌을 때 큰 이익을 낼 수 있을거라 예상됩니다.

해당 5개의 프로그램의 이용 매뉴얼과 설명서를 첨부해드리오니 담당자분들께서는 이를 숙지하시고 판매에 효율성을 가지시기 바랍니다.

첨부 : 업무매니저 "한방에" 매뉴얼 및 설명서

	발신	수신		발신	수신
①	경영기획팀	홍보팀	②	연구개발팀	영업팀
③	총무팀	인사팀	④	영업팀	연구개발팀

11 다음과 같은 전결사항에 관한 사정을 보고 내린 판단으로 적절하지 않은 것은?

결재권자가 출장, 휴가 등 사유로 부재중일 경우, 결재권자의 차상급 직위자의 전결사항으로 하되, 반드시 결재권자의 업무 복귀 후 후결로 보완한다.

업무내용	결재권자			
	팀장	본부장	부사장	사장
월별 실적보고	O	O		
주간 업무보고	O			
팀장급 인수인계			O	
10억 이상 예산집행				O
10억 이하 예산집행			O	
노조관련 협의사항			O	
이사회 위원 위촉				O
임직원 해외 출장		O(직원)		O(임원)
임직원 휴가		O(직원)		O(임원)

① 이과장의 해외 출장 보고서는 본부장이 결재권자이다.

② 윤팀장의 권한은 실적·업무보고만 결재까지이다.

③ 부사장이 출장 시 팀장의 업무 인수인계 결재는 부사장 복귀 후 받는다.

④ 김대리와 최이사가 휴가를 가기 위해 사장의 결재를 받아야한다.

▌12~13▐ 다음은 어느 회사의 사내 복지 제도와 지원내역에 관한 자료이다. 물음에 답하시오.

〈2016년 사내 복지 제도〉

주택 지원
주택구입자금 대출
전보자 및 독신자를 위한 합숙소 운영

자녀학자금 지원
중고생 전액지원, 대학생 무이자융자

경조사 지원
사내근로복지기금을 운영하여 각종 경조금 지원

기타
사내 동호회 활동비 지원
상병 휴가, 휴직, 4대보험 지원
생일 축하금(상품권 지급)

〈2016년 1/4분기 지원 내역〉

이름	부서	직위	내역	금액(만원)
엄영식	총무팀	차장	주택구입자금 대출	-
이수연	전산팀	사원	본인 결혼	10
임효진	인사팀	대리	독신자 합숙소 지원	-
김영태	영업팀	과장	휴직(병가)	-
김원식	편집팀	부장	대학생 학자금 무이자융자	-
심민지	홍보팀	대리	부친상	10
이영호	행정팀	대리	사내 동호회 활동비 지원	10
류민호	자원팀	사원	생일(상품권 지급)	5
백성미	디자인팀	과장	중학생 학자금 전액지원	100
채준민	재무팀	인턴	사내 동호회 활동비 지원	10

12 인사팀에 근무하고 있는 사원 B씨는 2016년 1분기에 지원을 받은 사원들을 정리했다. 다음 중 분류가 잘못된 사원은?

구분	이름
주택 지원	엄영식, 임효진
자녀학자금 지원	김원식, 백성미
경조사 지원	이수연, 심민지, 김영태
기타	이영호, 류민호, 채준민

① 엄영식   ② 김원식

③ 심민지   ④ 김영태

13 사원 B씨는 위의 복지제도와 지원 내역을 바탕으로 2분기에도 사원들을 지원하려고 한다. 지원한 내용으로 옳지 않은 것은?

① 엄영식 차장이 장모상을 당하셔서 경조금 10만 원을 지원하였다.

② 심민지 대리가 동호회에 참여하게 되어서 활동비 10만 원을 지원하였다.

③ 이수연 사원의 생일이라서 현금 5만 원을 지원하였다.

④ 류민호 사원이 결혼을 해서 10만 원을 지원하였다.

▌14~16 ▌ 다음은 L기업의 회의록이다. 다음을 보고 물음에 답하시오.

〈회의록〉

일시	2016. 00. 00 10:00~12:00	장소	7층 소회의실
참석자	영업본부장, 영업1부장, 영업2부장, 기획개발부장 불참자(1명) : 영업3부장(해외출장)		
회의제목	고객 관리 및 영업 관리 체계 개선 방안 모색		
의안	고객 관리 체계 개선 방법 및 영업 관리 대책 모색 – 고객 관리 체계 확립을 위한 개선 및 A/S 고객의 만족도 증진방안 – 자사 영업직원의 적극적인 영업활동을 위한 개선방안		
토의 내용	㉠ 효율적인 고객관리 체계의 개선 방법 • 고객 관리를 위한 시스템 정비 및 고객관리 업무 전담 직원 증원이 필요(영업2부장) • 영업부와 기획개발부 간의 지속적인 제품 개선 방안 협의 건의(기획개발부장) • 영업 조직 체계를 제품별이 아닌 기업별 담당제로 전환(영업1부장) • 고객 정보를 부장차원에서 통합관리(영업2부장) • 각 부서의 영업직원의 고객 방문 스케줄 공유로 방문처 중복을 방지(영업1부장) ㉡ 자사 영업직원의 적극적인 영업활동을 위한 개선방안 • 영업직원의 영업능력을 향상시키기 위한 교육프로그램 운영(영업본부장)		
협의사항	㉠ IT본부와 고객 리스트 관리 프로그램 교체를 논의해보기로 함 ㉡ 인사과와 협의하여 추가 영업 사무를 처리하는 전담 직원을 채용할 예정임 ㉢ 인사과와 협의하여 연 2회 교육세미나를 실시함으로써 영업교육과 프레젠테이션 기술 교육을 받을 수 있도록 함 ㉣ 기획개발부와 협의하여 제품에 대한 자세한 이해와 매뉴얼 숙지를 위해 신제품 출시에 맞춰 영업직원을 위한 설명회를 열도록 함 ㉤ 기획개발부와 협의하여 주기적인 회의를 갖도록 함		

14 다음 중 본 회의록으로 이해할 수 있는 내용이 아닌 것은?

① 회의 참석 대상자는 총 5명이었다.

② 영업본부의 업무 개선을 위한 회의이다.

③ 교육세미나의 강사는 인사과의 담당직원이다.

④ 영업1부와 2부의 스케줄 공유가 필요하다.

15 다음 중 회의 후에 영업부가 협의해야 할 부서가 아닌 것은?

① IT본부

② 인사과

③ 기획개발부

④ 비서실

16 회의록을 보고 영업부 교육세미나에 대해 알 수 있는 내용이 아닌 것은?

① 교육내용

② 교육일시

③ 교육횟수

④ 교육목적

17 한국금융그룹사(계열사 : 한국은행, 한국카드, 한국증권사)의 본사 총무 부서에 근무 중인 A는 2017년에 10년째를 맞이하는 '우수 직원 해외연수단'을 편성하기 위해 각 계열사에 공문을 보내고자 한다. 한국은행의 경우 3년차 직원, 한국카드는 5년차 직원, 한국증권사는 7년차 직원 중 희망자를 대상으로 인사부의 Y 부장은 P 과장에게 결재권한을 위임하였다. 기안문을 작성할 때, ㈎~㈑에 들어갈 내용으로 적절한 것은?

한국은행그룹사

수신자 : 한국은행, 한국카드, 한국증권사

(경유)

제목 : ㈎

---

1. 서무 1056-2431(2017. 02. 03.)과 관련입니다.
2. 2017년도 우수 직원을 대상으로 해외연수단을 편성하고자 하오니, 회사에 재직 중인 직원 중 기본적 영어회화가 가능하며 글로벌 감각이 뛰어난 사원을 다음 사항을 참고로 선별하여 2017. 03. 03.까지 통보해 주시기 바랍니다.

– 다음 –

가. 참가범위
    1) 한국은행 : 3년차 직원 중 희망자
    2) 한국카드 : ㈏
    3) 한국증권사 : ㈐
나. 아울러 지난해에 참가했던 책임자와 직원은 제외시켜 주시기 바라며, 지난해 참가 직원 명단을 첨부하니 참고하시기 바랍니다.
첨부 : 2016년도 참가 직원 명단 1부. 끝.

한 국 금 융 그 룹 사 장

사원 A   계장 B   과장 ㈑ P
협조자
시행 총무부-27(1.19)
접수 우13456 주소 서울 강남구 오공로75 5F / www.hkland.co.kr
전화 (02-256-3456) 팩스(02-257-3456) / webmaster@hkland.com / 완전공개

---

① ㈎ 2016년도 우수 직원 해외연수단 편성
② ㈏ 4년차 직원 중 희망자
③ ㈐ 7년차 직원 중 희망자
④ ㈑ 대결

18 다음 표를 참고할 때, 적절한 행위로 볼 수 없는 것은?

업무내용(소요예산 기준)	전결권자				이사장
	팀원	팀장	국(실)장	이사	
1. 공사 도급					
3억 원 이상					○
1억 원 이상				○	
1억 원 미만			○		
1,000만 원 이하		○			
2. 물품(비품, 사무용품 등) 제조/구매 및 용역					
3억 원 이상					○
1억 원 이상				○	
1억 원 미만			○		
1,000만 원 이하		○			
3. 물품 수리					
500만 원 이상			○		
500만원 미만		○			
4. 자산의 임(대)차 계약					
1억 원 이상					○
1억 원 미만				○	
5,000만 원 미만			○		
5. 기타 사업비 예산집행 기본품의					
1,000만 원 이상			○		
1,000만 원 미만		○			

① 소요예산이 800만 원인 인쇄물의 구매 건은 팀장의 전결 사항이다.

② 기타 사업비 관련 품의서는 금액에 상관없이 국장이 전결권자이다.

③ 국장이 부재 중일 경우, 소요예산 5,000만 원인 공사 도급 계약은 팀장이 전결권자다.

④ 이사장이 부재 중일 경우, 소요예산이 2억 원인 자산 임대차 계약은 국장이 전결권자다.

19 조직의 경영전략과 관련된 다음의 신문 기사에서 밑줄 친 '이 제도'가 말하는 것은?

중국 민성증권 보고서에 따르면 이미 올 6월 현재 상장국유기업 39곳이 실시 중인 것으로 나타났다. 이 가운데 종업원의 우리사주 보유 비율이 전체 지분의 2%를 넘는 곳은 14곳이었다. 아직까지는 도입 속도가 느린 편이지만 향후 제도 확대와 기업 참여가 가속화되고 종업원의 지분보유 비율도 높아질 것으로 예상된다. 분야도 일반 경쟁 산업에서 통신·철도교통·비철금속 등 비경쟁산업으로 확대될 것으로 전망된다.

중국 정부는 종업원이 주식을 보유함으로써 경영 효율을 높이고 기업혁신에 기여할 수 있을 것으로 내다보고 있다. 남수중 공주대 교수는 이와 관련된 리포트에서 "중국에서 <u>이 제도</u>의 시행은 국유기업 개혁의 성공과 밀접하게 관련돼 있다"면서 "국유기업의 지배구조 개선에도 유리한 작용을 할 것으로 기대되며 국유기업 개혁 과정에서 발생할 가능성이 높은 경영층과 노동자들의 대립도 완화할 수 있을 것"이라고 분석했다.

① 노동주제
② 노사협의회제
③ 종업원지주제
④ 이익배분제

20 이문화 커뮤니케이션에 대한 설명으로 옳지 않은 것은?

① 서로 상이한 문화 간 커뮤니케이션을 말한다.
② 국제 커뮤니케이션과 동일한 의미이다.
③ 언어적 커뮤니케이션과 비언어적 커뮤니케이션으로 구분된다.
④ 언어적 커뮤니케이션은 외국어 사용능력과 직결된다.

21 업무를 수행할 때는 업무지침과 활용자원을 확인하여 구체적인 업무수행 계획을 수립하게 된다. 이러한 업무수행을 계획하는 다음과 같은 형식의 자료를 지칭하는 이름은 어느 것인가?

업무	6월		7월		8월		9월	
설계								
자료수집								
기본설계								
타당성 조사 및 실시설계								
시공								
시공								
결과 보고								

① 워크 플로 시트(work flow sheet)

② 간트 차트(Gantt chart)

③ 체크리스트(check list)

④ 대차대조표

22 다음 지문의 빈칸에 들어갈 말로 알맞은 것은?

기업은 합법적인 이윤 추구 활동 이외에 자선·교육·문화·체육 활동 등 사회에 긍정적 영향을 미치는 책임 있는 활동을 수행하기도 한다. 이처럼 기업이 사회적 책임을 수행하는 이유는 (   ).

㉠ 기업은 국민의 대리인으로서 공익 추구를 주된 목적으로 하기 때문이다.
㉡ 기업의 장기적인 이익 창출에 기여할 수 있기 때문이다.
㉢ 법률에 의해 강제된 것이기 때문이다.
㉣ 환경 경영 및 윤리 경영의 가치를 실현할 수 있기 때문이다.

① ㉠㉡

② ㉠㉢

③ ㉡㉢

④ ㉡㉣

23 조직문화는 흔히 관계지향 문화, 혁신지향 문화, 위계지향 문화, 과업지향 문화의 네 가지로 분류된다. 다음 글에서 제시된 (가)~(라)와 같은 특징 중 과업지향 문화에 해당하는 것은 어느 것인가?

> (가) A팀은 무엇보다 엄격한 통제를 통한 결속과 안정성을 추구하는 분위기이다. 분명한 명령계통으로 조직의 통합을 이루는 일을 제일의 가치로 삼는다.
>
> (나) B팀은 업무 수행의 효율성을 강조하며 목표 달성과 생산성 향상을 위해 전 조직원이 산출물 극대화를 위해 노력하는 문화가 조성되어 있다.
>
> (다) C팀은 자율성과 개인의 책임을 강조한다. 고유 업무 뿐 아니라 근태, 잔업, 퇴근 후 시간활용 등에 있어서도 정해진 흐름을 배제하고 개인의 자율과 그에 따른 책임을 강조한다.
>
> (라) D팀은 직원들 간의 응집력과 사기 진작을 위한 방안을 모색 중이다. 인적자원의 가치를 개발하기 위해 직원들 간의 관계에 초점을 둔 조직문화가 D팀의 특징이다.

① (가)   ② (나)

③ (다)   ④ (라)

24 조직문화의 중요성에 대한 내용으로 옳지 않은 것은?

① 조직문화는 기업의 전략수행에 영향을 미친다.

② 조직구성원을 사회화하는 데 영향을 미친다.

③ 신기술을 도입하거나 통합하는 경우에 영향을 미친다.

④ 조직 내 집단 간 갈등에 영향을 미치지 않는다.

25 다음 중 조직에서 업무가 배정되는 방법에 대한 설명으로 옳지 않은 것은?

① 조직의 업무는 조직 전체의 목적을 달성하기 위해 배분된다.

② 업무를 배정하면 조직을 가로로 구분하게 된다.

③ 직위는 조직의 업무체계 중 하나의 업무가 차지하는 위치이다.

④ 업무를 배정할 때에는 일의 동일성, 유사성, 관련성에 따라 이루어진다.

26 다음에 주어진 조직의 특성 중 유기적 조직에 대한 설명을 모두 고른 것은?

> ㉠ 구성원들의 업무가 분명하게 규정되어 있다.
> ㉡ 급변하는 환경에 적합하다.
> ㉢ 비공식적인 상호의사소통이 원활하게 이루어진다.
> ㉣ 엄격한 상하 간의 위계질서가 존재한다.
> ㉤ 많은 규칙과 규정이 존재한다.

① ㉠㉢

② ㉡㉢

③ ㉡㉤

④ ㉢㉣

27 다음 중 조직변화의 유형에 대한 설명으로 옳지 않은 것은?

① 조직변화는 서비스, 제품, 전략, 구조, 기술, 문화 등에서 이루어질 수 있다.

② 기존 제품이나 서비스의 문제점을 인식하고 고객의 요구에 부응하기 위한 변화를 제품·서비스 변화라 한다.

③ 새로운 기술이 도입되는 것으로 신기술이 발명되었을 때나 생산성을 높이기 위해 이루어지는 것을 전략변화라 한다.

④ 문화변화는 구성원들의 사고방식이나 가치체계를 변화시키는 것을 말한다.

28 다음은 조직구조에 대한 그림이다. (가)와 (나)에 들어갈 조직구조는?

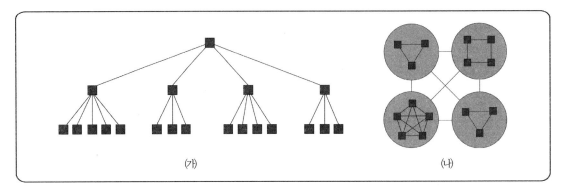

(가)

(나)

① 수평구조, 유기적 구조
② 수직구조, 기계적 구조
③ 유기적 구조, 기계적 구조
④ 기계적 구조, 유기적 구조

29 다음 중 조직목표의 특징으로 볼 수 없는 것은?

① 공식적 목표와 실제적 목표가 일치한다.
② 다수의 조직목표 추구가 가능하다.
③ 조직목표 간에 위계적 관계가 있다.
④ 조직의 구성요소와 상호관계를 가진다.

30 다음은 업무수행의 방해요인들을 관리하는 방법이다. 옳지 않은 것은?

① 메신저는 시간을 정해 놓고 정해진 시간에만 접속한다.
② 갈등이 생겼을 경우 갈등상황을 받아들이고 객관적으로 평가한다.
③ 스트레스 관리를 위해 시관 관리를 통해 업무과중을 극복한다.
④ 받은 메일에는 즉각적으로 대답한다.

31 리더와 관리자에 대한 설명으로 옳지 않은 것은?

① 관리자는 자원을 관리·분배하고 당면한 문제를 해결하나, 리더는 비전을 구축하고 그 비전이 실현되도록 환경을 조성한다.

② 관리자는 무엇을 할까에 초점을 맞추나 리더는 어떻게 할까에 초점을 맞춘다.

③ 관리자는 사람이나 물품을 관리하나, 리더는 사람의 마음에 불을 지피는 사람이다.

④ 관리자는 현재의 구체적인 문제를 대상으로 삼는데 반해, 리더는 미래의 새로운 상황을 창조한다.

32 다음에서 설명하는 리더십의 형태는 무엇인가?

> 주식회사 서원각의 편집부 팀장인 K씨는 그동안 자신의 팀이 유지해온 업무수행 상태에 문제가 있음을 판단하고 있다. 이를 개선하기 위하여 K씨는 팀에 명확한 비전을 제시하고 팀원들로 하여금 업무에 몰두할 수 있도록 격려하였다.

① 독재자 유형

② 파트너십 유형

③ 민주주의 유형

④ 변혁적 유형

33 제약회사 영업부에 근무하는 U씨는 영업부 최고의 성과를 올리는 영업사원으로 명성이 자자하다. 그러나 그런 그에게도 단점이 있었으니 그것은 바로 서류 작업을 정시에 마친 적이 없다는 것이다. U씨가 회사로 복귀하여 서류 작업을 지체하기 때문에 팀 전체의 생산성에 차질이 빚어지고 있다면 영업부 팀장인 K씨의 행동으로 올바른 것은?

① U씨의 영업실적은 뛰어나므로 다른 직원에게 서류 작업을 지시한다.

② U씨에게 퇴근 후 서류 작업을 위한 능력을 개발하라고 지시한다.

③ U씨에게 서류작업만 할 수 있는 아르바이트 직원을 붙여준다.

④ U씨로 인한 팀의 분위기를 설명하고 해결책을 찾아보라고 격려한다.

34 코칭에 대한 설명으로 옳지 않은 것은?

① 코칭은 직원들의 능력을 신뢰하며 확신하고 있다는 사실을 전제로 한다.

② 코칭은 조직의 지속적인 성장과 성공을 만들어내는 리더의 능력이라고 할 수 있다.

③ 코칭은 직원들의 의견을 적극적으로 경청하고 필요한 지원을 아끼지 않아 생산성을 향상시킬 수 있다.

④ 코칭은 명령을 내리거나 지시를 내리는 것보다 적은 시간이 소요된다.

35 협상의 의미를 바르게 연결한 것은?

① 의사소통 차원의 협상-자신이 얻고자 하는 것을 가진 사람의 호의를 쟁취하기 위한 것에 관한 지식이며 노력의 분야이다.

② 갈등해결 차원의 협상-갈등관계에 있는 이해당사자들이 대화를 통해서 갈등을 해결하고자 하는 상호작용과정이다.

③ 지식과 노력 차원의 협상-이해당사자들이 자신들의 욕구를 충족시키기 위해 상대로부터 최선의 것을 얻어내기 위해 상대를 설득하는 커뮤니케이션 과정이다.

④ 의사결정 차원의 협상-둘 이상의 이해당사자들이 여러 대안들 가운데 이해당사자들의 찬반을 통해 다수의 의견이 몰아지는 대안을 선택하는 의사결정과정이다.

36 중소기업 구매과에 근무하는 K씨는 ○○기업으로부터 부품을 구매하는 역할을 담당하고 있다. K씨가 다니는 기업은 늘 ○○기업으로부터 가장 중요한 부품인 트랜스미션을 개당 2,000원에 구입해오고 있었다. 그러던 어느 날 ○○기업이 개당 가격을 3,000원으로 올린다는 결정문을 팩스로 통보하였다. 이에 K씨는 단기적으로는 우리가 손해를 보더라도 장기적으로 ○○기업과의 관계로 보아 받아들이는 것이 낫다고 결정하였다. 다음에서 K씨가 사용한 협상전략은?

① 회피전략

② 강압전략

③ 유화전략

④ 협력전략

37 다음 중 경영참가제도의 특징으로 옳지 않은 것은?

① 사측 단독으로 문제를 해결할 수 있다.

② 경영의 민주성을 제고할 수 있다.

③ 경영의 효율성을 통제할 수 있다.

④ 경영참가, 이윤참가, 자본참가 유형이 있다.

38 21세기의 많은 기업 조직들은 불투명한 경영환경을 이겨내기 위해 많은 방법들을 활용하곤 한다. 이 중 브레인스토밍은 일정한 테마에 관하여 회의형식을 채택하고, 구성원의 자유발언을 통한 아이디어의 제시를 요구해 발상의 전환을 이루고 해법을 찾아내려는 방법인데 아래의 글을 참고하여 브레인스토밍에 관련한 것으로 보기 가장 어려운 것을 고르면?

> 전라남도는 지역 중소·벤처기업, 소상공인들이 튼튼한 지역경제의 버팀목으로 성장하도록 지원하는 정책 아이디어를 발굴하기 위해 27일 전문가 브레인스토밍 회의를 개최했다. 이날 회의는 정부의 경제성장 패러다임이 대기업 중심에서 중소·벤처기업 중심으로 전환됨에 따라 지역 차원에서 기업 지원 관련 기관, 교수, 상공인연합회, 중소기업 대표 등 관련 전문가들을 초청해 이뤄졌다. 회의에서는 중소·벤처기업, 소상공인 육성·지원과 청년창업 활성화를 위한 70여 건의 다양한 제안이 쏟아졌으며, 제안된 내용에 대해 구체적 실행 방안도 토론했다. 회의에 참석한 전문가들은 "중소·벤처기업이 변화를 주도하고, 혁신적 아이디어로 창업해 튼튼한 기업으로 성장하도록 정부와 지자체가 충분한 환경을 구축해주는 시스템의 변화가 필요하다"고 입을 모았다.

① 쉽게 실행할 수 있고, 다양한 주제를 가지고 실행할 수 있다.

② 이러한 기법의 경우 아이디어의 양보다 질에 초점을 맞춘 것으로 볼 수 있다.

③ 집단의 작은 의사결정부터 큰 의사결정까지 복잡하지 않은 절차를 통해 팀의 구성원들과 아이디어의 공유가 가능하다.

④ 비판 및 비난을 자제하는 것을 원칙으로 하고 있으므로 집단의 구성원들이 비교적 부담 없이 의견을 표출할 수 있다는 이점이 있다.

39 다음 형태의 조직을 보고 바르게 말하고 있는 사람을 모두 고른 것은?

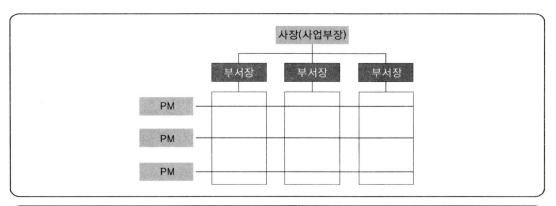

> 지영 : 환경의 불확실성이 상당히 높고 조직의 목표가 기술적 전문성 및 제품혁신, 변화가 조직
> 의 목표를 달성하는 데 중요한 경우에 적합한 구조라는 것을 알 수 있지.
> 해준 : 이러한 형태의 조직은 기존의 전통적 기능조직이 지녔던 의사결정 지연이나 수비적 경영
> 등의 단점을 보완하고 있어.
> 민지 : 서로 다른 기능부서에 속해 있는 전문 인력들이 프로젝트 관리자가 이끄는 프로젝트에서
> 함께 일하는 형태야.
> 아림 : 이러한 조직구조의 경우에 명령일원화가 이루어져 조직질서가 가장 빠르게 자리 잡히는
> 구조라 볼 수 있어.

① 지영, 해준
② 민지, 아림
③ 지영, 해준, 민지
④ 해준, 민지, 아림

40 업무를 수행하다 보면 비즈니스 상으로 만나는 경우에 선물을 할 일이 생기게 마련이다. 다음 중 중국의 선물 에티켓에 대한 내용으로 적절하지 않은 것을 고르면?

① 우산은 이별의 말뜻이 비슷하기 때문에 선물하지 않는 것이 좋다.

② 선물을 세 번 정도는 거절하는 것이 매너라 생각하므로 계속 권한다.

③ 축의금은 홀수, 부의금은 짝수로 낸다.

④ 죽음과 관련한 것 (황새와 두루미, 짚신 및 시계, 검은색, 흰색, 파란색 등이 많이 들어간 물건)
  을 선물하는 것은 좋지 않다.

06 기술능력

┃1~2┃ 다음은 어떤 수를 구하는 과정이다. 이를 보고 물음에 답하시오. (단, A와 B는 자연수이다.)

1단계 : A에 10, B에 5를 입력한다.

2단계 : A를 B로 나눈 나머지 값을 A에 저장한다.

3단계 : A와 B를 교환한다.

4단계 : B가 0이면 6단계로 진행한다.

5단계 : B가 0이 아니면 2단계로 진행한다.

6단계 : A에 저장된 수를 출력하고 프로그램을 종료한다.

1 과정을 보고 이에 대한 설명으로 옳은 것을 고르시오.

⊙ 출력되는 수는 1이다.

ⓒ 5단계는 한 번도 실행되지 않는다.

ⓒ 최대공약수를 구하는 알고리즘이다.

ⓔ A에 B보다 작은 수를 입력하면 무한 반복된다.

① ㉠, ㉡ 　　　　　　　　　　② ㉠, ㉢

③ ㉡, ㉢ 　　　　　　　　　　④ ㉡, ㉣

2 1단계에서 A에 6, B에 56이 입력되면, 2단계를 몇 번 거쳐야 프로그램이 종료하는가?

① 1번 　　　　　　　　　　② 2번

③ 3번 　　　　　　　　　　④ 4번

3 다음은 장식품 제작 공정을 나타낸 것이다. 이에 대한 설명으로 옳은 것만을 〈보기〉에서 있는 대로 고른 것은? (단, 주어진 조건 이외의 것은 고려하지 않는다)

〈조건〉
- A ~ E의 모든 공정 활동을 거쳐 제품이 생산되며, 제품 생산은 A 공정부터 시작된다.
- 각 공정은 공정 활동별 한 명의 작업자가 수행하며, 공정 간 부품의 이동 시간은 고려하지 않는다.

〈작업순서〉

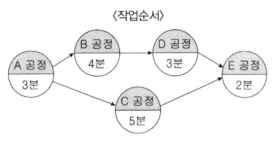

※ →는 작업의 선후 관계를 나타냄.

〈보기〉
㉠ 첫 번째 완제품은 생산 시작 12분 후에 완성된다.
㉡ 제품은 최초 생산 후 매 3분마다 한 개씩 생산될 수 있다.
㉢ C 공정의 소요 시간이 2분 지연되어도 첫 번째 완제품을 생산하는 총소요시간은 변화가 없다.

① ㉠

② ㉡

③ ㉠, ㉢

④ ㉡, ㉢

| 4~5 | 다음은 ISBN 코드와 13자리 번호체계를 설명하는 자료이다. 다음을 보고 물음에 답하시오.

ISBN 978-3-16-148410-0

9 783161 484100   5 0 9 9 8 >

국가번호   서명식별번호
↓   ↓
ISBN 978 - 3 - 16 - 148410 - 0
↑   ↑   ↑
접두부   발행자번호   체크기호

〈체크기호 계산법〉

• 1단계 - ISBN 처음 12자리 숫자에 가중치 1과 3을 번갈아 가며 곱한다.
• 2단계 - 각 가중치를 곱한 값들의 합을 계산한다.
• 3단계 - 가중치의 합을 10으로 나눈다.
• 4단계 - 3단계의 나머지 값을 10에서 뺀 값이 체크기호가 된다. 단 나머지가 0인 경우의 체크기호는 0이다.

4   빈칸 'A'에 들어갈 마지막 '체크기호'의 숫자는?

ISBN 938 - 15 - 93347 - 12 - A

① 5   ② 6
③ 7   ④ 8

5   빈칸 'B'에 들어갈 수 없는 숫자는?

ISBN 257 - 31 - 20028 - B - 3

① 10   ② 52
③ 68   ④ 94

6 다음은 K사의 드론 사용 설명서이다. 아래 부품별 기능표를 참고할 때, 360도 회전비행을 하기 위하여 조작해야 할 버튼이 순서대로 알맞게 연결된 것은?

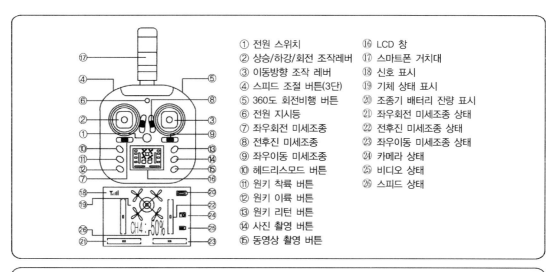

① 전원 스위치
② 상승/하강/회전 조작레버
③ 이동방향 조작 레버
④ 스피드 조절 버튼(3단)
⑤ 360도 회전비행 버튼
⑥ 전원 지시등
⑦ 좌우회전 미세조종
⑧ 전후진 미세조종
⑨ 좌우이동 미세조종
⑩ 헤드리스모드 버튼
⑪ 원키 착륙 버튼
⑫ 원키 이륙 버튼
⑬ 원키 리턴 버튼
⑭ 사진 촬영 버튼
⑮ 동영상 촬영 버튼
⑯ LCD 창
⑰ 스마트폰 거치대
⑱ 신호 표시
⑲ 기체 상태 표시
⑳ 조종기 배터리 잔량 표시
㉑ 좌우회전 미세조종 상태
㉒ 전후진 미세조종 상태
㉓ 좌우이동 미세조종 상태
㉔ 카메라 상태
㉕ 비디오 상태
㉖ 스피드 상태

360도 회전비행

팬토머는 360도 회전비행이 가능합니다.
드론이 앞/뒤/좌/우 방향으로 회전하므로
첫 회전 비행시 각별히 주의하세요.

(1) 넓고 단단하지 않은 바닥 위에서 비행하세요.
(2) 조종기의 '360도 회전비행' 버튼을 누른 후, 오른쪽 이동방향 조작 레버를 앞/뒤/좌/우 한 방향으로만 움직이세요.
(3) 360도 회전비행을 위해서는 충분한 연습이 필요합니다.

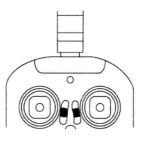

① ⑤번 버튼 – ⑤번 버튼
② ②번 버튼 – ⑤번 버튼
③ ⑤번 버튼 – ②번 버튼
④ ⑤번 버튼 – ③번 버튼

7 다음은 새로 구입한 TV에 이상이 생긴 경우 취할 수 있는 조치방법에 관한 사용자 매뉴얼의 일부 내용이다. ㉠~㉣ 중, 사용자 매뉴얼의 다른 항목 사용법을 추가로 확인해 보아야 할 필요가 없는 것은?

TV가 이상해요	이렇게 해보세요!
㉠ 화면이 전체화면으로 표시되지 않아요.	HD 채널에서 일반 화질(4:3)의 콘텐츠가 재생되면 화면 양쪽에 검은색 여백이 나타납니다. 화면 비율이 TV와 다른 영화를 감상할 때, 화면 위/아래에 검은색 여백이 생겨납니다. 외부 기기의 화면 크기를 조정하거나 TV를 전체 화면으로 설정하세요.
㉡ '지원하지 않는 모드입니다.' 라는 메시지가 나타났어요.	TV에서 지원하는 해상도인지 확인하고 이에 따라 외부 기기의 출력 해상도를 조정하세요.
㉢ TV 메뉴에서 자막이 회색으로 표시돼요.	외부 기기가 HDMI 케이블로 연결된 경우 자막 메뉴를 사용할 수 없습니다. 외부 기기의 자막 기능이 활성화돼 있어야 합니다.
㉣ 화면에 왜곡 현상이 생겨요.	특히 스포츠나 액션 영화 같은 빠르게 움직이는 화면에서 동영상 콘텐츠의 압축 때문에 화면 왜곡 현상이 나타날 수 있습니다. 신호가 약하거나 좋지 않은 신호는 화면 왜곡을 유발할 수 있으며, TV 근처(1m 이내)에 휴대폰이 있다면 아날로그와 디지털 채널의 화면에 노이즈가 발생할 수 있습니다.

① ㉠

② ㉡

③ ㉢

④ ㉣

8 다음은 어떤 개념에 대한 설명인가?

> • 하드웨어나 인간에 의해 만들어진 비자연적인 대상, 혹은 그 이상을 의미한다.
> • 노하우(know-how)를 포함한다.
> • 하드웨어를 생산하는 과정이다.
> • 인간의 능력을 확장시키기 위한 하드웨어와 그것의 활용을 뜻한다.
> • 정의 가능한 문제를 해결하기 위해 순서화되고 이해 가능한 노력이다.

① 기술   ② 공유
③ 윤리   ④ 문화

9 급속히 발전하고 있는 기술변화의 모습에 적응하고자 많은 사람들이 기술 습득의 다양한 방법을 선택하고 있다. 다음 중 'OJT를 통한 기술교육'에 대한 올바른 설명을 〈보기〉에서 모두 고른 것은?

> 〈보기〉
> (개) 학문적이면서도 최신 기술의 흐름을 반영하며 관련 산업체와의 프로젝트 활동이 가능해 실무 중심의 기술교육이 가능하다.
> (내) 피교육자인 종업원이 업무수행의 중단되는 일이 없이 업무수행에 필요한 지식ㆍ기술ㆍ능력ㆍ태도를 교육훈련 받을 수 있다.
> (대) 원하는 시간과 장소에 교육받을 수 있어 시간, 공간적 측면에서 독립적이다.
> (래) 다년간에 걸친 연수 분야의 노하우에 의한 체계적이고 현장과 밀착된 교육이 가능하다.
> (매) 시간의 낭비가 적고 조직의 필요에 합치되는 교육훈련을 할 수 있다.

① (개), (래)   ② (내), (매)
③ (개), (내), (매)   ④ (내), (대), (매)

10 다음 중 지속가능한 기술에 관한 설명으로 옳지 않은 것은?

① 이용 가능한 자원과 에너지를 고려하는 기술

② 자원이 사용되고 그것이 재생산되는 비율의 조화를 추구하는 기술

③ 자원의 양을 생각하는 기술

④ 자원이 생산적인 방식으로 사용되는가에 주의를 기울이는 기술

11 다음 글과 같은 사례에서 알 수 있는 기술의 발전상을 일컫는 말은?

> 산업혁명 당시 증기기관은 광산에서 더 많은 석탄을 캐내기 위해서(광산 갱도에 고인 물을 더 효율적으로 퍼내기 위해서) 개발되었고 그 용도에 사용되었다. 증기기관이 광산에 응용되면서 석탄 생산이 늘었고, 공장은 수력 대신 석탄과 증기기관을 동력원으로 이용했다. 이제 광산과 도시의 공장을 연결해서 석탄을 수송하기 위한 새로운 운송 기술이 필요해졌으며, 철도는 이러한 필요를 충족시킨 기술이었다.

① 기술 네트워크   ② 기술 시스템

③ 기술 혁명   ④ 기술 융합

12 다음 중 기술선택을 위해 우선순위를 결정할 때, 올바른 결정이 아닌 사례는?

① 은지 : 기업 간에 모방이 가능한 기술을 먼저 선택한다.

② 동우 : 제품의 성능이나 원가에 미치는 영향력이 큰 기술을 먼저 선택한다.

③ 주희 : 최신 기술로 진부화 될 가능성이 적은 기술을 먼저 선택한다.

④ 정진 : 기업이 생산하는 제품 및 서비스에 보다 광범위하게 활용할 수 있는 기술을 먼저 선택한다.

〈점검 및 손질〉

점검 및 손질할 때는 반드시 전원을 차단하여 주십시오. 또한 아래의 내용을 반드시 숙지하여 주시기 바랍니다.

㉠ 청소 및 점검할 때는 장갑을 착용하시고 물에 젖지 않도록 주의하시기 바랍니다.

㉡ 청소를 할 때는 절대 물을 뿌리지 마십시오. 제품 내부로 물이 스며들 경우 누전, 쇼트 및 오동작으로 감전, 제품고장 및 화재의 위험이 있습니다.

㉢ 청소를 할 때는 인화 물질 즉 신나, 벤젠 등을 절대로 사용하지 마십시오.

㉣ 제품을 절대로 분해하지 마십시오.

㉤ 유리 표면을 스크래퍼로 청소할 때는 유리의 온도가 식었을 때 하시고, 칼날에 의한 상해를 주의하십시오.

〈일상점검 및 청소 방법〉

㉠ 세라믹 유리는 부드러운 천으로 자주 닦아 주십시오. 철 수세미 등 거친 수세미 사용 시 제품 표면이 손상될 수 있습니다.

㉡ 조작부에 수분이 없도록 관리하여 주십시오.

㉢ 조리 시 넘친 음식물은 유리 표면이 충분히 식은 후 청소하여 주십시오. 이물 제거용 스크래퍼 사용은 비스듬히 하여 이물을 제거하여 주십시오. 스크래퍼 사용 시에는 칼날이 나오도록 하여 사용 하신 후 다시 칼날이 보이지 않도록 하여 보관하십시오.

㉣ 유리 표면의 오염이 제거되지 않을 때는 시중에 판매되는 전용 세재를 구입하여 부드러운 천으로 닦아 주십시오.

사용 가능	부드러운 천, 스폰지 수세미, 중성세제
사용 불가	나일론 수세미, 식용유, 산성알칼리성세제, 금속수세미, 연마제, 신나, 벤젠

〈서비스 신청 전 확인 사항〉

증상		원인	확인 사항
전원이 차단되었을 때		누전 차단 스위치 작동	• 누전 차단기를 올려 주십시오.
히터의 반복 작동		각 단계별 최고 온도를 유지하기 위해 반복 작동	• 화구의 최대 화력을 자동 제어하는 기능으로 안심하고 사용하셔도 됩니다.
조리가 안 되거나 너무 길 때		냄비의 바닥면이 평평하지 않거나 부적절한 용기를 사용할 때	• 적절한 냄비를 사용하십시오.
		유리 표면에 이물 등으로 유리 표면과 냄비의 표면에 틈이 있을 때	• 유리 표면의 이물을 제거하여 주십시오.
		화구의 위치와 냄비 위치가 맞지 않을 때	• 냄비를 화구의 둥근 원 안에 잘 맞춰 사용하십시오.
조작이 되지 않을 때		잠금기능 설정	• 잠금 기능을 해제하여 주십시오.
		조작부 오염	• 조작부의 오염을 제거하신 후 재조작하여 주십시오.
사용 중 갑자기 꺼졌을 때		누전 차단기 작동	• 과부하 원인을 제거하신 후 누전차단기를 올려 사용하십시오. 반복적으로 발생될 때는 서비스센터에 문의하시기 바랍니다.
화구의 검은 부분		발열체 센서 부위	• 발열체의 이상 발열을 방지하기 위한 센서 위치로 발열이 되지 않는 부분입니다.
자동으로 꺼졌을 때		기능 선택을 안 하셨을 때	• 전원 키를 누르신 후 일정시간 동안 기능을 선택하지 않을 때 자동으로 전원이 꺼집니다.
		타이머 기능을 사용하셨을 때	• 화구의 타이머 기능을 사용하셨을 때 시간 경과 후 자동으로 전원이 꺼집니다.
에러 표시	E1	키 눌림 에러	• 조작부에 이물 등으로 키가 일정시간 동안 감지되었을 때 이물제거 및 전원을 다시 ON시켜 주십시오.
	E2	제품 과열 에러	• 제품에 이상 과열 발생되었을 때 표시됩니다. 전원을 다시 ON시킨 후 재사용 시에도 발생되면 서비스센터에 연락바랍니다.
	E3	저온 에러	• 온도센서 단선 시 표시 됩니다. 전원을 다시 ON시킨 후 재사용 시에도 발생되면 서비스센터에 연락바랍니다.

〈무상서비스 안내〉

피해유형	보상기준	
	품질보증기간 이내	품질보증기간 경과 후
구입 후 10일 이내에 정상적인 사용상태에서 발생한 성능, 기능상의 하자로 중요한 수리를 요하는 경우	교환 또는 환불	–
구입 후 1개월 이내에 정상적인 사용상태에서 발생한 성능, 기능상의 하자로 중요한 수리를 요하는 경우	교환 또는 무상수리	–
정상적인 사용상태에서 발생한 성능, 기능상의 하자		
㉠ 하자 발생 시	무상	
㉡ 수리 불가능 시	교환 또는 환불	
㉢ 교환 불가능 시	환불	
㉣ 동일하자에 대하여 2회까지 고장 발생 시	무상	유상
㉤ 동일하자에 대하여 3회째 고장 발생 시	교환 또는 환불	
㉥ 여러 부위의 고장으로 4회 수리 후 5회째 발생 시	교환 또는 환불	
㉦ 교환한 제품이 1개월 이내에 중요한 부위의 수리를 요하는 불량 발생 시	환불	
부품 보유 기간 내 수리할 부품을 보유하고 있지 않을 경우		
㉠ 정상적인 사용상태에서 성능, 기능상의 하자로 인해 발생된 경우	교환 또는 환불	정액감가상각금액에 구매 가격의 5% 가산하여 그 금액만큼 환불 (최고한도 : 구입가격)
㉡ 소비자의 고의, 과실로 인한 고장 발생 시	유상수리금액 징수 후 교환	
소비자가 수리 의뢰한 제품을 사업자가 분실한 경우	교환 또는 환불	정액감가상각금액에 구매 가격의 10% 가산하여 그 금액만큼 환불 (최고한도 : 구입가격)
제품 구입 시 운송과정 및 제품설치 중 발생된 피해	제품교환	–
천재지변(화염, 염해, 가스, 지진, 풍수해 등)에 의한 고장이 발생하였을 경우	유상수리	유상수리
사용상 정상 마모되는 소모성 부품을 교환하는 경우		

사용전원의 이상 및 접속기기의 불량으로 인하여 고장이 발생하였을 경우	유상수리	유상수리
기타 제품자체의 하자가 아닌 외부 원인으로 인한 경우		
당사의 서비스 전문점의 수리기사가 아닌 기사의 수리 또는 개조하여 고장이 발생하였을 경우		

※ 품질보증기간 이내 '환불'은 전액 환불을 의미한다.

13 전기레인지의 점검 및 손질, 청소 방법으로 옳은 것은?

① 제품을 점검할 경우 분해하여 각각의 부품을 점검해야 한다.

② 세라믹 유리는 금속수세미를 사용하여 닦아야 한다.

③ 유리 표면의 오염이 제거되지 않을 때는 알칼리성세제를 사용해야 한다.

④ 유리 표면을 스크래퍼로 청소할 때는 유리의 온도가 식었을 때 해야 한다.

14 전기레인지 사용 중 에러 표시 E3가 나타난 원인으로 적절한 것은?

① 제품에 이상 과열이 발생되었을 때

② 온도센서가 단선 되었을 때

③ 조작부에 이물 등으로 키가 일정시간 동안 감지되었을 때

④ 화구의 위치와 냄비 위치가 맞지 않을 때

15 전기레인지의 구매 가격이 50만 원이라면 다음 보기의 상황에서 환불해 주어야 할 총 금액은(㉠ + ㉡ + ㉢) 얼마인가?

<보기>

㉠ 품질보증기간이 지난 제품을 소비자가 수리 의뢰하였으나 사업자가 분실한 경우 환불해 주어야 할 금액 (단, 정액감가상각금액은 250,000원이다)

㉡ 품질보증기간이 지난 제품에서 소비자의 과실로 인해 고장이 발생했으나 부품 보유 기간 내 수리할 부품을 보유하고 있지 않을 경우 환불해 주어야 할 금액 (단, 정액감가상각금액은 200,000원이다)

㉢ 품질보증기간 내에 교환한 제품이 1개월 이내에 중요한 부위의 수리를 요하는 불량이 발생했을 때 환불해 주어야 할 금액 (정상적인 사용상태에서 발생한 성능상의 하자이다)

① 950,000원
② 1,005,000원
③ 1,015,000원
④ 1,025,000원

16 기술혁신 과정 중 프로젝트 관리 과정에서 필요한 자질과 능력으로 옳은 것은?

① 추상화와 개념화 능력
② 아이디어의 응용에 관심
③ 업무 수행 방법에 대한 지식
④ 원만한 대인 관계 능력

17 하향식 기술선택을 위한 절차에서 사업 영역결정, 경쟁 우위 확보 방안을 수립하는 단계는?

① 중장기 사업목표 설정

② 내부 역량 분석

③ 사업 전략 수립

④ 요구기술 분석

18 다음에 설명하는 벤치마킹의 종류는?

> 프로세스에 있어 최고로 우수한 성과를 보유한 동일업종의 비경쟁적 기업을 대상으로 한다.

① 내부 벤치마킹

② 경쟁적 벤치마킹

③ 비경쟁적 벤치마킹

④ 글로벌 벤치마킹

19 다음은 서원산업의 기술적용계획표이다. ⓒ의 예로 가장 적절한 것은?

기술적용계획표	
프로젝트명	2017년 가상현실 시스템 구축

항목	평가			비교
	적절	보통	부적절	
기술적용 고려사항				
㉠ 해당 기술이 향후 기업의 성과 향상을 위해 전략적으로 중요한가?				
㉡ 해당 기술이 향후 목적과 비전에 맞추어 잠재적으로 응용가능한가?				
㉢ 해당 기술의 수명주기를 충분히 고려하여 불필요한 교체를 피하였는가?				
㉣ 해당 기술의 도입에 따른 필요비용이 예산 범위 내에서 가능한가?				
세부 기술적용 지침				
─이하 생략─				

계획표 제출일자 : 2017년 10월 20일	부서 :
계획표 작성일자 : 2017년 10월 20일	성명 : (인)

① 요즘은 모든 기술들이 단기간에 많은 발전을 이루고 있는데 우리가 도입하려고 하는 이 분야의 기술은 과연 오랫동안 유지될 수 있을까?

② 이 분야의 기술을 도입하면 이를 이용해 우리가 계획한 무인자동차나 인공지능 로봇을 만들 수도 있어.

③ 우리가 앞으로 무인자동차나 사람의 마음을 읽는 로봇 등으로 기업 성과를 내기 위해서는 이 분야의 기술이 반드시 필요해.

④ 이 분야의 기술을 도입하려면 막대한 비용이 들거야. 과연 예산 범위 내에서 충당할 수 있을까?

▌20~21 ▌ 다음은 그래프 구성 명령어 실행 예시이다. 이를 참고하여 다음의 물음에 답하시오.

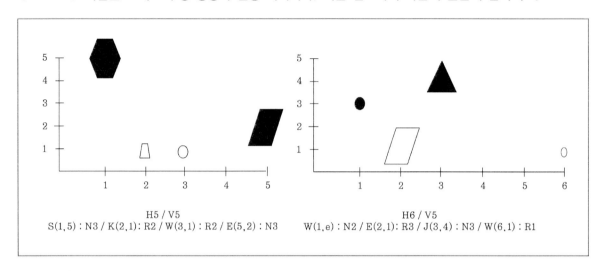

H5 / V5
S(1,5) : N3 / K(2,1) : R2 / W(3,1) : R2 / E(5,2) : N3

H6 / V5
W(1,e) : N2 / E(2,1) : R3 / J(3,4) : N3 / W(6,1) : R1

20 위의 그래프 구성 명령어 실행 예시를 통하여 알 수 있는 사항으로 올바르지 않은 것은?

① S는 육각형을 의미하며, 항상 가장 큰 크기로 표시된다.

② 가로축과 세로축이 네 칸씩 있는 그래프는 H4 / V4로 표시된다.

③ N과 R은 도형의 내부 채색 여부를 의미한다.

④ 도형의 크기는 명령어의 가장 마지막에 표시된다.

21 다음과 같은 그래프에 해당하는 그래프 구성 명령어로 올바른 것은?

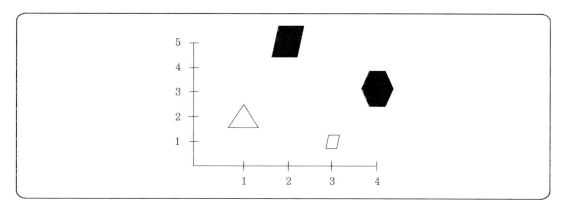

① H5 / V4

J(1,2) : N3 / E(2,5) : R3 / E(3,1) : N2 / S(4,3) : R3

② H5 / V4

J(1,2) : W3 / E(2,5) : N3 / E(3,1) : W2 / S(4,3) : N3

③ H4 / V5

J(1,2) : N3 / E(2,5) : R3 / E(3,1) : N2 / S(4,3) : R3

④ H4 / V5

J(1,2) : R3 / E(2,5) : N3 / E(3,1) : R2 / S(4,3) : N3

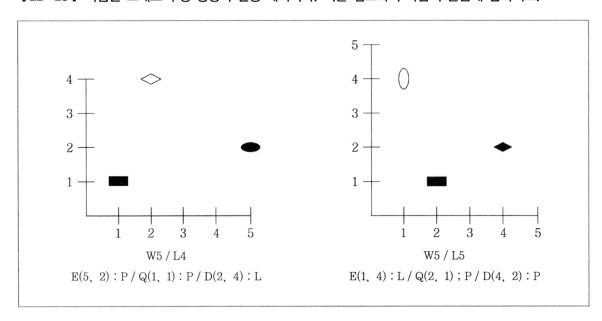

W5 / L4

E(5, 2) : P / Q(1, 1) : P / D(2, 4) : L

W5 / L5

E(1, 4) : L / Q(2, 1) ; P / D(4, 2) : P

22 다음 그래프에 알맞은 명령어는 무엇인가?

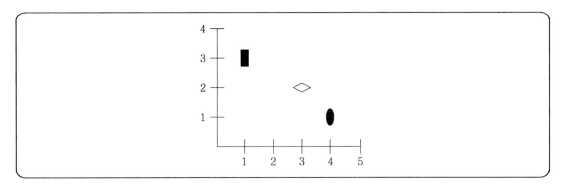

① W4 / L4

   Q(1, 3) : L / E(4, 1) : P / D(3, 2) : P

② W5 / L4

   Q(1, 3) : L / E(4, 1) : P / D(3, 2) : P

③ W4 / L4

   Q(1, 3) : P / E(4, 1) : P / D(3, 2) : L

④ W5 / L4

   Q(1, 3) : P / E(4, 1) : P / D(3, 2) : L

23 W6 / L5 Q(5, 1) : P / E(4, 5) : P / D(2, 3) : L의 그래프를 산출할 때, 오류가 발생하여 다음과 같은 그래프가 산출되었다. 다음 중 오류가 발생한 값은?

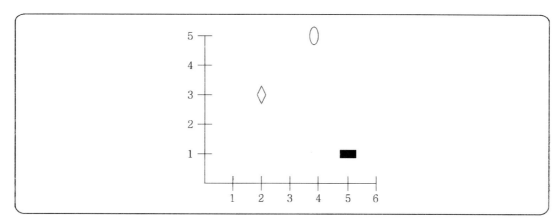

① W6 / L5

② Q(5, 1) : P

③ E(4, 5) : P

④ D(2, 3) : L

▌24~27 ▌ 다음 표를 참고하여 물음에 답하시오.

스위치	기능
♤	1번과 2번 기계를 오른쪽으로 180도 회전시킨다.
♠	1번과 3번 기계를 오른쪽으로 180도 회전시킨다.
♡	2번과 3번 기계를 오른쪽으로 180도 회전시킨다.
♥	3번과 4번 기계를 오른쪽으로 180도 회전시킨다.
♧	1번 기계와 4번 기계의 작동상태를 다른 상태로 바꾼다. (운전→정지, 정지→운전)
♣	2번 기계와 3번 기계의 작동상태를 다른 상태로 바꾼다. (운전→정지, 정지→운전)
◉	모든 기계의 작동상태를 다른 상태로 바꾼다. (운전→정지, 정지→운전)
△=운전, ▲=정지	

24 처음 상태에서 스위치를 세 번 눌렀더니 화살표 모양과 같은 상태로 바뀌었다. 어떤 스위치를 눌렀는가?

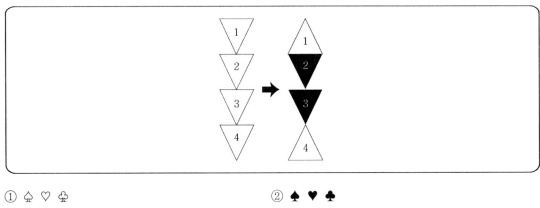

① ♤ ♡ ♧

② ♠ ♥ ♣

③ ♤ ♥ ♧

④ ♠ ♡ ♣

25 처음 상태에서 스위치를 세 번 눌렀더니 화살표 모양과 같은 상태로 바뀌었다. 어떤 스위치를 눌렀는가?

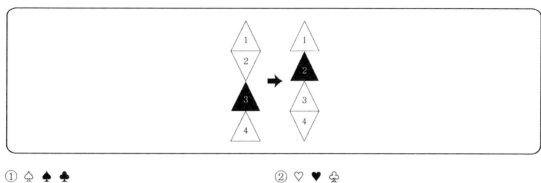

① ♤ ♠ ♣   ② ♡ ♥ ♧

③ ♡ ♥ ♣   ④ ♠ ♥ ♣

26 처음 상태에서 스위치를 세 번 눌렀더니 화살표 모양과 같은 상태로 바뀌었다. 어떤 스위치를 눌렀는가?

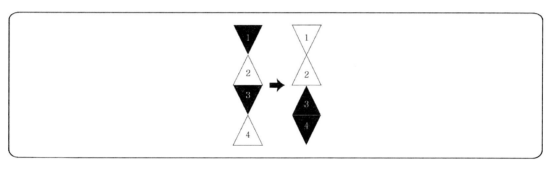

① ◉ ♡ ♤   ② ♡ ♧ ♥

③ ♥ ♧ ♣   ④ ♥ ◉ ♣

27 처음 상태에서 스위치를 세 번 눌렀더니 화살표 모양과 같은 상태로 바뀌었다. 어떤 스위치를 눌렀는가?

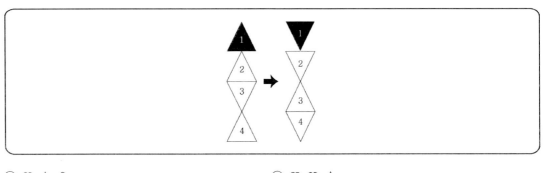

① ♡ ♠ ♣   ② ♡ ♥ ♠

③ ♥ ♡ ♣   ④ ♥ ♤ ♣

28 도형을 변환시키기 위한 기술 명령어 설명 도표를 참고하여 주어진 도형의 변화가 일어나기 위한 명령어를 선택하시오.

〈기술 명령어〉	
스위치	기능
★	1번, 3번 도형을 시계 방향으로 90도 회전함
☆	2번, 4번 도형을 시계 방향으로 90도 회전함
▲	1번, 2번 도형을 시계 반대 방향으로 90도 회전함
△	3번, 4번 도형을 시계 반대 방향으로 90도 회전함

※ 위에서부터 아래 도형으로 1, 2, 3, 4번

〈세 번의 스위치를 누른 후의 도형 변화〉

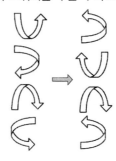

① ▲, ★, △　　　　　　　　　② ★, ☆, ★

③ △, ▲, ★　　　　　　　　　④ ☆, ▲, ☆

29　다음에서 언급한 기술혁신의 특징으로 적절하지 않은 것은?

> 이 개념은 동일한 생산 요소의 투입량으로 보다 많은 생산물의 산출을 가능하게 하거나, 신종 재화나 서비스를 생산 가능하게 하는 생산 기술의 개량을 말한다. 슘페터(Schumpeter, J. A.)는 "혁신가들은 미래를 보는 눈을 가지며, 변화에 대한 장애를 극복하는 용기와 능력을 지님으로써 혁신을 성취하여 경제 성장의 원동력을 이룬다."고 하여 기술혁신의 중요성을 강조하였다. 기술혁신은 기술의 발전뿐만 아니라 새로운 시장의 개척, 상품 공급방식의 변경 등 경제에 충격을 주어 변동을 야기시키고, 이것에 의해 끊임없는 이윤 동기를 낳게 한다. 일반적으로 기술혁신은 설비 투자의 확대를 수반하여 호황을 가져오고, 노동 생산성을 향상시키며, 새로운 제품이 보다 질 좋고 값싸게 생산되어 새로운 산업의 성립과 기존 산업에 변혁을 일으키게 함으로써 수요 구조와 패턴을 변화시킨다. 그러므로 기술혁신은 자본주의 경제 발전의 원동력이라 할 수 있다.

① 기술혁신은 지식 집약적인 활동이다.

② 기술혁신은 조직의 경계를 넘나드는 특성을 갖고 있다.

③ 기술혁신은 그 과정 자체가 매우 불확실해서 단기간의 시간을 필요로 한다.

④ 혁신 과정의 불확실성과 모호함은 기업 내에서 많은 논쟁과 갈등을 유발한다.

오류 메시지가 발생했을 때에는 아래의 방법으로 대처하세요.

오류메시지	대처방법
렌즈가 잠겨 있습니다.	줌 렌즈가 닫혀 있습니다. 줌 링을 반시계 방향으로 딸깍 소리가 날 때까지 돌리세요.
메모리 카드 오류!	• 전원을 껐다가 다시 켜세요. • 메모리 카드를 뺐다가 다시 넣으세요. • 메모리 카드를 포맷하세요.
배터리를 교환하십시오.	충전된 배터리롤 교체하거나 배터리를 충전하세요.
사진 파일이 없습니다.	사진을 촬영한 후 또는 촬영한 사진이 있는 메모리 카드를 넣을 후 재생 모드를 실행하세요.
저장 공간이 없습니다.	잘못된 파일을 삭제하거나 새 메모리 카드를 넣으세요.
저장 공간이 없습니다.	필요 없는 파일을 삭제하거나 새 메모리 카드를 넣으세요.
카드가 잠겨 있습니다.	SD, SDHC, SDXC, UHS-1 메모리 카드에는 잠금 스위치가 있습니다. 잠금 상태를 확인한 후 잠금을 해제하세요.
폴더 및 파일 번호가 최댓값입니다. 카드를 교환해주세요.	메모리카드의 파일명이 DCF 규격에 맞지 않습니다. 메모리 카드에 저장된 파일은 컴퓨터에 옮기고 메모리 카드를 포맷한 후 사용하세요.
Error 00	카메라의 전원을 끄고, 렌즈를 분리한 후 재결합하세요. 동일한 메시지가 나오는 경우 가까운 서비스 센터로 문의하세요.
Error 01/02	카메라의 전원을 끄고, 배터리를 뺐다가 다시 넣으세요. 동일한 메시지가 나오는 경우 가까운 서비스 센터로 문의하세요.

30 카메라를 작동하던 중 다음과 같은 메시지가 나타났을 때 대처방법으로 가장 적절한 것은?

> Error 00

① 카메라의 전원을 끄고 줌 링을 반시계 방향으로 돌린다.
② 카메라의 전원을 끄고 렌즈를 분리한 후 재결합한다.
③ 메모리 카드를 뺐다가 다시 넣는다.
④ 배터리를 뺐다가 다시 넣는다.

31 카메라를 작동하던 중 '메모리 카드 오류!'라는 메시지가 뜰 경우 적절한 대처방법으로 가장 옳은 것은?

① 카메라의 전원을 끄고 렌즈를 분리했다가 재결합한다.
② 충전된 배터리로 교체하거나 배터리를 충전한다.
③ 메모리 카드를 뺐다가 다시 넣는다.
④ 가까운 서비스 센터로 문의한다.

L씨는 도서출판 서원각의 편집부에 인턴사원으로 입사하였다. L씨는 선임 직원인 지은씨로부터 다음과 같은 사내 연락망을 전달 받았다.

〈사내 연락망〉

한글편집팀(대표번호:1420)		편집기획팀(대표번호:2420)	
이름	직통	이름	직통
이○미팀장	1400	김수○팀장	2400
이미○	1421	신○근대리	2410
최○정	1422	류○은	2421
디자인팀(대표번호:3420)		L씨	2422
정○정팀장	3400		
이혜○	3421		
김○숙	3422		

도서출판 서원각 (tel : 070-1234-직통번호)

당겨받기 : 수화기를 들고+#+#

사내통화 : 내선번호

돌려주기 : #+내선번호+#+연결 확인 후 끊기

전화를 받았을 경우 : 안녕하십니까? 도서출판 서원각 ○○팀 ○○○입니다.

32 L씨가 사내 연락망을 살펴보는 과정에서 직통번호에 일정한 규칙이 있음을 발견하였다. 이 규칙은 자릿수에 적용되어 있다. 이 규칙은 무엇인가?

① 첫 번째 자릿수는 부서를 나타낸다.

② 두 번째 자릿수는 근무년수를 나타낸다.

③ 세 번째 자릿수는 나이를 나타낸다.

④ 네 번째 자릿수는 직위를 나타낸다.

33 도서출판 서원각의 직통번호 중 세 번째 자릿수가 나타내는 것은 무엇인가?

① 근속연수

② 직위

③ 나이

④ 부서

▮34~35▮ 효율적인 업무를 위해 새롭게 문서 세단기를 구입한 총무팀에서는 제품을 설치하여 사용 중이다. 다음은 문서 세단기 옆 벽면에 게시되어 있는 사용설명서이다. 사용설명서의 내용을 바탕으로 이어지는 물음에 답하시오.

〈사용 방법〉

1. 전원 코드를 콘센트에 연결해 주세요.
2. 기기의 프런트 도어를 연 후 전원 스위치를 켜 주세요.
3. 프런트 도어를 닫은 후 'OLED 표시부'에 '세단대기'가 표시되면 세단할 문서를 문서투입구에 넣어주세요. (CD 및 카드는 CD 투입구에 넣어주세요.)
4. 절전모드 실행 중에는 전원버튼을 눌러 켠 후 문서를 넣어주세요.
5. 'OLED 표시부'에 부하량이 표시되면서 완료되면 '세단완료'가 표시됩니다.

〈사용 시 주의사항〉

1. 투입부에 종이 이외는 투입하지 마세요.
2. 부품에 물기가 묻지 않도록 주의하세요.
3. 넥타이 및 옷소매 등이 투입부에 말려들어가지 않도록 주의하세요.
4. 가스나 기타 인화물질 근처에서는 사용하지 마세요.
5. '파지비움' 표시의 경우 파지함을 비워주세요.
6. 세단량이 많을 경우 고장의 원인이 되므로 적정량을 투입하세요.
7. 세단량이 많아 '모터과열'이 표시되는 경우 모터 보호를 위해 정상적으로 멈추는 것이니 30분 정도 중지 후 다시 사용하세요.

〈고장신고 전 OLED 표시부 확인사항〉

증상	조치
1. 전원버튼을 눌러도 제품이 동작하지 않을 때 2. 전원스위치가 ON인데도 동작하지 않을 때	◆ 전원코드가 꽂혀있는지 확인합니다. ◆ 프런트 도어를 열고 전원스위치가 ON으로 되어 있는지 확인합니다.
3. 자동 역회전 후 '세단포기'가 표시되면서 제품이 정지했을 때	◆ 투입구에서 문서를 꺼낸 후 적정량만 투입합니다.
4. '모터과열'이 표시되면서 제품이 정지했을 때	◆ 과도한 투입 및 장시간 연속동작 시 모터가 과열되어 제품이 멈춘 상태이니 전원을 끄고 30분 후 사용합니다.
5. '파지비움'이 표시되면서 제품이 정지했을 때	◆ '프런트 도어'가 표시되면 프런트 도어를 열고 파지함을 비워줍니다. ◆ 파지함을 비워도 '파지비움' 표시가 없어지지 않으면 (파지 감지스위치에 이물질이 쌓여있을 수 있습니다.) 파지 감지판을 흔들어 이물질을 제거합니다.
6. 문서를 투입하지 않았는데 자동으로 제품이 동작될 경우	◆ 투입구 안쪽으로 문서가 걸려있는 경우 종이 2~3장을 여러 번 접어 안쪽에 걸려있는 문서를 밀어 넣습니다.
7. 전원을 켰을 때 '세단대기'가 표시되지 않고 세팅화면이 표시될 때	◆ 전원버튼을 길게 눌러 세팅모드에서 빠져 나옵니다.

34 다음 중 문서 세단기가 정상 작동하지 않는 원인이 아닌 것은?

① 파지를 비우지 않아 파지함이 꽉 찼을 경우

② 투입구 안쪽에 문서가 걸려있을 경우

③ 절전모드에서 전원버튼을 눌렀을 경우

④ 문서투입구에 CD가 투입될 경우

35 다음의 OLED 표시부 표시 내용 중 성격이 나머지와 다른 것은?

① 세단대기

② 파지비움

③ 모터과열

④ 프런트 도어

36 다음에서 설명하고 있는 법칙은?

> 통신망 사용자에 대한 효용성을 나타내는 망의 가치는 대체로 사용자 수의 제곱에 비례한다는 법칙이다. 네트워크의 규모가 n이면 접속 가능한 경우의 수는 h(n−1)인 데서 기인힌다. 미국의 3Com사의 설립자 Bob Metcalfe의 이름에서 유래했다.

① 무어의 법칙
② 메트칼피의 법칙
③ 세이의 법칙
④ 카오의 법칙

37 다음에서 설명하고 있는 개념의 특징으로 보기 어려운 것은?

> OJT(On The Job raining)는 직장 내 교육 및 훈련이다. 종업원과 경영자가 직무를 수행함으로써 기업목적달성에 기여하는 동시에, 직무에 대한 훈련을 받도록 하는 제도다.

① 기업의 필요에 합치되는 교육훈련을 할 수 있다.
② 지도자와 피교육자 사이에 친밀감을 조성한다.
③ 업무수행이 중단되는 일이 없다.
④ 교육훈련 내용의 체계화가 간단한다.

▎38～39▎ 다음은 테블릿 PC의 사용설명서이다. 이를 보고 물음에 답하시오.

<표>

<고장이라고 생각하기 전에>

이런 증상일 때는?	이렇게 확인하세요.
제품 사용 중 입력이 되지 않거나 화면이 멈추고 꺼질 때	잠금/전원 버튼을 8초 이상 누를 경우 자동 전원 리셋되며, 작동하지 않을 경우 15초 이상 누르면 전원이 꺼집니다. 제품의 전원을 끈 후 다시 켤 때는 약 5초 정도 경과 후 켜 주세요. 그래도 변함이 없다면 배터리를 충분히 충전시킨 후 사용해 보거나 고객상담실로 문의 후 가까운 서비스센터에서 제품확인을 받으세요.
제품에서 열이 날 때	게임, 인터넷 등을 오래 사용하면 열이 발생할 수도 있습니다. 제품의 수명과 성능에는 영향이 없습니다.
충전 중 터치 오작동 또는 동작 안 할 때	미 인증 충전기 사용 시 발생할 수 있습니다. 제품 구매 시 제공된 충전기를 사용하세요.
배터리가 충분히 남았는데 제품이 켜지지 않을 때	고객상담실로 문의 후 가까운 서비스센터에서 제품 확인을 받으세요.
제품에 있는 데이터가 지워졌을 때	제품 재설정, 고장 등으로 인해 데이터가 손상된 경우에 백업한 데이터가 없으면 복원할 수 없습니다. 이를 대비하여 미리 데이터를 백업하세요. 제조업체는 데이터 유실에 대한 피해를 책임지지 않으니 주의하세요.
사진을 찍으려는데 화면이 깨끗하지 않을 때	카메라 렌즈에 이물질이 묻어 있을 수 있으니 부드러운 천으로 깨끗이 닦은 후, 사용해 보세요.
사용 중 화면이 어두워질 때	제품 온도가 너무 높거나, 배터리 레벨이 낮아지면 사용자 안전과 절전을 위해 화면 밝기가 제한될 수 있습니다. 제품 사용을 잠시 중단하고 배터리 충전 후 재사용 해 주시기 바랍니다.
사진/동영상, 멀티미디어 콘텐츠가 재생되지 않을 때	부가 서비스 업체에서 공식 제공된 콘텐츠를 지원합니다. 그 외 인터넷을 통해 유포되는 콘텐츠(동영상, 배경화면 등)는 재생되지 않을 수 있습니다.
충전전류 약함 현상 알림 문구가 뜰 때	USB케이블로 PC와 제품을 연결해서 충전을 하는 경우 또는 비정품 충전기로 충전을 하는 경우 전류량이 낮아 충전이 늦어질 수 있어 충전 지연 현상 알림 문구가 표시됩니다. 제품 구매 시 제공된 정품 충전기로 충전하세요. 정품 충전기 사용 시 충전 지연 현상 알림 문구는 표시되지 않습니다.

38 제품을 사용하다 갑자기 화면이 멈추고 꺼질 경우 이에 대한 대처방법으로 적절한 것은?

① 제품 온도가 너무 높을 경우이므로 제품사용을 잠시 중단한다.

② 제품구매시 제공된 정품 충전기를 사용하여 충전한다.

③ 전원을 끈 후 5초 후 다시 켠다.

④ 오래 사용한 것이므로 잠시 제품사용을 중단한다.

39 배터리가 충분히 남아있는데도 불구하고 전원이 켜지지 않을 경우 이에 대한 대처방법으로 적절한 것은?

① 고객상담실로 문의 후 가까운 서비스센터를 방문한다.

② 정품 충전기를 사용하여 다시 충전을 한다.

③ 전원버튼을 8초 이상 눌러 리셋을 시킨다.

④ 전원버튼을 15초 이상 눌러 완전히 전원을 끈 후 다시 켠다.

40 다음의 사례를 참고할 때, '모방'과 '벤치마킹'의 가장 핵심적인 차이점이라고 볼 수 있는 것은?

> 길동이는 독특한 이름과 디자인으로 인기를 얻어 전국에 수십 개의 카페 가맹점을 냈다. 그러나 그 과정에서 평소 신뢰하던 직원들이 퇴사 후 비슷한 콘셉트로 가맹 본사를 창업하여 경쟁자가 되는 일도 겪었고, 경쟁 브랜드에서 디자인을 베껴 사용하는 일도 많았다. 그러나 그렇게 창업한 직원들은 얼마 가지 않아 카페 문을 닫게 되었고, 그들이 내세운 브랜드는 대중에게 각인되기도 전에 사라지게 되었다.

① 원형 제공자의 가치와 철학까지도 함께 모방하는 것이 벤치마킹이다.

② 자신에게 가장 잘 맞는 방식으로 재구성, 재창조하는 작업을 필요로 하는 것이 벤치마킹이다.

③ 방법만을 똑같이 하는 데에 그치지 말고 주체가 되는 사람까지 개선되느냐 여부가 중요하다.

④ 벤치마킹은 언제나 창조를 그 바탕으로 하여 부수적인 것들의 모방에 국한되어야 한다.

PART

IV

인성검사

01 인성검사의 개요

1 인성(성격)검사의 개념과 목적

인성(성격)이란 개인을 특징짓는 평범하고 일상적인 사회적 이미지, 즉 지속적이고 일관된 공적 성격(Public – personality)이며, 환경에 대응함으로써 선천적 · 후천적 요소의 상호작용으로 결정화된 심리적 · 사회적 특성 및 경향을 의미한다.

인성검사는 직무적성검사를 실시하는 대부분의 기업체에서 병행하여 실시하고 있으며, 인성검사만 독자적으로 실시하는 기업도 있다.

기업체에서는 인성검사를 통하여 각 개인이 어떠한 성격 특성이 발달되어 있고, 어떤 특성이 얼마나 부족한지, 그것이 해당 직무의 특성 및 조직문화와 얼마나 맞는지를 알아보고 이에 적합한 인재를 선발하고자 한다. 또한 개인에게 적합한 직무 배분과 부족한 부분을 교육을 통해 보완하도록 할수 있다.

인성검사의 측정요소는 검사방법에 따라 차이가 있다. 또한 각 기업체들이 사용하고 있는 인성검사는 기존에 개발된 인성검사방법에 각 기업체의 인재상을 적용하여 자신들에게 적합하게 재개발하여 사용하는 경우가 많다. 그러므로 기업체에서 요구하는 인재상을 파악하여 그에 따른 대비책을 준비하는 것이 바람직하다. 본서에서 제시된 인성검사는 크게 '특성'과 '유형'의 측면에서 측정하게 된다.

2 성격의 특성

(1) 정서적 측면

정서적 측면은 평소 마음의 당연시하는 자세나 정신상태가 얼마나 안정하고 있는지 또는 불안정한지를 측정한다.

정서의 상태는 직무수행이나 대인관계와 관련하여 태도나 행동으로 드러난다. 그러므로 정서적 측면을 측정하는 것에 의해, 장래 조직 내의 인간관계에 어느 정도 잘 적응할 수 있을까(또는 적응하지 못할까)를 예측하는 것이 가능하다.

그렇기 때문에, 정서적 측면의 결과는 채용 시에 상당히 중시된다. 아무리 능력이 좋아도 장기적으로 조직 내의 인간관계에 잘 적응할 수 없다고 판단되는 인재는 기본적으로는 채용되지 않는다.

일반적으로 인성(성격)검사는 채용과는 관계없다고 생각하나 정서적으로 조직에 적응하지 못하는 인재는 채용단계에서 가려내지는 것을 유의하여야 한다.

① **민감성**(신경도) ··· 꼼꼼함, 섬세함, 성실함 등의 요소를 통해 일반적으로 신경질적인지 또는 자신의 존재를 위협받는다는 불안을 갖기 쉬운지를 측정한다.

질문	그렇다	약간 그렇다	그저 그렇다	별로 그렇지 않다	그렇지 않다
• 남을 잘 배려한다고 생각한다. • 어질러진 방에 있으면 불안하다. • 실패 후에는 불안하다. • 세세한 것까지 신경 쓴다. • 이유 없이 불안할 때가 있다.					

▶측정결과

㉠ '그렇다'가 많은 경우(상처받기 쉬운 유형) : 사소한 일에 신경쓰고 다른 사람의 사소한 한마디 말에 상처를 받기 쉽다.
  • 면접관의 심리 : '동료들과 잘 지낼 수 있을까?', '실패할 때마다 위축되지 않을까?'
  • 면접대책 : 다소 신경질적이라도 능력을 발휘할 수 있다는 평가를 얻도록 한다. 주변과 충분한 의사소통이 가능하고, 결정한 것을 실행할 수 있다는 것을 보여주어야 한다.

㉡ '그렇지 않다'가 많은 경우(정신적으로 안정적인 유형) : 사소한 일에 신경쓰지 않고 금방 해결하며, 주위 사람의 말에 과민하게 반응하지 않는다.
  • 면접관의 심리 : '계약할 때 필요한 유형이고, 사고 발생에도 유연하게 대처할 수 있다.'
  • 면접대책 : 일반적으로 '민감성'의 측정치가 낮으면 플러스 평가를 받으므로 더욱 자신감 있는 모습을 보여준다.

② **자책성(과민도)** ··· 자신을 비난하거나 책망하는 정도를 측정한다.

질문	그렇다	약간 그렇다	그저 그렇다	별로 그렇지 않다	그렇지 않다
• 후회하는 일이 많다. • 자신이 하찮은 존재라 생각된다. • 문제가 발생하면 자기의 탓이라고 생각한다. • 무슨 일이든지 끙끙대며 진행하는 경향이 있다. • 온순한 편이다.					

▶측정결과

㉠ '그렇다'가 많은 경우(자책하는 유형) : 비관적이고 후회하는 유형이다.
 • 면접관의 심리 : '끙끙대며 괴로워하고, 일을 진행하지 못할 것 같다.'
 • 면접대책 : 기분이 저조해도 항상 의욕을 가지고 생활하는 것과 책임감이 강하다는 것을 보여준다.
㉡ '그렇지 않다'가 많은 경우(낙천적인 유형) : 기분이 항상 밝은 편이다.
 • 면접관의 심리 : '안정된 대인관계를 맺을 수 있고, 외부의 압력에도 흔들리지 않는다.'
 • 면접대책 : 일반적으로 '자책성'의 측정치가 낮아야 좋은 평가를 받는다.

③ **기분성(불안도)** ··· 기분의 굴곡이나 감정적인 면의 미숙함이 어느 정도인지를 측정하는 것이다.

질문	그렇다	약간 그렇다	그저 그렇다	별로 그렇지 않다	그렇지 않다
• 다른 사람의 의견에 자신의 결정이 흔들리는 경우가 많다. • 기분이 쉽게 변한다. • 종종 후회한다. • 다른 사람보다 의지가 약한 편이라고 생각한다. • 금방 싫증을 내는 성격이라는 말을 자주 듣는다.					

▶측정결과

㉠ '그렇다'가 많은 경우(감정의 기복이 많은 유형) : 의지력보다 기분에 따라 행동하기 쉽다.
  • 면접관의 심리 : '감정적인 것에 약하며, 상황에 따라 생산성이 떨어지지 않을까?'
  • 면접대책 : 주변 사람들과 항상 협조한다는 것을 강조하고 한결같은 상태로 일할 수 있다는 평가를 받도록 한다.
㉡ '그렇지 않다'가 많은 경우(감정의 기복이 적은 유형) : 감정의 기복이 없고, 안정적이다.
  • 면접관의 심리 : '안정적으로 업무에 임할 수 있다.'
  • 면접대책 : 기분성의 측정치가 낮으면 플러스 평가를 받으므로 자신감을 가지고 면접에 임한다.

④ **독자성**(개인도) … 주변에 대한 견해나 관심, 자신의 견해나 생각에 어느 정도의 속박감을 가지고 있는지를 측정한다.

질문	그렇다	약간 그렇다	그저 그렇다	별로 그렇지 않다	그렇지 않다
• 창의적 사고방식을 가지고 있다.					
• 융통성이 있는 편이다.					
• 혼자 있는 편이 많은 사람과 있는 것보다 편하다.					
• 개성적이라는 말을 듣는다.					
• 교제는 번거로운 것이라고 생각하는 경우가 많다.					

▶측정결과

㉠ '그렇다'가 많은 경우 : 자기의 관점을 중요하게 생각하는 유형으로, 주위의 상황보다 자신의 느낌과 생각을 중시한다.
  • 면접관의 심리 : '제멋대로 행동하지 않을까?'
  • 면접대책 : 주위 사람과 협조하여 일을 진행할 수 있다는 것과 상식에 얽매이지 않는다는 인상을 심어준다.
㉡ '그렇지 않다'가 많은 경우 : 상식적으로 행동하고 주변 사람의 시선에 신경을 쓴다.
  • 면접관의 심리 : '다른 직원들과 협조하여 업무를 진행할 수 있겠다.'
  • 면접대책 : 협조성이 요구되는 기업체에서는 플러스 평가를 받을 수 있다.

⑤ **자신감**(자존심도) … 자기 자신에 대해 얼마나 긍정적으로 평가하는지를 측정한다.

질문	그렇다	약간 그렇다	그저 그렇다	별로 그렇지 않다	그렇지 않다
• 다른 사람보다 능력이 뛰어나다고 생각한다. • 다소 반대의견이 있어도 나만의 생각으로 행동할 수 있다. • 나는 다른 사람보다 기가 센 편이다. • 동료가 나를 모욕해도 무시할 수 있다. • 대개의 일을 목적한 대로 헤쳐나갈 수 있다고 생각한다.					

▶측정결과

㉠ '그렇다'가 많은 경우 : 자기 능력이나 외모 등에 자신감이 있고, 비판당하는 것을 좋아하지 않는다.
  • 면접관의 심리 : '자만하여 지시에 잘 따를 수 있을까?'
  • 면접대책 : 다른 사람의 조언을 잘 받아들이고, 겸허하게 반성하는 면이 있다는 것을 보여주고, 동료들과 잘 지내며 리더의 자질이 있다는 것을 강조한다.

㉡ '그렇지 않다'가 많은 경우 : 자신감이 없고 다른 사람의 비판에 약하다.
  • 면접관의 심리 : '패기가 부족하지 않을까?', '쉽게 좌절하지 않을까?'
  • 면접대책 : 극도의 자신감 부족으로 평가되지는 않는다. 그러나 마음이 약한 면은 있지만 의욕적으로 일을 하겠다는 마음가짐을 보여준다.

⑥ **고양성**(분위기에 들뜨는 정도) … 자유분방함, 명랑함과 같이 감정(기분)의 높고 낮음의 정도를 측정한다.

질문	그렇다	약간 그렇다	그저 그렇다	별로 그렇지 않다	그렇지 않다
• 침착하지 못한 편이다. • 다른 사람보다 쉽게 우쭐해진다. • 모든 사람이 아는 유명인사가 되고 싶다. • 모임이나 집단에서 분위기를 이끄는 편이다. • 취미 등이 오랫동안 지속되지 않는 편이다.					

▶측정결과

㉠ '그렇다'가 많은 경우 : 자극이나 변화가 있는 일상을 원하고 기분을 들뜨게 하는 사람과 친밀하게 지내는 경향이 강하다.
- 면접관의 심리 : '일을 진행하는 데 변덕스럽지 않을까?'
- 면접대책 : 밝은 태도는 플러스 평가를 받을 수 있지만, 착실한 업무능력이 요구되는 직종에서는 마이너스 평가가 될 수 있다. 따라서 자기조절이 가능하다는 것을 보여준다.

㉡ '그렇지 않다'가 많은 경우 : 감정이 항상 일정하고, 속을 드러내 보이지 않는다.
- 면접관의 심리 : '안정적인 업무 태도를 기대할 수 있겠다.'
- 면접대책 : '고양성'의 낮음은 대체로 플러스 평가를 받을 수 있다. 그러나 '무엇을 생각하고 있는지 모르겠다' 등의 평을 듣지 않도록 주의한다.

⑦ 허위성(진위성) … 필요 이상으로 자기를 좋게 보이려 하거나 기업체가 원하는 '이상형'에 맞춘 대답을 하고 있는지, 없는지를 측정한다.

질문	그렇다	약간 그렇다	그저 그렇다	별로 그렇지 않다	그렇지 않다
• 약속을 깨뜨린 적이 한 번도 없다. • 다른 사람을 부럽다고 생각해 본 적이 없다. • 꾸지람을 들은 적이 없다. • 사람을 미워한 적이 없다. • 화를 낸 적이 한 번도 없다.					

▶측정결과

㉠ '그렇다'가 많은 경우 : 실제의 자기와는 다른, 말하자면 원칙으로 해답할 가능성이 있다.
- 면접관의 심리 : '거짓을 말하고 있다.'
- 면접대책 : 조금이라도 좋게 보이려고 하는 '거짓말쟁이'로 평가될 수 있다. '거짓을 말하고 있다.'는 마음 따위가 전혀 없다 해도 결과적으로는 정직하게 답하지 않는다는 것이 되어 버린다. '허위성'의 측정 질문은 구분되지 않고 다른 질문 중에 섞여 있다. 그러므로 모든 질문에 솔직하게 답하여야 한다. 또한 자기 자신과 너무 동떨어진 이미지로 답하면 좋은 결과를 얻지 못한다. 그리고 면접에서 '허위성을 기본으로 한 질문을 받게 되므로 당황하거나 또 다른 모순된 답변을 하게 된다. 겉치레를 하거나 무리한 욕심을 부리지 말고 '이런 사회인이 되고 싶다.'는 현재의 자신보다, 조금 성장한 자신을 표현하는 정도가 적당하다.

㉡ '그렇지 않다'가 많은 경우 : 냉정하고 정직하며, 외부의 압력과 스트레스에 강한 유형이다. '대쪽 같음'의 이미지가 굳어지지 않도록 주의한다.

(2) 행동적인 측면

행동적 측면은 인격 중에 특히 행동으로 드러나기 쉬운 측면을 측정한다. 사람의 행동 특징 자체에는 선도 악도 없으나, 일반적으로는 일의 내용에 의해 원하는 행동이 있다. 때문에 행동적 측면은 주로 직종과 깊은 관계가 있는데 자신의 행동 특성을 살려 적합한 직종을 선택한다면 플러스가 될 수 있다.

행동 특성에서 보여 지는 특징은 면접장면에서도 드러나기 쉬운데 본서의 모의 TEST의 결과를 참고하여 자신의 태도, 행동이 면접관의 시선에 어떻게 비치는지를 점검하도록 한다.

① **사회적 내향성** … 대인관계에서 나타나는 행동경향으로 '낯가림'을 측정한다.

질문	선택
A : 파티에서는 사람을 소개받는 편이다. B : 파티에서는 사람을 소개하는 편이다.	
A : 처음 보는 사람과는 어색하게 시간을 보내는 편이다. B : 처음 보는 사람과는 즐거운 시간을 보내는 편이다.	
A : 친구가 적은 편이다. B : 친구가 많은 편이다.	
A : 자신의 의견을 말하는 경우가 적다. B : 자신의 의견을 말하는 경우가 많다.	
A : 사교적인 모임에 참석하는 것을 좋아하지 않는다. B : 사교적인 모임에 항상 참석한다.	

▶측정결과

㉠ 'A'가 많은 경우 : 내성적이고 사람들과 접하는 것에 소극적이다. 자신의 의견을 말하지 않고 조심스러운 편이다.
• 면접관의 심리 : '소극적인데 동료와 잘 지낼 수 있을까?'
• 면접대책 : 대인관계를 맺는 것을 싫어하지 않고 의욕적으로 일을 할 수 있다는 것을 보여준다.

㉡ 'B'가 많은 경우 : 사교적이고 자기의 생각을 명확하게 전달할 수 있다.
• 면접관의 심리 : '사교적이고 활동적인 것은 좋지만, 자기주장이 너무 강하지 않을까?'
• 면접대책 : 협조성을 보여주고, 자기주장이 너무 강하다는 인상을 주지 않도록 주의한다.

② **내성성**(침착도) ··· 자신의 행동과 일에 대해 침착하게 생각하는 정도를 측정한다.

질문	선택
A : 시간이 걸려도 침착하게 생각하는 경우가 많다. B : 짧은 시간에 결정을 하는 경우가 많다.	
A : 실패의 원인을 찾고 반성하는 편이다. B : 실패를 해도 그다지(별로) 개의치 않는다.	
A : 결론이 도출되어도 몇 번 정도 생각을 바꾼다. B : 결론이 도출되면 신속하게 행동으로 옮긴다.	
A : 여러 가지 생각하는 것이 능숙하다. B : 여러 가지 일을 재빨리 능숙하게 처리하는 데 익숙하다.	
A : 여러 가지 측면에서 사물을 검토한다. B : 행동한 후 생각을 한다.	

▶측정결과

㉠ 'A'가 많은 경우 : 행동하기 보다는 생각하는 것을 좋아하고 신중하게 계획을 세워 실행한다.

• 면접관의 심리 : '행동으로 실천하지 못하고, 대응이 늦은 경향이 있지 않을까?'

• 면접대책 : 발로 뛰는 것을 좋아하고, 일을 더디게 한다는 인상을 주지 않도록 한다.

㉡ 'B'가 많은 경우 : 차분하게 생각하는 것보다 우선 행동하는 유형이다.

• 면접관의 심리 : '생각하는 것을 싫어하고 경솔한 행동을 하지 않을까?'

• 면접대책 : 계획을 세우고 행동할 수 있는 것을 보여주고 '사려 깊다'라는 인상을 남기도록 한다.

③ **신체활동성** ··· 몸을 움직이는 것을 좋아하는가를 측정한다.

질문	선택
A : 민첩하게 활동하는 편이다. B : 준비행동이 없는 편이다.	
A : 일을 척척 해치우는 편이다. B : 일을 더디게 처리하는 편이다.	
A : 활발하다는 말을 듣는다. B : 얌전하다는 말을 듣는다.	
A : 몸을 움직이는 것을 좋아한다. B : 가만히 있는 것을 좋아한다.	
A : 스포츠를 하는 것을 즐긴다. B : 스포츠를 보는 것을 좋아한다.	

▶측정결과

㉠ 'A'가 많은 경우 : 활동적이고, 몸을 움직이게 하는 것이 컨디션이 좋다.
  • 면접관의 심리 : '활동적으로 활동력이 좋아 보인다.'
  • 면접대책 : 활동하고 얻은 성과 등과 주어진 상황의 대응능력을 보여준다.
㉡ 'B'가 많은 경우 : 침착한 인상으로, 차분하게 있는 타입이다.
  • 면접관의 심리 : '좀처럼 행동하려 하지 않아 보이고, 일을 빠르게 처리할 수 있을까?'

④ **지속성**(노력성) ··· 무슨 일이든 포기하지 않고 끈기 있게 하려는 정도를 측정한다.

질문	선택
A : 일단 시작한 일은 시간이 걸려도 끝까지 마무리한다. B : 일을 하다 어려움에 부딪히면 단념한다.	
A : 끈질긴 편이다. B : 바로 단념하는 편이다.	
A : 인내가 강하다는 말을 듣는다. B : 금방 싫증을 낸다는 말을 듣는다.	
A : 집념이 깊은 편이다. B : 담백한 편이다.	
A : 한 가지 일에 구애되는 것이 좋다고 생각한다. B : 간단하게 체념하는 것이 좋다고 생각한다.	

▶측정결과

㉠ 'A'가 많은 경우 : 시작한 것은 어려움이 있어도 포기하지 않고 인내심이 높다.
- 면접관의 심리 : '한 가지의 일에 너무 구애되고, 업무의 진행이 원활할까?'
- 면접대책 : 인내력이 있는 것은 플러스 평가를 받을 수 있지만 집착이 강해 보이기도 한다.

㉡ 'B'가 많은 경우 : 뒤끝이 없고 조그만 실패로 일을 포기하기 쉽다.
- 면접관의 심리 : '질리는 경향이 있고, 일을 정확히 끝낼 수 있을까?'
- 면접대책 : 지속적인 노력으로 성공했던 사례를 준비하도록 한다.

⑤ **신중성**(주의성) ⋯ 자신이 처한 주변상황을 즉시 파악하고 자신의 행동이 어떤 영향을 미치는지를 측정한다.

질문	선택
A : 여러 가지로 생각하면서 완벽하게 준비하는 편이다. B : 행동할 때부터 임기응변적인 대응을 하는 편이다.	
A : 신중해서 타이밍을 놓치는 편이다. B : 준비 부족으로 실패하는 편이다.	
A : 자신은 어떤 일에도 신중히 대응하는 편이다. B : 순간적인 충동으로 활동하는 편이다.	
A : 시험을 볼 때 끝날 때까지 재검토하는 편이다. B : 시험을 볼 때 한 번에 모든 것을 마치는 편이다.	
A : 일에 대해 계획표를 만들어 실행한다. B : 일에 대한 계획표 없이 진행한다.	

▶측정결과

㉠ 'A'가 많은 경우 : 주변 상황에 민감하고, 예측하여 계획 있게 일을 진행한다.
- 면접관의 심리 : '너무 신중해서 적절한 판단을 할 수 있을까?', '앞으로의 상황에 불안을 느끼지 않을까?'
- 면접대책 : 예측을 하고 실행을 하는 것은 플러스 평가가 되지만, 너무 신중하면 일의 진행이 정체될 가능성을 보이므로 추진력이 있다는 강한 의욕을 보여준다.

㉡ 'B'가 많은 경우 : 주변 상황을 살펴보지 않고 착실한 계획 없이 일을 진행시킨다.
- 면접관의 심리 : '사려 깊지 않고, 실패하는 일이 많지 않을까?', '판단이 빠르고 유연한 사고를 할 수 있을까?'
- 면접대책 : 사전준비를 중요하게 생각하고 있다는 것 등을 보여주고, 경솔한 인상을 주지 않도록 한다. 또한 판단력이 빠르거나 유연한 사고 덕분에 일 처리를 잘 할 수 있다는 것을 강조한다.

(3) 의욕적인 측면

의욕적인 측면은 의욕의 정도, 활동력의 유무 등을 측정한다. 여기서의 의욕이란 우리들이 보통 말하고 사용하는 '하려는 의지'와는 조금 뉘앙스가 다르다. '하려는 의지'란 그 때의 환경이나 기분에 따라 변화하는 것이지만, 여기에서는 조금 더 변화하기 어려운 특징, 말하자면 정신적 에너지의 양으로 측정하는 것이다.

의욕적 측면은 행동적 측면과는 다르고, 전반적으로 어느 정도 점수가 높은 쪽을 선호한다. 모의검사의 의욕적 측면의 결과가 낮다면, 평소 일에 몰두할 때 조금 의욕 있는 자세를 가지고 서서히 개선하도록 노력해야 한다.

① **달성의욕** … 목적의식을 가지고 높은 이상을 가지고 있는지를 측정한다.

질문	선택
A : 경쟁심이 강한 편이다. B : 경쟁심이 약한 편이다.	
A : 어떤 한 분야에서 제1인자가 되고 싶다고 생각한다. B : 어느 분야에서든 성실하게 임무를 진행하고 싶다고 생각한다.	
A : 규모가 큰일을 해보고 싶다. B : 맡은 일에 충실히 임하고 싶다.	
A : 아무리 노력해도 실패한 것은 아무런 도움이 되지 않는다. B : 가령 실패했을 지라도 나름대로의 노력이 있었으므로 괜찮다.	
A : 높은 목표를 설정하여 수행하는 것이 의욕적이다. B : 실현 가능한 정도의 목표를 설정하는 것이 의욕적이다.	

▶측정결과

㉠ 'A'가 많은 경우 : 큰 목표와 높은 이상을 가지고 승부욕이 강한 편이다.
 • 면접관의 심리 : '열심히 일을 해줄 것 같은 유형이다.'
 • 면접대책 : 달성의욕이 높다는 것은 어떤 직종이라도 플러스 평가가 된다.
㉡ 'B'가 많은 경우 : 현재의 생활을 소중하게 여기고 비약적인 발전을 위하여 기를 쓰지 않는다.
 • 면접관의 심리 : '외부의 압력에 약하고, 기획입안 등을 하기 어려울 것이다.'
 • 면접대책 : 일을 통하여 하고 싶은 것들을 구체적으로 어필한다.

② **활동의욕** … 자신에게 잠재된 에너지의 크기로, 정신적인 측면의 활동력이라 할 수 있다.

질문	선택
A : 하고 싶은 일을 실행으로 옮기는 편이다. B : 하고 싶은 일을 좀처럼 실행할 수 없는 편이다.	
A : 어려운 문제를 해결해 가는 것이 좋다. B : 어려운 문제를 해결하는 것을 잘하지 못한다.	
A : 일반적으로 결단이 빠른 편이다. B : 일반적으로 결단이 느린 편이다.	
A : 곤란한 상황에도 도전하는 편이다. B : 사물의 본질을 깊게 관찰하는 편이다.	
A : 시원시원하다는 말을 잘 듣는다. B : 꼼꼼하다는 말을 잘 듣는다.	

▶측정결과

㉠ 'A'가 많은 경우 : 꾸물거리는 것을 싫어하고 재빠르게 결단해서 행동하는 타입이다.
 • 면접관의 심리 : '일을 처리하는 솜씨가 좋고, 일을 척척 진행할 수 있을 것 같다.'
 • 면접대책 : 활동의욕이 높은 것은 플러스 평가가 된다. 사교성이나 활동성이 강하다는 인상을 준다.
㉡ 'B'가 많은 경우 : 안전하고 확실한 방법을 모색하고 차분하게 시간을 아껴서 일에 임하는 타입이다.
 • 면접관의 심리 : '재빨리 행동을 못하고, 일의 처리속도가 느린 것이 아닐까?'
 • 면접대책 : 활동성이 있는 것을 좋아하고 움직임이 더디다는 인상을 주지 않도록 한다.

3 성격의 유형

(1) 인성검사유형의 4가지 척도

정서적인 측면, 행동적인 측면, 의욕적인 측면의 요소들은 성격 특성이라는 관점에서 제시된 것들로 각 개인의 장·단점을 파악하는 데 유용하다. 그러나 전체적인 개인의 인성을 이해하는 데는 한계가 있다.

성격의 유형은 개인의 '성격적인 특색'을 가리키는 것으로, 사회인으로서 적합한지, 아닌지를 말하는 관점과는 관계가 없다. 따라서 채용의 합격 여부에는 사용되지 않는 경우가 많으며, 입사 후의 적정 부서 배치의 자료가 되는 편이라 생각하면 된다. 그러나 채용과 관계가 없다고 해서 아무런 준비도 필요없는 것은 아니다. 자신을 아는 것은 면접 대책의 밑거름이 되므로 모의검사 결과를 충분히 활용하도록 하여야 한다.

본서에서는 4개의 척도를 사용하여 기본적으로 16개의 패턴으로 성격의 유형을 분류하고 있다. 각 개인의 성격이 어떤 유형인지 재빨리 파악하기 위해 사용되며, '적성'에 맞는지, 맞지 않는지의 관점에 활용된다.

- 흥미 · 관심의 방향 : 내향형 ◄──────► 외향형
- 사물에 대한 견해 : 직관형 ◄──────► 감각형
- 판단하는 방법 : 감정형 ◄──────► 사고형
- 환경에 대한 접근방법 : 지각형 ◄──────► 판단형

(2) 성격유형

① **흥미 · 관심의 방향**(내향 ⇆ 외향) … 흥미 · 관심의 방향이 자신의 내면에 있는지, 주위환경 등 외면에 향하는 지를 가리키는 척도이다.

질문	선택
A : 내성적인 성격인 편이다. B : 개방적인 성격인 편이다.	
A : 항상 신중하게 생각을 하는 편이다. B : 바로 행동에 착수하는 편이다.	
A : 수수하고 조심스러운 편이다. B : 자기 표현력이 강한 편이다.	
A : 다른 사람과 함께 있으면 침착하지 않다. B : 혼자서 있으면 침착하지 않다.	

▶측정결과

㉠ 'A'가 많은 경우(내향) : 관심의 방향이 자기 내면에 있으며, 조용하고 낯을 가리는 유형이다. 행동력은 부족하나 집중력이 뛰어나고 신중하고 꼼꼼하다.

㉡ 'B'가 많은 경우(외향) : 관심의 방향이 외부환경에 있으며, 사교적이고 활동적인 유형이다. 꼼꼼함이 부족하여 대충하는 경향이 있으나 행동력이 있다.

② 일(사물)을 보는 방법(직감↔감각) … 일(사물)을 보는 법이 직감적으로 형식에 얽매이는지, 감각적으로 상식적인지를 가리키는 척도이다.

질문	선택
A : 현실주의적인 편이다. B : 상상력이 풍부한 편이다.	
A : 정형적인 방법으로 일을 처리하는 것을 좋아한다. B : 만들어진 방법에 변화가 있는 것을 좋아한다.	
A : 경험에서 가장 적합한 방법으로 선택한다. B : 지금까지 없었던 새로운 방법을 개척하는 것을 좋아한다.	
A : 성실하다는 말을 듣는다. B : 호기심이 강하다는 말을 듣는다.	

▶측정결과
㉠ 'A'가 많은 경우(감각) : 현실적이고 경험주의적이며 보수적인 유형이다.
㉡ 'B'가 많은 경우(직관) : 새로운 주제를 좋아하며, 독자적인 시각을 가진 유형이다.

③ 판단하는 방법(감정↔사고) … 일을 감정적으로 판단하는지, 논리적으로 판단하는지를 가리키는 척도이다.

질문	선택
A : 인간관계를 중시하는 편이다. B : 일의 내용을 중시하는 편이다.	
A : 결론을 자기의 신념과 감정에서 이끌어내는 편이다. B : 결론을 논리적 사고에 의거하여 내리는 편이다.	
A : 다른 사람보다 동정적이고 눈물이 많은 편이다. B : 다른 사람보다 이성적이고 냉정하게 대응하는 편이다.	

▶측정결과
㉠ 'A'가 많은 경우(감정) : 일을 판단할 때 마음·감정을 중요하게 여기는 유형이다. 감정이 풍부하고 친절하나 엄격함이 부족하고 우유부단하며, 합리성이 부족하다.
㉡ 'B'가 많은 경우(사고) : 일을 판단할 때 논리성을 중요하게 여기는 유형이다. 이성적이고 합리적이나 타인에 대한 배려가 부족하다.

④ **환경에 대한 접근방법** ··· 주변상황에 어떻게 접근하는지, 그 판단기준을 어디에 두는지를 측정한다.

질문	선택
A : 사전에 계획을 세우지 않고 행동한다. B : 반드시 계획을 세우고 그것에 의거해서 행동한다.	
A : 자유롭게 행동하는 것을 좋아한다. B : 조직적으로 행동하는 것을 좋아한다.	
A : 조직성이나 관습에 속박당하지 않는다. B : 조직성이나 관습을 중요하게 여긴다.	
A : 계획 없이 낭비가 심한 편이다. B : 예산을 세워 물건을 구입하는 편이다.	

▶측정결과

㉠ 'A'가 많은 경우(지각) : 일의 변화에 융통성을 가지고 유연하게 대응하는 유형이다. 낙관적이며 질서보다는 자유를 좋아하나 임기응변식의 대응으로 무계획적인 인상을 줄 수 있다.

㉡ 'B'가 많은 경우(판단) : 일의 진행시 계획을 세워서 실행하는 유형이다. 순차적으로 진행하는 일을 좋아하고 끈기가 있으나 변화에 대해 적절하게 대응하지 못하는 경향이 있다.

(3) 성격유형의 판정

성격유형은 합격 여부의 판정보다는 배치를 위한 자료로써 이용된다. 즉, 기업은 입사시험단계에서 입사 후에도 사용할 수 있는 정보를 입수하고 있다는 것이다. 성격검사에서는 어느 척도가 얼마나 고득점이었는지에 주시하고 각각의 측면에서 반드시 하나씩 고르고 편성한다. 편성은 모두 16가지가 되나 각각의 측면을 더 세분하면 200가지 이상의 유형이 나온다.

여기에서는 16가지 편성을 제시한다. 성격검사에 어떤 정보가 게재되어 있는지를 이해하면서 자기의 성격유형을 파악하기 위한 실마리로 활용하도록 한다.

① **내향 – 직관 – 감정 – 지각(TYPE A)**

관심이 내면에 향하고 조용하고 소극적이다. 사물에 대한 견해는 새로운 것에 대해 호기심이 강하고, 독창적이다. 감정은 좋아하는 것과 싫어하는 것의 판단이 확실하고, 감정이 풍부하고 따뜻한 느낌이 있는 반면, 합리성이 부족한 경향이 있다. 환경에 접근하는 방법은 순응적이고 상황의 변화에 대해 유연하게 대응하는 것을 잘한다.

② 내향 – 직관 – 감정 – 사고(TYPE B)

관심이 내면으로 향하고 조용하고 쑥스러움을 잘 타는 편이다. 사물을 보는 관점은 독창적이며, 자기 나름대로 궁리하며 생각하는 일이 많다. 좋고 싫음으로 판단하는 경향이 강하고 타인에게는 친절한 반면, 우유부단하기 쉬운 편이다. 환경 변화에 대해 유연하게 대응하는 것을 잘한다.

③ 내향 – 직관 – 사고 – 지각(TYPE C)

관심이 내면으로 향하고 얌전하고 교제범위가 좁다. 사물을 보는 관점은 독창적이며, 현실에서 먼 추상적인 것을 생각하기를 좋아한다. 논리적으로 생각하고 판단하는 경향이 강하고 이성적이지만, 남의 감정에 대해서는 무반응인 경향이 있다. 환경의 변화에 순응적이고 융통성 있게 임기응변으로 대응할 수가 있다.

④ 내향 – 직관 – 사고 – 판단(TYPE D)

관심이 내면으로 향하고 주의 깊고 신중하게 행동을 한다. 사물을 보는 관점은 독창적이며 논리를 좋아해서 이치를 따지는 경향이 있다. 논리적으로 생각하고 판단하는 경향이 강하고, 객관적이지만 상대방의 마음에 대한 배려가 부족한 경향이 있다. 환경에 대해서는 순응하는 것보다 대응하며, 한 번 정한 것은 끈질기게 행동하려 한다.

⑤ 내향 – 감각 – 감정 – 지각(TYPE E)

관심이 내면으로 향하고 조용하며 소극적이다. 사물을 보는 관점은 상식적이고 그대로의 것을 좋아하는 경향이 있다. 좋음과 싫음으로 판단하는 경향이 강하고 타인에 대해서 동정심이 많은 반면, 엄격한 면이 부족한 경향이 있다. 환경에 대해서는 순응적이고, 예측할 수 없다 해도 태연하게 행동하는 경향이 있다.

⑥ 내향 – 감각 – 감정 – 판단(TYPE F)

관심이 내면으로 향하고 얌전하며 쑥스러움을 많이 탄다. 사물을 보는 관점은 상식적이고 논리적으로 생각하는 것보다도 경험을 중요시하는 경향이 있다. 좋고 싫음으로 판단하는 경향이 강하고 사람이 좋은 반면, 개인적 취향이나 소원에 영향을 받는 일이 많은 경향이 있다. 환경에 대해서는 영향을 받지 않고, 자기 페이스대로 꾸준히 성취하는 일을 잘한다.

⑦ 내향 – 감각 – 사고 – 지각(TYPE G)

관심이 내면으로 향하고 얌전하고 교제범위가 좁다. 사물을 보는 관점은 상식적인 동시에 실천적이며, 틀에 박힌 형식을 좋아한다. 논리적으로 판단하는 경향이 강하고 침착하지만 사람에 대해서는 엄격하여 차가운 인상을 주는 일이 많다. 환경에 대해서 순응적이고, 계획적으로 행동하지 않으며 자유로운 행동을 좋아하는 경향이 있다.

⑧ 내향 – 감각 – 사고 – 판단(TYPE H)

관심이 내면으로 향하고 주의 깊고 신중하게 행동을 한다. 사물을 보는 관점이 상식적이고 새롭고 경험하지 못한 일에 대응을 잘 하지 못한다. 논리적으로 생각하고 판단하는 경향이 강하고, 공평하지만 상대방의 감정에 대해 배려가 부족할 때가 있다. 환경에 대해서는 작용하는 편이고, 질서 있게 행동하는 것을 좋아한다.

⑨ 외향 – 직관 – 감정 – 지각(TYPE I)

관심이 외향으로 향하고 밝고 활동적이며 교제범위가 넓다. 사물을 보는 관점은 독창적이고 호기심이 강하며 새로운 것을 생각하는 것을 좋아한다. 좋음 싫음으로 판단하는 경향이 강하다. 사람은 좋은 반면 개인적 취향이나 소원에 영향을 받는 일이 많은 편이다.

⑩ 외향 – 직관 – 감정 – 판단(TYPE J)

관심이 외향으로 향하고 개방적이며 누구와도 쉽게 친해질 수 있다. 사물을 보는 관점은 독창적이고 자기 나름대로 궁리하고 생각하는 면이 많다. 좋음과 싫음으로 판단하는 경향이 강하고, 타인에 대해 동정적이기 쉽고 엄격함이 부족한 경향이 있다. 환경에 대해서는 작용하는 편이고 질서 있는 행동을 하는 것을 좋아한다.

⑪ 외향 – 직관 – 사고 – 지각(TYPE K)

관심이 외향으로 향하고 태도가 분명하며 활동적이다. 사물을 보는 관점은 독창적이고 현실과 거리가 있는 추상적인 것을 생각하는 것을 좋아한다. 논리적으로 생각하고 판단하는 경향이 강하고, 공평하지만 상대에 대한 배려가 부족할 때가 있다.

⑫ 외향 – 직관 – 사고 – 판단(TYPE L)

관심이 외향으로 향하고 밝고 명랑한 성격이며 사교적인 것을 좋아한다. 사물을 보는 관점은 독창적이고 논리적인 것을 좋아하기 때문에 이치를 따지는 경향이 있다. 논리적으로 생각하고 판단하는 경향이 강하고 침착성이 뛰어나지만 사람에 대해서 엄격하고 차가운 인상을 주는 경우가 많다. 환경에 대해 작용하는 편이고 계획을 세우고 착실하게 실행하는 것을 좋아한다.

⑬ 외향 – 감각 – 감정 – 지각(TYPE M)

관심이 외향으로 향하고 밝고 활동적이고 교제범위가 넓다. 사물을 보는 관점은 상식적이고 종래대로 있는 것을 좋아한다. 보수적인 경향이 있고 좋아함과 싫어함으로 판단하는 경향이 강하며 타인에게는 친절한 반면, 우유부단한 경우가 많다. 환경에 대해 순응적이고, 융통성이 있고 임기응변으로 대응할 가능성이 높다.

⑭ 외향 – 감각 – 감정 – 판단(TYPE N)

관심이 외향으로 향하고 개방적이며 누구와도 쉽게 대면할 수 있다. 사물을 보는 관점은 상식적이고 논리적으로 생각하기보다는 경험을 중시하는 편이다. 좋아함과 싫어함으로 판단하는 경향이 강하고 감정이 풍부하며 따뜻한 느낌이 있는 반면에 합리성이 부족한 경우가 많다. 환경에 대해서 작용하는 편이고, 한 번 결정한 것은 끈질기게 실행하려고 한다.

⑮ 외향 – 감각 – 사고 – 지각(TYPE O)

관심이 외향으로 향하고 시원한 태도이며 활동적이다. 사물을 보는 관점이 상식적이며 동시에 실천적이고 명백한 형식을 좋아하는 경향이 있다. 논리적으로 생각하고 판단하는 경향이 강하고, 객관적이지만 상대 마음에 대해 배려가 부족한 경향이 있다.

⑯ 외향 – 감각 – 사고 – 판단(TYPE P)

관심이 외향으로 향하고 밝고 명랑하며 사교적인 것을 좋아한다. 사물을 보는 관점은 상식적이고 경험하지 못한 새로운 것에 대응을 잘 하지 못한다. 논리적으로 생각하고 판단하는 경향이 강하고 이성적이지만 사람의 감정에 무심한 경향이 있다. 환경에 대해서는 작용하는 편이고, 자기 페이스대로 꾸준히 성취하는 것을 잘한다.

4 인성검사의 대책

(1) 미리 알아두어야 할 점

① 출제 문항 수 … 인성검사의 출제 문항 수는 특별히 정해진 것이 아니며 각 기업체의 기준에 따라 달라질 수 있다. 보통 100문항 이상에서 600문항까지 출제된다고 예상하면 된다.

② 출제형식

　㉠ '예' 아니면 '아니오'의 형식

다음 문항을 읽고 자신에게 해당되는지 안 되는지를 판단하여 해당될 경우 '예'를, 해당되지 않을 경우 '아니오'를 고르시오.

질문	예	아니오
1. 자신의 생각이나 의견은 좀처럼 변하지 않는다.	○	
2. 구입한 후 끝까지 읽지 않은 책이 많다.		○

다음 문항에 대해서 평소에 자신이 생각하고 있는 것이나 행동하고 있는 것에 ○표를 하시오.

질문	그렇다	약간 그렇다	그저 그렇다	별로 그렇지 않다	그렇지 않다
1. 시간에 쫓기는 것이 싫다.		○			
2. 여행가기 전에 계획을 세운다.			○		

　㉡ A와 B의 선택형식

A와 B에 주어진 문장을 읽고 자신에게 해당되는 것을 고르시오.

질문	선택
A : 걱정거리가 있어서 잠을 못 잘 때가 있다.	(○)
B : 걱정거리가 있어도 잠을 잘 잔다.	( )

(2) 임하는 자세

① **솔직하게 있는 그대로 표현한다** … 인성검사는 평범한 일상생활 내용들을 다룬 짧은 문장과 어떤 대상이나 일에 대한 선로를 선택하는 문장으로 구성되었으므로 평소에 자신이 생각한 바를 너무 골똘히 생각하지 말고 문제를 보는 순간 떠오른 것을 표현한다.

② **모든 문제를 신속하게 대답한다** … 인성검사는 시간제한이 없는 것이 원칙이지만 기업체들은 일정한 시간제한을 두고 있다. 인성검사는 개인의 성격과 자질을 알아보기 위한 검사이기 때문에 정답이 없다. 다만, 기업체에서 바람직하게 생각하거나 기대되는 결과가 있을 뿐이다. 따라서 시간에 쫓겨서 대충 대답을 하는 것은 바람직하지 못하다.

▌1~180▐ 다음 질문을 읽고, 자신에게 적합하다고 생각하면 YES, 그렇지 않다면 NO를 선택하시오(인성검사는 응시자의 인성을 파악하기 위한 자료이므로 정답이 존재하지 않습니다).

YES NO

1. 조금이라도 나쁜 소식은 절망의 시작이라고 생각해 버린다. ··············( )( )

2. 언제나 실패가 걱정이 되어 어쩔 줄 모른다. ··············( )( )

3. 다수결의 의견에 따르는 편이다. ··············( )( )

4. 혼자서 커피숍에 들어가는 것은 전혀 두려운 일이 아니다. ··············( )( )

5. 승부근성이 강하다. ··············( )( )

6. 자주 흥분해서 침착하지 못하다. ··············( )( )

7. 지금까지 살면서 타인에게 폐를 끼친 적이 없다. ··············( )( )

8. 소곤소곤 이야기하는 것을 보면 자기에 대해 험담하고 있는 것으로 생각된다. ··············( )( )

9. 무엇이든지 자기가 나쁘다고 생각하는 편이다. ··············( )( )

10. 자신을 변덕스러운 사람이라고 생각한다. ··············( )( )

11. 고독을 즐기는 편이다. ··············( )( )

12. 자존심이 강하다고 생각한다. ··············( )( )

13. 금방 흥분하는 성격이다. ··············( )( )

14. 거짓말을 한 적이 없다. ··············( )( )

15. 신경질적인 편이다. ··············( )( )

16. 끙끙대며 고민하는 타입이다. ··············( )( )

17. 감정적인 사람이라고 생각한다. ··············( )( )

18. 자신만의 신념을 가지고 있다. ··············( )( )

19. 다른 사람을 바보 같다고 생각한 적이 있다. ··············( )( )

20. 금방 말해버리는 편이다. ··············( )( )

21. 싫어하는 사람이 없다. ··············( )( )

22. 대재앙이 오지 않을까 항상 걱정을 한다. ·······································(   )(   )

23. 쓸데없는 고생을 하는 일이 많다. ···(   )(   )

24. 자주 생각이 바뀌는 편이다. ···(   )(   )

25. 문제점을 해결하기 위해 여러 사람과 상의한다. ·······················(   )(   )

26. 내 방식대로 일을 한다. ··(   )(   )

27. 영화를 보고 운 적이 많다. ··(   )(   )

28. 어떤 것에 대해서도 화낸 적이 없다. ·····································(   )(   )

29. 사소한 충고에도 걱정을 한다. ··(   )(   )

30. 자신은 도움이 안 되는 사람이라고 생각한다. ·························(   )(   )

31. 금방 싫증을 내는 편이다. ···(   )(   )

32. 개성적인 사람이라고 생각한다. ···(   )(   )

33. 자기주장이 강한 편이다. ··(   )(   )

34. 뒤숭숭하다는 말을 들은 적이 있다. ·····································(   )(   )

35. 학교를 쉬고 싶다고 생각한 적이 한 번도 없다. ·······················(   )(   )

36. 사람들과 관계 맺는 것을 잘하지 못한다. ·······························(   )(   )

37. 사려 깊은 편이다. ··(   )(   )

38. 몸을 움직이는 것을 좋아한다. ··(   )(   )

39. 끈기가 있는 편이다. ···(   )(   )

40. 신중한 편이라고 생각한다. ···(   )(   )

41. 인생의 목표는 큰 것이 좋다. ···(   )(   )

42. 어떤 일이라도 바로 시작하는 타입이다. ·································(   )(   )

43. 낯가림을 하는 편이다. ··(   )(   )

44. 생각하고 나서 행동하는 편이다. ···(   )(   )

45. 쉬는 날은 밖으로 나가는 경우가 많다. ··································(   )(   )

46. 시작한 일은 반드시 완성시킨다. ···(   )(   )

47. 면밀한 계획을 세운 여행을 좋아한다. ……………………………………………… (   )(   )

48. 야망이 있는 편이라고 생각한다. ………………………………………………………… (   )(   )

49. 활동력이 있는 편이다. ………………………………………………………………………… (   )(   )

50. 많은 사람들과 왁자지껄하게 식사하는 것을 좋아하지 않는다. …………………… (   )(   )

51. 돈을 허비한 적이 없다. ……………………………………………………………………… (   )(   )

52. 어릴 적에 운동회를 아주 좋아하고 기대했다. ………………………………………… (   )(   )

53. 하나의 취미에 열중하는 타입이다. ……………………………………………………… (   )(   )

54. 모임에서 리더에 어울린다고 생각한다. ………………………………………………… (   )(   )

55. 입신출세의 성공이야기를 좋아한다. …………………………………………………… (   )(   )

56. 어떠한 일도 의욕을 가지고 임하는 편이다. …………………………………………… (   )(   )

57. 학급에서는 존재가 희미했다. ……………………………………………………………… (   )(   )

58. 항상 무언가를 생각하고 있다. ……………………………………………………………… (   )(   )

59. 스포츠는 보는 것보다 하는 게 좋다. …………………………………………………… (   )(   )

60. '참 잘했네요'라는 말을 자주 듣는다. …………………………………………………… (   )(   )

61. 흐린 날은 반드시 우산을 가지고 간다. ………………………………………………… (   )(   )

62. 주연상을 받을 수 있는 배우를 좋아한다. ……………………………………………… (   )(   )

63. 공격하는 타입이라고 생각한다. …………………………………………………………… (   )(   )

64. 리드를 받는 편이다. …………………………………………………………………………… (   )(   )

65. 너무 신중해서 기회를 놓친 적이 있다. ………………………………………………… (   )(   )

66. 시원시원하게 움직이는 타입이다. ………………………………………………………… (   )(   )

67. 야근을 해서라도 업무를 끝낸다. …………………………………………………………… (   )(   )

68. 누군가를 방문할 때는 반드시 사전에 확인한다. ……………………………………… (   )(   )

69. 노력해도 결과가 따르지 않으면 의미가 없다. ………………………………………… (   )(   )

70. 무조건 행동해야 한다. ………………………………………………………………………… (   )(   )

71. 유행에 둔감하다고 생각한다. ……………………………………………………………… (   )(   )

72. 정해진 대로 움직이는 것은 시시하다. ··· (　)(　)

73. 꿈을 계속 가지고 있고 싶다. ··· (　)(　)

74. 질서보다 자유를 중요시하는 편이다. ··· (　)(　)

75. 혼자서 취미에 몰두하는 것을 좋아한다. ·· (　)(　)

76. 직관적으로 판단하는 편이다. ··· (　)(　)

77. 영화나 드라마를 보면 등장인물의 감정에 이입된다. ························· (　)(　)

78. 시대의 흐름에 역행해서라도 자신을 관철하고 싶다. ······················· (　)(　)

79. 다른 사람의 소문에 관심이 없다. ·· (　)(　)

80. 창조적인 편이다. ·· (　)(　)

81. 비교적 눈물이 많은 편이다. ··· (　)(　)

82. 융통성이 있다고 생각한다. ·· (　)(　)

83. 친구의 휴대전화 번호를 잘 모른다. ·· (　)(　)

84. 스스로 고안하는 것을 좋아한다. ·· (　)(　)

85. 정이 두터운 사람으로 남고 싶다. ··· (　)(　)

86. 조직의 일원으로 별로 안 어울린다. ·· (　)(　)

87. 세상의 일에 별로 관심이 없다. ··· (　)(　)

88. 변화를 추구하는 편이다. ·· (　)(　)

89. 업무는 인간관계로 선택한다. ·· (　)(　)

90. 환경이 변하는 것에 구애되지 않는다. ·· (　)(　)

91. 불안감이 강한 편이다. ··· (　)(　)

92. 인생은 살 가치가 없다고 생각한다. ·· (　)(　)

93. 의지가 약한 편이다. ·· (　)(　)

94. 다른 사람이 하는 일에 별로 관심이 없다. ·· (　)(　)

95. 사람을 설득시키는 것은 어렵지 않다. ·· (　)(　)

96. 심심한 것을 못 참는다. ··· (　)(　)

97. 다른 사람을 욕한 적이 한 번도 없다. ……………………………………… (　)(　)

98. 다른 사람에게 어떻게 보일지 신경을 쓴다. …………………………… (　)(　)

99. 금방 낙심하는 편이다. ……………………………………………………… (　)(　)

100. 다른 사람에게 의존하는 경향이 있다. ……………………………………… (　)(　)

101. 그다지 융통성이 있는 편이 아니다. ………………………………………… (　)(　)

102. 다른 사람이 내 의견에 간섭하는 것이 싫다. ……………………………… (　)(　)

103. 낙천적인 편이다. ……………………………………………………………… (　)(　)

104. 숙제를 잊어버린 적이 한 번도 없다. ……………………………………… (　)(　)

105. 밤길에는 발소리가 들리기만 해도 불안하다. ……………………………… (　)(　)

106. 상냥하다는 말을 들은 적이 있다. ………………………………………… (　)(　)

107. 자신은 유치한 사람이다. …………………………………………………… (　)(　)

108. 잡담을 하는 것보다 책을 읽는 것이 낫다. ………………………………… (　)(　)

109. 나는 영업에 적합한 타입이라고 생각한다. ………………………………… (　)(　)

110. 술자리에서 술을 마시지 않아도 흥을 돋울 수 있다. ……………………… (　)(　)

111. 한 번도 병원에 간 적이 없다. ……………………………………………… (　)(　)

112. 나쁜 일은 걱정이 되어서 어쩔 줄을 모른다. ……………………………… (　)(　)

113. 금세 무기력해지는 편이다. ………………………………………………… (　)(　)

114. 비교적 고분고분한 편이라고 생각한다. …………………………………… (　)(　)

115. 독자적으로 행동하는 편이다. ……………………………………………… (　)(　)

116. 적극적으로 행동하는 편이다. ……………………………………………… (　)(　)

117. 금방 감격하는 편이다. ……………………………………………………… (　)(　)

118. 어떤 것에 대해서는 불만을 가진 적이 없다. ……………………………… (　)(　)

119. 밤에 못 잘 때가 많다. ……………………………………………………… (　)(　)

120. 자주 후회하는 편이다. ……………………………………………………… (　)(　)

121. 뜨거워지기 쉽고 식기 쉽다. ………………………………………………… (　)(　)

122. 자신만의 세계를 가지고 있다. ··· (   )(   )

123. 많은 사람 앞에서도 긴장하는 일은 없다. ··· (   )(   )

124. 말하는 것을 아주 좋아한다. ·· (   )(   )

125. 인생을 포기하는 마음을 가진 적이 한 번도 없다. ···························· (   )(   )

126. 어두운 성격이다. ·· (   )(   )

127. 금방 반성한다. ··· (   )(   )

128. 활동범위가 넓은 편이다. ··· (   )(   )

129. 자신을 끈기 있는 사람이라고 생각한다. ··· (   )(   )

130. 좋다고 생각하더라도 좀 더 검토하고 나서 실행한다. ···················· (   )(   )

131. 위대한 인물이 되고 싶다. ·· (   )(   )

132. 한 번에 많은 일을 떠맡아도 힘들지 않다. ······································ (   )(   )

133. 사람과 만날 약속은 부담스럽다. ·· (   )(   )

134. 질문을 받으면 충분히 생각하고 나서 대답하는 편이다. ·················· (   )(   )

135. 머리를 쓰는 것보다 땀을 흘리는 일이 좋다. ·································· (   )(   )

136. 결정한 것에는 철저히 구속받는다. ·· (   )(   )

137. 외출 시 문을 잠갔는지 몇 번을 확인한다. ······································ (   )(   )

138. 이왕 할 거라면 일등이 되고 싶다. ··· (   )(   )

139. 과감하게 도전하는 타입이다. ··· (   )(   )

140. 자신은 사교적이 아니라고 생각한다. ·· (   )(   )

141. 무심코 도리에 대해서 말하고 싶어진다. ··· (   )(   )

142. '항상 건강하네요!'라는 말을 듣는다. ·· (   )(   )

143. 단념하면 끝이라고 생각한다. ··· (   )(   )

144. 예상하지 못한 일은 하고 싶지 않다. ·· (   )(   )

145. 파란만장하더라도 성공하는 인생을 걷고 싶다. ······························· (   )(   )

146. 활기찬 편이라고 생각한다. ·· (   )(   )

147. 소극적인 편이라고 생각한다. ·· ( )( )

148. 무심코 평론가가 되어 버린다. ·· ( )( )

149. 자신은 성급하다고 생각한다. ··· ( )( )

150. 꾸준히 노력하는 타입이라고 생각한다. ······································ ( )( )

151. 내일의 계획이라도 메모한다. ··· ( )( )

152. 리더십이 있는 사람이 되고 싶다. ·· ( )( )

153. 열정적인 사람이라고 생각한다. ·· ( )( )

154. 다른 사람 앞에서 이야기를 잘 하지 못한다. ···························· ( )( )

155. 통찰력이 있는 편이다. ··· ( )( )

156. 엉덩이가 가벼운 편이다. ·· ( )( )

157. 여러 가지로 구애됨이 있다. ·· ( )( )

158. 돌다리도 두들겨 보고 건너는 쪽이 좋다. ································· ( )( )

159. 자신에게는 권력욕이 있다. ·· ( )( )

160. 업무를 할당받으면 기쁘다. ·· ( )( )

161. 사색적인 사람이라고 생각한다. ·· ( )( )

162. 비교적 개혁적이다. ·· ( )( )

163. 좋고 싫음으로 정할 때가 많다. ··· ( )( )

164. 전통에 구애되는 것은 버리는 것이 적절하다. ··························· ( )( )

165. 교제 범위가 좁은 편이다. ·· ( )( )

166. 발상의 전환을 할 수 있는 타입이라고 생각한다. ····················· ( )( )

167. 너무 주관적이어서 실패한다. ··· ( )( )

168. 현실적이고 실용적인 면을 추구한다. ··· ( )( )

169. 내가 어떤 배우의 팬인지 아무도 모른다. ·································· ( )( )

170. 현실보다 가능성이다. ··· ( )( )

171. 마음이 담겨 있으면 선물은 아무 것이나 좋다. ························· ( )( )

172. 여행은 마음대로 하는 것이 좋다. ·······································( )( )

173. 추상적인 일에 관심이 있는 편이다. ·································( )( )

174. 일은 대담히 하는 편이다. ···( )( )

175. 괴로워하는 사람을 보면 우선 동정한다. ·························( )( )

176. 가치기준은 자신의 안에 있다고 생각한다. ······················( )( )

177. 조용하고 조심스러운 편이다. ···( )( )

178. 상상력이 풍부한 편이라고 생각한다. ······························( )( )

179. 의리, 인정이 두터운 상사를 만나고 싶다. ·······················( )( )

180. 인생의 앞날을 알 수 없어 재미있다. ·······························( )( )

｜1~40｜ 다음 상황을 읽고 제시된 질문에 답하시오.

① 전혀 그렇지 않다　　　② 별로 그렇지 않다　　　③ 약간 그렇다　　　④ 매우 그렇다

1. 움직이는 것을 몹시 귀찮아하는 편이라고 생각한다. ································ ① ② ③ ④

2. 특별히 소극적이라고 생각하지 않는다. ································ ① ② ③ ④

3. 이것저것 평하는 것이 싫다. ································ ① ② ③ ④

4. 자신은 성급하지 않다고 생각한다. ································ ① ② ③ ④

5. 꾸준히 노력하는 것을 잘하지 못한다. ································ ① ② ③ ④

6. 내일의 계획은 머릿속에 기억한다. ································ ① ② ③ ④

7. 협동성이 있는 사람이 되고 싶다. ································ ① ② ③ ④

8. 열정적인 사람이라고 생각하지 않는다. ································ ① ② ③ ④

9. 다른 사람 앞에서 이야기를 잘한다. ································ ① ② ③ ④

10. 행동력이 있는 편이다. ································ ① ② ③ ④

11. 엉덩이가 무거운 편이다. ································ ① ② ③ ④

12. 특별히 구애받는 것이 없다. ································ ① ② ③ ④

13. 돌다리는 두들겨 보지 않고 건너도 된다. ································ ① ② ③ ④

14. 자신에게는 권력욕이 없다. ································ ① ② ③ ④

15. 업무를 할당받으면 부담스럽다. ································ ① ② ③ ④

16. 활동적인 사람이라고 생각한다. ································ ① ② ③ ④

17. 비교적 보수적이다. ································ ① ② ③ ④

18. 어떤 일을 결정할 때 나에게 손해인지 이익인지로 정할 때가 많다. ·········· ① ② ③ ④

19. 전통을 견실히 지키는 것이 적절하다. ································ ① ② ③ ④

20. 교제 범위가 넓은 편이다. ································ ① ② ③ ④

21. 상식적인 판단을 할 수 있는 타입이라고 생각한다. ································ ① ② ③ ④

22. 너무 객관적이어서 실패한다. ································ ① ② ③ ④

23. 보수적인 면을 추구한다. ································ ① ② ③ ④

24. 내가 누구의 팬인지 주변의 사람들이 안다. ································ ① ② ③ ④

25. 가능성보다 현실이다. ·· ① ② ③ ④

26. 그 사람이 필요한 것을 선물하고 싶다. ······························· ① ② ③ ④

27. 여행은 계획적으로 하는 것이 좋다. ···································· ① ② ③ ④

28. 구체적인 일에 관심이 있는 편이다. ··································· ① ② ③ ④

29. 일은 착실히 하는 편이다. ·· ① ② ③ ④

30. 괴로워하는 사람을 보면 우선 이유를 생각한다. ················· ① ② ③ ④

31. 가치기준은 자신의 밖에 있다고 생각한다. ························· ① ② ③ ④

32. 밝고 개방적인 편이다. ·· ① ② ③ ④

33. 현실 인식을 잘하는 편이라고 생각한다. ···························· ① ② ③ ④

34. 공평하고 공적인 상사를 만나고 싶다. ······························· ① ② ③ ④

35. 시시해도 계획적인 인생이 좋다. ······································· ① ② ③ ④

36. 적극적으로 사람들과 관계를 맺는 편이다. ························· ① ② ③ ④

37. 경솔한 편이라고 생각한다. ·· ① ② ③ ④

38. 인생의 목표는 손이 닿을 정도면 된다. ······························ ① ② ③ ④

39. 무슨 일도 좀처럼 바로 시작하지 못한다. ·························· ① ② ③ ④

40. 행동하고 나서 생각하는 편이다. ······································· ① ② ③ ④

PART

V

면접

01 면접의 기본

1 면접 준비

(1) 복장

면접에서는 무엇보다 첫인상이 중요하므로 지나치게 화려하거나 개성이 강한 스타일은 피하고 단정한 이미지를 심어주도록 한다. 면접 시 복장은 지원하는 기업의 사풍이나 지원 분야에 따라 달라질 수 있으므로 미리 가서 성향을 파악하는 것도 도움이 된다.

① 남성

　㉠ **양복** : 단색으로 하여 넥타이나 셔츠로 포인트를 주는 것이 효과적이며 색상은 감청색이 가장 품위있어 보인다.

　㉡ **셔츠** : 흰색을 가장 선호하나 자신의 피부색에 맞추는 것이 좋고, 푸른색이나 베이지색은 산뜻한 느낌을 준다.

　㉢ **넥타이** : 남성이 복장에서 가장 포인트를 줄 수 있는 것으로 색과 폭까지 함께 고려하여 뚱뚱한 사람이 폭이 가는 넥타이를 매는 일이 없도록 한다.

　※ 주의사항 … 우리나라의 경우 여름에는 반팔셔츠를 입는 것도 무난하나 외국계 기업일 경우 이는 실례가 된다. 또한 양말을 신을 경우 절대로 흰색은 피한다.

② 여성

　㉠ **의상** : 단정한 스커트투피스 정장이나 슬랙스 슈트 정장도 무난하며 베이지나 그레이, 브라운 계열이 적당하다.

　㉡ **소품** : 핸드백, 스타킹, 구두 등과 같은 계열로 코디하는 것이 좋으며 구두는 너무 높거나 낮은 굽을 피해 5cm 정도가 적당하다.

　㉢ **액세서리** : 너무 크거나 화려한 것은 좋지 않으며, 많이 하는 것도 좋은 인상을 주지 못하므로 주의한다.

　㉣ **화장** : 자연스럽고 밝은 이미지를 표현하는 것이 좋으며 진한 화장은 인상이 강해보일 수 있으므로 피하자.

(2) 목소리

면접은 주로 면접관과 지원자의 대화로 이루어지므로 음성이 미치는 영향은 상당하다. 답변을 할 때에 부드러우면서도 활기차고 생동감 있는 목소리로 하면, 상대방에게 호감을 줄 수 있으며 여기에 적당한 제스처가 더해진다면 상승효과를 이룰 수 있다. 그러나 적절한 답변을 하였어도 콧소리나 날카로운 목소리는 답변의 신뢰성을 떨어뜨릴 수 있으며 불쾌감을 줄 수 있다.

(3) 사진

이력서용 사진의 경우 최근 3개월 이내에 찍은 증명사진이어야 하며 증명사진이 아닌 일반 사진을 오려서 붙이는 것은 예의가 아니다. 요즘 입사원서를 온라인으로 받는 경우가 많아졌는데 이때 주의할 것은 사진을 첨부하는 것이다. 이력서에 사진을 붙이는 것은 기본이며 붙이지 않을 경우 컴퓨터 사용능력이 부족한 것으로 판단될 수 있으므로 꼭 확인하자.

① 회사에 대한 지원자의 열의를 엿볼 수 있는 것이 사진이다. 당신이 인사 담당자라면 스펙이 비슷할 때 캐주얼 복장의 어두운 표정의 사람과 깔끔한 정장에 단정한 머리, 활기찬 표정의 사람 중 누구를 뽑겠는가. 우리를 사용하기 위해 평가하는 이의 입장에서 생각해 보자. 면접관도 감성이 있는 사람이라는 것을 생각해 보았을 때 굳이 나의 무성의함으로 불쾌감을 주지 말고 정성껏 준비하여 가장 좋은 모습을 보여주자.

② 만일 사진과 실물이 너무 다르다면 면접관은 우리의 진실성을 의심할 수도 있다. 포토샵으로 과대포장한 나의 모습보다는 현실을 진솔하게 보여주는 것이 차라리 낫다.

③ 취업용 사진을 전문으로 하는 사진관이라고 할지라도 전적으로 믿고 맡겼다가는 큰 낭패를 볼 것이다. 재촬영을 하고 싶지 않으면 사진 촬영 후 기사와 함께 선별 작업을 하라. 맘에 드는 사진이 나오지 않았다면 당당하게 재촬영을 요구할 줄도 알아야 한다. 촬영시 정장은 필수다. 하지만 너무 눈에 띄는 줄무늬, 남자의 경우 광택이 심한 정장 등은 피하는 것이 좋다. 또 남성들은 약간의 메이크업을 시도해 볼 기회이기도 하다. 특히 여성의 경우 얼짱 포즈는 자제하는 것이 좋고, 사진은 최근 3개월 이내의 것이 좋다. 그리고 폰, 화상 카메라 등으로 찍지 말자.

(4) 이력서 작성 시 놓치기 쉬운 사항

모집공고에 간혹 '희망연봉을 명시하시오', '지망부서를 쓰시오' 등과 같은 요구 사항들이 있다. 이런 기업의 요구사항들을 제대로 파악하지 못하거나 무시한 채, 그냥 한번 넣어본다는 듯이 작성된 이력서는 인사담당자들의 눈 밖에 날 것이다. 특히 이곳저곳 이력서를 뿌리는 가운데 다른 기업의 이름이 들어가게 되거나, 받는 사람의 이메일 주소가 여러 곳인 것을 인사담당자가 확인한다면 그 결과는 뻔하다. 이외에도 오타가 많은 이력서는 지원자의 무성의함을 부각시킨다. 한두 번만 읽어봐도 오타를 바로 잡을 수 있기 때문이다.

2 면접 시 준비사항

(1) 지원회사에 대한 사전지식을 습득한다.

필기시험에 합격하거나 서류전형을 통과하면 보통 합격 통지 이후 면접시험 날짜가 정해진다. 이때 지원자는 면접시험을 대비해 본인이 지원한 계열사 또는 부서에 대해 다음과 같은 사항 정도는 알고 있는 것이 좋다.

① 회사의 연혁
② 회장 또는 사장의 이름, 출신학교, 전공과목 등
③ 회사에서 요구하는 신입사원의 인재상
④ 회사의 사훈, 사시, 경영이념, 창업정신
⑤ 회사의 대표적 상품과 그 특색
⑥ 업종별 계열 회사의 수
⑦ 해외 지사의 수와 그 위치
⑧ 신제품에 대한 기획 여부
⑨ 지원자가 평가할 수 있는 회사의 장·단점
⑩ 회사의 잠재적 능력 개발에 대한 각종 평가

(2) 충분한 수면을 취해 몸의 상태를 최상으로 유지한다.

면접 전날에는 긴장하거나 준비가 미흡한 것 같아 잠을 설치게 된다. 이렇게 잠을 충분히 못자면 다음날 일어났을 때 피곤함을 느끼게 되고 몸 상태도 악화된다. 게다가 잠을 잘 못 잘 경우, 얼굴이 부스스하거나 목소리에 영향을 미칠 수 있으며 자신도 모르게 멍한 표정을 지을 수도 있다. 가능한 숙면을 취하고 안정적인 상태에서 면접에 임하는 것이 좋다.

(3) 아침에 정보를 확인한다.

경제, 정치, 문화 등과 같은 시사 상식은 최근의 것을 질문하기 쉽다. 아침에 일어나서 뉴스 등을 유의해서 보고 자신의 생각을 정리해 두는 것이 좋다. 또한 면접일과 인접해 있는 국경일이나 행사 등이 있다면 그에 따른 생각을 정리해 두면 좋다.

3 면접 시 유의사항

(1) 첫인상이 중요하다.

면접에서는 처음 1 ~ 2분 동안에 당락의 70% 정도가 결정될 정도로 첫인상이 중요하다고 한다. 그러므로 지원자는 자신감과 의지, 재능 등을 보여주어야 한다. 그리고 면접자와 눈을 맞추고 그가 설명을 하거나 말을 하면 적절한 반응을 보여준다.

(2) 절대 지각해서는 안 된다.

우선 면접장소가 결정되면 교통편과 소요시간을 확인하고 가능하다면 미리 방문해 보는 것도 좋다. 당일 날에는 서둘러서 출발하여 면접시간 10 ~ 15분 일찍 도착하여 회사를 둘러보고 환경에 익숙해지는 것이 좋다.

(3) 면접대기시간의 행동도 평가된다.

지원자들은 대부분 면접실에서만 평가받는다고 생각하나 절대 그렇지 않다. 면접진행자는 대부분 인사실무자이며 당락에 영향을 준다. 짧은 시간 동안 사람을 판단하는 것은 힘든 일이라 면접자는 지원자에 대한 평가에 대한 확신을 위해 타인의 의견을 듣고자 한다. 이때 면접진행자의 의견을 참고하므로 면접대기시간에도 행동과 말을 조심해야 한다. 또한, 면접을 마치고 돌아가는 그 순간까지도 행동과 말에 유의하여야 한다. 황당한 질문에 답변은 잘 했으나 복도에 나와서 흐트러진 모습을 보이거나 욕설을 하는 것도 모두 평가되므로 주의한다.

(4) 입실한 후에는 공손한 태도를 취한다.

① 본인 차례가 되어 호명되면 대답을 또렷하게 하고 들어간다. 만약 문이 닫혀있다면 상대에게 소리가 들릴 수 있을 정도로 노크를 두 번 한 후 대답을 듣고 나서 들어간다.

② 문을 여닫을 때에는 소리가 나지 않게 조용히 하며 공손한 자세로 인사한 후 성명과 수험번호를 말하고 면접관의 지시에 따라 자리에 앉는다. 이 경우 자리에 착석하라는 말이 없는데 의자에 앉으면 무례한 사람처럼 보일 수 있으므로 주의한다.

③ 의자에 앉을 때는 끝에 걸터앉지 말고 안쪽으로 깊숙이 앉아 무릎 위에 양손을 가지런히 얹는 것이 좋다.

(5) 대답하기 난해한 개방형 질문도 반드시 답변을 해야 한다.

① 면접관의 질문에는 예, 아니오로 답할 수 있는 단답형도 있으나, 정답이 없는 개방형 질문이 있을 수 있다. 단답형 질문의 경우에는 간단명료하면서도 그렇게 생각하는 이유를 밝혀주는 것이 좋다. 그러나 개방형 질문은 평소에 충분히 생각하지 못했던 내용이라면 답변을 하기 힘들 수도 있다. 하지만 반드시 답변을 해야 한다. 자신의 생각이나 입장을 밝히지 않을 경우 소신이 없거나 혹은 분명한 입장이나 가치를 가지고 있지 않은 사람으로 비추어질 수 있다. 답변이 바로 떠오르지 않는다면, "잠시 생각을 정리할 시간을 주시겠습니까?"하고 요청을 해도 괜찮다.

② 평소에 잘 알고 있는 문제라면 답변을 잘 할 수 있을 것이다. 그러나 이런 경우 주의할 것은 면접자와 가치 논쟁을 할 필요가 없다는 것이다. 정답이 정해져 있지 않은 경우에는 가치관이나 성장배경에 따라 문제를 받아들이는 태도에서 답변까지 충분히 차이가 있을 수 있다. 그런데 그것을 굳이 지적하고 고치려 드는 것은 좋지 않다.

(6) 답변은 자신감과 의지가 드러나게 한다.

면접을 하다 보면 미래를 예측해야 하는 질문이 있다. 이때에는 너무 많은 상황을 고려하지 말고, 자신감 있는 내용으로 긍정문으로 답변하는 것이 좋다.

(7) 자신의 장·단점을 잘 알고 있어야 한다.

면접을 하다 보면 나에 대해서 부정적인 말을 해야 될 경우가 있다. 이때에는 자신의 약점을 솔직하게 말하되 너무 자신을 비하하지 말아야 한다. 그리고 가능한 단점을 짧게 말하고 뒤이어 장점을 말하는 것이 좋다.

(8) 대답은 항상 정직해야 한다.

면접이라는 것이 아무리 본인의 장점을 부각시키고 단점을 축소시키는 것이라고 해도 절대로 거짓말을 해서는 안 된다. 거짓말을 하게 되면 지원자는 불안하거나 꺼림칙한 마음이 남아 있어 면접에 집중하지 못하게 되고 면접관은 그것을 놓치지 않는다. 거짓말은 그 사람에 대한 신뢰성을 떨어뜨리며 이로 인해 다른 조건이 좋다하더라도 탈락할 수 있다.

(9) 지원동기에는 가치관이 반영되어야 한다.

면접에서 거의 항상 물어보는 질문은 지원동기에 관한 것이다. 어떤 응시자들은 이 질문을 대수롭지 않게 여기거나, 중요한 것은 알지만 적당한 내용을 찾지 못해 추상적으로 답변하는 경우가 많다. 이런 경우 면접관들은 응시자의 생각을 알 수 없거나 성의가 없다고 생각하기 쉬우므로 그 내용 안에 자신의 가치관이 내포되도록 답변한다. 이러한 답변은 면접관에게 응시자가 직업을 통해 자신의 가치관을 실현하기 위한 과정이라는 인상을 주게 되므로 적극적인 삶의 자세를 볼 수 있게 한다.

(10) 경력직일 경우 전(前) 직장에 대한 험담은 하지 않는다.

응시자에게 이전 직장에서 무슨 일이 있었는지, 그곳 상사들이 어땠는지 등은 그다지 면접관이 궁금해하는 사항이 아니다. 전 직장에 대해 험담을 늘어놓는다든가, 동료와 상사들에 대한 악담을 하게 된다면 오히려 부정적인 이미지를 심어 줄 수 있다. 만약 전 직장에 대한 말을 할 필요성이 있다면 가능한 객관적으로 이야기하는 것이 좋다.

(11) 대답 시의 유의사항

① 질문이 주어지자마자 답변하는 것은 미리 예상한 답을 잊어버리기 전에 말하고자 하는 것으로 오인할 수 있으며, 침착하지 못하고 즉흥적으로 비춰지기 쉽다.
② 질문에 대한 답변을 할 때에는 면접관과의 거리를 생각해서 너무 작게 하는 것은 좋지 않으나 큰 소리로 이야기하면 면접관이 부담을 느끼게 된다. 자신 있는 답변이라고 해서 너무 빠르게 많이 말하지 않아야 하며, 자신의 답변이 적당하지 못했다고 느꼈을 경우 머리를 만지거나 혀를 내미는 등의 행동은 좋지 못하다. 그리고 정해진 답변 외에 적절하지 않은 농담은 경망스러워 보이거나 취업에 열의가 없어 보이기도 한다.
③ 가장 중요한 것은 올바른 언어의 구사이다. 존대어와 겸양어를 혼동하기도 하고 채팅어를 자기도 모르게 사용하기도 하는 데 이는 면접 실패의 원인이 될 수 있다.

(12) 옷매무새를 자주 고치지 마라.

여성들의 경우 이러한 모습이 특히 두드러지는데 외모에 너무 신경을 쓰거나 긴장하여 머리를 계속 쓸어 올리거나 치마 끝을 만지작거리는 경우가 있다. 특히 너무 짧은 치마를 입고서 치마를 끌어내리는 행동은 좋지 못하다.

⒀ 다리를 떨거나 산만한 시선은 금물이다.

① 자신도 모르게 다리를 떨거나 손가락을 만지는 등의 행동을 하는 사람들이 많다. 이는 면접관의 주의를 끌 뿐만 아니라 불안하고 산만한 사람이라는 느낌을 주게 된다.

② 면접관과 시선을 맞추지 못하고 여기저기 둘러보는 듯한 산만한 시선은 거짓말을 하고 있다고 여기거나 신뢰성이 떨어진다고 생각하기 쉽다.

⒁ 질문의 기회를 활용하자.

면접관이 "면접을 마치겠네." 혹은 "면접과는 상관없는 것인데….."하면서 질문을 유도하기도 한다. 이 경우 면접관이 하는 말은 지원자를 안심시켜 마음을 알고자 하는 것으로 거기에 넘어가서는 안 된다. "물어볼 것이 있나?"라는 말은 우리 회사에서 가장 관심이 있는 것이 무엇이냐라는 말과 같은 의미이므로 유급휴가나 복리후생에 관한 질문 등을 하게 되면 일보다는 휴가에 관심이 많은 사람이라는 인식을 주게 된다. 이런 내용들은 다른 정보망을 활용하여 미리 파악해 두는 것이 좋으므로 업무에 관련된 질문으로 하고자 하는 일의 예를 들면서, 합격 시에 하는 일을 구체적으로 설명해 달라고 하거나 업무를 잘 수행하기 위해서 필요한 능력 등을 물어보는 것이 좋다.

4 자기소개 시 유의사항

면접에서 빠지지 않는 것이 자기소개를 간단히 해보라는 것이다. 이럴 때 꼭 해야 할 말은 무엇이며 피해야할 말은 무엇인가? 면접관의 모든 질문이 그러하듯 이 질문에 숨겨진 의도만 알아낸다면 쉽게 풀어 갈수 있다. 자기소개라는 것은 매우 추상적이며 넓은 의미를 포괄한다. 자신의 이름에 얽힌 사연이나 어릴 적의 추억, 고향, 혈액형 등 지원자에 관한 일이라면 모두 자기소개가 될 수 있다. 그러나 이는 면접관이 원하는 대답이 아니다. 면접관은 지원자의 신상명세를 알고 싶은 것이 아니라 지원자가 지금껏 해온 일을 통해 그 사람 됨됨이를 알고자 하는 것이기 때문이다. 다음 유형은 지원자들이 면접 시 자기소개를 할 때 취하기 쉬운 태도들이다. 예시를 살펴본 후 자신의 방법과 비교해 보고 적절한 방법을 찾도록 하자.

(1) 자신의 집안에 대해 자랑하는 사람

자신의 부모나 형제 등 집안 사람들이 사회 · 경제적으로 어떠한 위치에 있는지를 서술하는 유형으로 자신도 대단한 사람이라는 것을 강조하고 싶은 것일지 모르나 면접관에게는 의존적이며 나약한 사람으로 비춰지기 쉽다.

(2) 대답을 하지 못하는 사람

면접관의 질문에는 난이도가 있어서 대답하기 힘든 문제도 분명히 있을 것이다. 그러나 이는 어려운 것이지 난처한 문제는 아니다. 그러나 면접관이 당신에게 "지금까지 무슨 일을 해왔습니까?" 하고 묻는다면 바로 대답을 하지 못하고 머뭇거리게 될 것이다. 20여 년을 넘게 살아오면서 '나는 무슨 일을 했으며 어떻게 대답해야 하는가?' 라는 생각이 들 것이다. 이는 단순히 그 사람의 행적을 말하는 것이 아니라 그 속에서 그 사람의 가치관과 자아정체성을 판별하기 위한 것이다. 평소에 끊임없이 이런 질문을 스스로 던져 자신이 원하는 것을 파악하고 직업도 관련된 쪽으로 구하고자 하면 막힘없이 대답할 수 있을 것이다.

(3) 자신이 한 일에 대해서 너무 자세하게 이야기하는 사람

오늘 아침부터 한 일을 말하라고 해도 10분 안에 이야기하는 것은 힘들 것이다. 면접은 필기시험과 마찬가지로 시간이 정해져 있고 그 시간을 효율적으로 활용하여 자신을 내보이는 것이다. 그러나 이러한 사람들은 그것은 생각하지 않고 적당하지 않은 말까지 많이 하여 시간이 부족하다고 하는 사람들이다. 이와 비슷한 사람들 중에는 자기가 지금껏 해온 일을 무조건 늘어놓는 사람들이다. 이들은 자신이 한 일을 열거하면서 모든 일에 열의가 있는 사람이라고 생각해주길 바라지만 단순 나열일 뿐 면접관들에게 강한 인상을 남기지 못한다.

(4) 너무 오래된 추억을 이야기하는 사람

면접에서 초등학교 시절의 이야기를 하는 사람은 어떻게 비춰질까? 그 이야기가 지금까지도 영향을 미치고 있다면 괜찮지만 단순히 일회성으로 그친다면 너무 동떨어진 이야기가 되버린다. 가능하면 최근의 이야기를 하는 것이 강렬한 인상을 남길 수 있다.

5 면접에 대한 궁금증

(1) 1차, 2차 면접의 질문이 같다면 대답도 똑같아야 하나요?

면접관의 질문이 같다면 일부러 대답을 바꿀 필요는 없다. 1차와 2차의 면접관이 다르다면 더욱 그러하며 면접관이 같더라도 완전히 다른 대답보다는 대답의 방향을 조금 바꾸거나, 예전의 질문에서 더욱 구체적으로 파고드는 대답이 좋다.

⑵ 제조회사의 면접시험에서 지금 사용하고 있는 물건이 어느 회사의 제품인지를 물었을 때, 경쟁회사의 제품을 말해도 괜찮을까요?

타사 특히 경쟁사의 제품을 거론하는 것을 좋아할 만한 면접관은 한 명도 없다. 그러나 그 제품의 장·단점까지 분석할 수 있고 논리적인 설명이 가능하다면 경쟁회사의 제품을 거론해도 무방하다. 만약 면접을 보는 회사의 제품을 거론할 때 장단점을 설명하지 못하면, 감점요인까지는 아니지만 좋은 점수를 받기는 힘들다.

⑶ 면접관이 '대답을 미리 준비했군요'라는 말을 하면 어떻게 해야 할까요?

외워서 답변하는 경우에는 면접관의 눈을 똑바로 보고 말하기가 힘들며, 잊어버리기 전에 말하고자 하여 말의 속도가 빨라진다. 면접에서는 정답이 표면적으로 드러나 있는 질문보다는 지원자의 생각을 묻는 질문이 많으므로 면접관의 질문을 새겨듣고 요구하는 바를 파악한 후 천천히 대답한다.

⑷ 아버지의 직업이 나와 무슨 관계가 있습니까?

이는 면접관이 지원자의 아버지 직업이 궁금해서 묻는 것이 아니다. 이 대답을 통해서 지원자가 자식으로서 아버지를 얼마나 이해하고 있는가와 함께 사회인으로서 다른 직장인을 얼마나 이해하고 포용할 수 있는가를 확인하는 것이다. 아버지의 직업만을 이야기하지 말고 그에 따른 자신의 생각을 밝히는 것이 좋다.

⑸ 집단면접에서 면접관이 저에게 아무런 질문도 하지 않았습니다. 그 이유는 무엇인가요?

이력서와 자기소개서는 면접의 기본이 되며 이력서의 내용이 평범하거나 너무 포괄적이라면 면접관은 지원자에게 궁금증이 생기지 않는다. 그러므로 이력서는 구체적이면서 개성적으로 자신을 잘 드러낼 수 있는 내용을 강조해서 작성하는 것이 중요하다.

⑹ 면접관에게 좋은 인상을 남기기 위해서는 어떻게 하는 것이 좋을까요?

면접관은 성실하고 진지한 지원자를 대할 경우 고개를 끄덕이거나 신중한 표정을 짓는다. 그러므로 지나치게 가벼워 보이거나 잘난 척하는 자세는 바람직하지 않다.

⑺ 질문에 대한 답변을 다 하지 못하였는데 면접관이 다음 질문으로 넘어가 버리면 어떻게 할까요?

면접에서는 간단명료하게 자신의 의견을 일관성 있게 밝히는 것이 중요하다. 두괄식으로 주제를 먼저 제시하는데 서론이 길면 지루해져 다음 질문으로 넘어갈 수 있다.

⑻ 면접에서 실패한 경우에, 역전시킬 수 있는 방법이 있을까요?

지원자 스스로도 면접에서 실패했다고 느끼는 경우가 종종 있다. 이런 경우에는 당황하여 인사를 잊기도 하나 그 때 당황하지 말고 정중하게 인사를 하면 또 다른 인상을 심어줄 수 있다. 면접관은 당신이 면접실에 들어서는 순간부터 나가는 순간까지 당신을 지켜보고 있다는 사실을 기억해야 한다.

6 면접에서의 공통질문

대부분의 기업들이 아래 세 가지를 반드시 질문한다.

⑴ 자기소개를 해보세요.

자기소개시 정말로 자기 신상에 관해서만 소개하거나, 장점만 나열하는 것은 좋지 않다. 처음부터 업계, 회사, 담당 직무에 많은 관심을 가지고 준비해왔음을 보여주자.

⑵ 당사에 지원하게 된 동기를 말씀해주세요.

이 경우도 마찬가지다. 회사에 대한 개인적인 생각이나 취향을 이유로, 또는 회사가 업계에서 유명한 곳이기 때문에 지원했다고 답하지 말자. 해당 산업의 현실, 회사의 당면 과제 등을 파악해서 이에 대한 필요를 채워줄 수 있는 나의 장점을 설득력 있는 예를 들어 제시하자. 이를 통해 내가 회사에 필요한 인재이기 때문에 지원했음을 알려주는 것이다.

⑶ (경력의 경우) 이직의 동기가 무엇입니까?

이 경우 이전 회사나, 직장 동료에 대한 부정적인 언급은 하지 말자.
위의 질문들 다음으로 가장 빈도수가 높은 질문은 "마지막으로 하실 말씀 있으면 해보세요."이다. 면접을 마칠 때 이 질문을 들으며 '이제는 끝났구나!'하고 입사 후 포부의 잘못된 예처럼, '만약 합격한다면 최선을 다하겠습니다.' 등의 막연한 말들을 늘어놓지 말자. 대신에 해당 분야와 기업의 현황 등을 간략하게 말하고 이 속에서 내가 나아가야 할 방향과 담당 직무를 위해 준비해야 할 것들을 묻자. 이렇게 한다면 마지막까지 좋은 인상을 심어줄 수 있을 것이다.

02 면접기출

❋ **국가철도공단에서 자주 묻는 면접질문**

(1) 직업기초능력 면접

• 해당 직무를 선택한 이유는 무엇인지 말해보시오

• 입사 후 포부를 간단히 말해보시오

• 지원한 직무에서 어떠한 일을 하는지 알고 있는지? 알고 있다면 무엇인지 말해보시오

• 이전에 일했던 직장에 대해서 말해보시오

• 지금껏 살아오면서 힘들었던 경험이 있다면 말해보시오

• 지원자가 평소에 자주 듣는 음악이 무엇인지 말해보시오

• 우리 회사가 앞으로 나아가야하는 방향에 대해서 말해보시오

• 적잖은 나이인데 회사 내 대인관계에서 갈등 발생 시 어떻게 극복할 것인지 말해보시오

• 10년 후의 지원자 자신의 모습은 어떠할 것 같은지에 대해 말해보시오

• 학창시절 전공한 부분이 지원 분야에 어떻게 도움이 될 지에 대해 자세하게 말해보시오

• 우리 회사가 앞으로 나아가야 하는 방향에 대해서 간략하게 말해보시오

• 과거의 리더십과 현재의 리더십은 어떤 것이라 생각하는지 설명해 보시오

• 지원자는 뉴스, 신문 등을 볼 때 가장 관심 있게 보는 분야는 무엇인가?

• 싫어하는 직원과 함께 일을 해야 할 경우에 어떻게 하겠는가?

• 억지 부리는 민원인이 있을 시에 어떻게 대처하겠는가?

• 혼자서는 절대 해결하지 못할 업무를 받았다면 어떻게 하겠는가?

• 국내 젊은 세대의 문제는 무엇이라고 생각하는가?

• 지원자가 만약 CEO일 경우 회사를 어떠한 방식으로 이끌고 나아가겠는가?

• 지원자의 가치관과 회사의 방향이 맞지 않는다면 어떻게 하겠는가?

• 우리 회사가 지원자를 채용해야 하는 이유를 말해보시오

• 지원자가 생각하는 우리 회사의 장단점은 무엇인지 말해보시오

• 평소 철도시설을 활용하면서 불편했던 적이 있다면 무엇인지 말해보시오

- 육아 휴직을 어떻게 생각하는지 지원자의 생각을 말해보시오
- 철도 시설을 이용하면서 인상 깊게 받은 서비스가 있다면 말해보시오
- 살아오면서 가장 열정적인 순간이 있었다면 자세하게 말해보시오
- 우리 회사의 비전에 맞게 지원자가 할 수 있는 노력은 무엇이 있는지 말해보시오
- 지원한 응시분야에 가장 필요한 직무역량이 무엇이라고 생각하는지 자세하게 설명해보시오
- 우리 공단에서 발휘할 수 있는 지원자 본인의 장점을 3가지 말해보시오
- 다른 사람들이 평가하는 자신의 단점은 무엇인가?
- 한국철도공사와 국가철도공단의 차이점에 대해 말해보시오
- 만약의 경우 회사에서 식대 및 교통비 등을 지원해 주지 않을 시에 지원자의 대처방법은 무엇인지 말해보시오

(2) 직무수행능력 면접

- 원가절감을 위한 지원자의 자구책이 있다면 말해보시오
- 일반적인 터널의 종류에 대해 설명해 보시오
- 지하철 부정승차로 인한 회사의 피해가 늘어나는데 대해 이에 대한 해결책은 무엇인지 말해보시오
- A라는 역에서 정차한 지하철은 출발을 해야 하는 상황이며, 수리가 제대로 이루어지지 못한 스크린 도어로 인해 긴급 환자가 발생했을 경우 지원자는 어떻게 조치를 취하겠는가?
- PM에 대한 정의 및 교통공학을 접목하여 과업 수행 시의 방법을 설명해 보시오
- 기차는 어떻게 움직이는가?
- 도로와 철도의 차이는 무엇인지 설명해 보시오
- 지금 지원자는 조카와 함께 철도를 이용하게 되는 상황이다. 이 때 어린 조카에게 철도를 이용할 때의 장점을 설명해 보시오

PART

VI

정답 및 해설

01 의사소통능력

1	②	2	④	3	④	4	②	5	③	6	①	7	④	8	②	9	①	10	④
11	②	12	②	13	④	14	④	15	④	16	③	17	①	18	②	19	①	20	③
21	③	22	①	23	①	24	④	25	④	26	④	27	①	28	①	29	②	30	③
31	②	32	③	33	②	34	④	35	④	36	④	37	④	38	④	39	③	40	①

1 ②

② 반복적인 연습을 통해 기술을 익히듯이 훈련과 반복을 통해 성품을 습득할 수 있다고 설명하고 있다.

2 ④

④ 빈칸 뒤의 '그런데'라는 접속 부사에 주의한다. '그런데'는 화제를 앞의 내용과 관련시키면서 다른 방향으로 이끌어 나갈 때 쓰는 접속 부사이므로 빈칸에는 하나의 문장이 두 가지 이상의 의미를 가진다는 내용과 다른 방향의 내용이 나와야 한다.

3 ④

① 정책 담당자는 민영화할 경우 어느 정도 가격 상승 요인이 있을 것이라고 말하고 있다.
② 정책 담당자가 주장한 내용은 '기술 교육 강화'가 아니라 '수돗물 사업의 민영화'이므로 적절하지 않다.
③ 종합적인 대책 마련으로 수돗물을 효율적으로 공급하고 있다면 굳이 민영화할 필요가 없는 셈이므로 정책 담당자의 의견과 상반된다.

4 ②

② 여성 토론자는 시설 가동률 50%, 누수율 15%, 민영화 이후 물 값이 150% 이상된 프랑스의 사례 등 구체적인 정보의 활용을 통해 상대방인 수돗물 정책 담당자의 주장을 논리적으로 비판하고 있다.

5 ③

(나) 사회계층을 정의하여 상이한 계층에 속하는 구성원들 간의 접촉보다 동일한 계층에 속하는 구성원들 간의 접촉이 더 잦음을 설명

(다) 사회계층과 언어 분화에 대해 언급

(가) 현대 한국 사회는 언어 분화가 인정될 만큼 계층 사이의 경계가 확연한 사회가 아님

(라) 그렇더라도 사회계층에 따른 언어의 변이를 확인하려는 시도가 있었음

---

6 ①

문단의 시작에 해태, 닭, 개 등은 나쁜 귀신을 쫓아내고 사악한 것을 물리치기 위해 그렸다고 했으므로 ① 이 가장 적절하다.

---

7 ④

④ 현실적으로 이루어지지 않을 소망이 아니라 이루고 싶은 소망을 볼 수 있다.

---

8 ②

㉠ 갑은 을과 달리 이 주장에 동의하지 않는다.

㉢ 을은 갑과 달리 이 주장에 동의하지 않는다.

---

9 ①

① 속물효과는 특정 상품을 다른 사람들이 소비하면 자신만이 그 상품을 소비할 수 있다는 심리적 만족감을 채울 수 없어 그 소비를 중단하는 경우를 말한다. 이런 관점에서 자신이 다니던 고급 식당이 음식 가격을 내려 손님들이 몰려오자 다른 고급 식당으로 바꾼 것은 속물효과의 사례에 해당한다.

---

10 ④

④ 미화 1만 불을 초과하여 휴대 출국시 , 출국 전에 관할 세관의장에게 신고하여야 한다.

---

11 ②

② 건당 미화 1만 불 초과 환전 시, 지정거래은행으로부터 "외국환신고(확인)필증"을 발급받아야 한다.

12 ②

- 문제 상황 : 출산율 저하(㉠)
- 출산율 저하의 원인 : 여성의 사회 활동 참여율(㉡), 가치관의 변화(㉤)
- 출산율 저하의 문제점 : 노동 인구의 수가 국가 산업 경쟁력을 좌우(㉯)하는데 인구 감소로 인해 노동력 부족 현상이 심화된다(㉂).
- 주장 : 새롭고 실제 가정에 도움이 되는 출산장려 정책이 추진되어야 한다(㉣).
- 주장의 근거 : 현재 시행되고 있는 출산장려 정책은 큰 효과가 없다(㉢).
- 종합 의견 : 인구 문제에 대한 정부 차원의 대책을 수립한다(㉧).

---

13 ④

① 단절 전 형성 방식의 각 기지국은 서로 동일한 주파수를 사용하여 주파수 조정이 필요 없다.

② '핸드오버'란 이동단말기가 이동함에 따라 기존 기지국에서 이탈하여 새 기지국으로 넘어갈 때 통화가 끊기지 않도록 통화 신호를 새로운 기지국에 넘겨주는 것으로, 이동단말기와 새로운 기지국 간의 통화 채널이 형성되면 핸드오버가 성공한 것이다.

③ 핸드오버는 이동단말기와 기지국이 멀어지면서 그 둘 사이의 신호가 점점 약해지다 특정 값 이하로 떨어지게 되면 명령하는 것으로, 통화 채널 형성 순서에 따라 차이가 있지 않다.

---

14 ④

㉣ '수준별 수학 수업의 장려'와 'Ⅱ-1-나'는 논리적 연관성이 없는 것이 맞지만, 수정하려면 '실험과 탐구 위주의 평가 장려 정책'과 같은 내용으로 고쳐야 논리적으로 타당하다.

---

15 ④

① ㉠ : '계서'는 신체의 일부분인 '발'을 높이는 데 쓸 수 없다.

② ㉡ : '-시-'는 주체를 높이는 형태소이므로 객체를 높인다는 설명은 알맞지 않다.

③ ㉢ : 대화에서 손님이 점원에게 처음부터 계속 높임 표현을 쓰고 있기 때문에 갑자기 상대방에게 높임 표현을 하지 않는 것은 알맞지 않다.

---

16 ③

③ 제시문은 정약용이 아들 정학유에게 보낸 편지 중 일부로 독서법에 대해 언급하고 있는 부분이다. 글자의 뜻을 고찰하고 자세히 연구하여 근본을 터득하는 독서법은 정독(精讀)에 해당한다.

① 낭독(朗讀)

② 묵독(黙讀)

④ 남독(濫讀)

17 ①

甲은 사랑의 도시락 배달에 대한 정보를 얻기 위해 乙과 면담을 하고 있다. 그러므로 ①은 면담의 목적에 대한 동의를 구하는 질문이 아니라 알고 싶은 정보를 얻기 위한 질문에 해당한다고 할 수 있다.

18 ②

메모

전 직원들에게

Robert Burns로부터

직원 회의에 관하여

월요일에 있을 회의 안건에 대하여 모두에게 알리고자 합니다. 회의는 브리핑과 브레인스토밍 섹션으로 구성될 예정입니다. 회의에서 제안할 사무실 재편성에 관한 아이디어를 준비하여 오시기 바랍니다. 회의는 긍정적인 분위기를 유지하기 원한다는 점을 기억하시기 바랍니다. 우리는 회의에서 여러분이 제안한 그 어떤 아이디어에도 전혀 비판을 하지 않을 것입니다. 모든 직원들이 회의에 참석할 것을 기대합니다.

19 ①

① 늦은 것에 대해 사과를 드립니다.
② 정말 그의 불참에 깊이 사과드립니다.
③ 정말 회의에 불참한 것에 대해 사과를 드립니다.
④ 일정변경에 대해 정말 사과를 드립니다.

20 ③

윗글은 직장 내에서의 의사소통의 부재로 인하여 팀까지 해체된 사례이다. 이는 김 팀장과 직원들 사이의 적절한 의사소통이 있었다면 부하직원들의 사표라는 극단적 처세를 방지할 수 있었을 것이다. 의사소통이 직장생활에서 자신의 업무뿐 아니라 팀의 업무에도 치명적인 영향을 미친다는 것을 보여주는 사례이다.

21 ③

윗글을 통해 이사회의 회의주제가 변경되었다는 것을 알 수 있다.
① 이사회 회의를 준비하려고
② 일정변경을 알리려고
③ 주제변경을 알리려고
④ 이사회 회원들에게 연락하려고

22 ①

빈칸이 있는 문장의 시작에 '이런 맥락에서'라고 제시되어 있으므로 앞의 문맥을 살펴야 한다. 앞에서 사물놀이의 창안자들이 새로운 발전을 이루어 내지 못한 채 그 예술적 성과와 대중적 인기에 안주하고 있다는 것에 대해 이야기하고 있으므로 빈칸에 들어갈 가장 적절한 것은 ①이다.

---

23 ①

㉠에서 화자인 작가는 청자인 교수와 공유하는 경험, 즉 처음 프로그램을 시작할 때에 대해 언급한다. 작가가 그것이 사실인지, 아닌지를 따지고 있다는 것은 ㉠을 잘못 해석한 것이다. 그리고 경험 얘기는 교수와 경쟁하려는 의식을 드러내려는 것도 아니다.

---

24 ④

① 성진이가 모자를 쓴 '상태'인지, 모자를 쓰고 있는 '행동'인지 불분명하다.
② 내가 만난 사람이 철수와 영희인지, 나와 철수가 만난 사람이 영희인지 불분명하다.
③ 하영이와 원태가 서로 결혼을 한 것인지, 각자 다른 사람과 결혼한 것인지 불분명하다.

---

25 ④

주어진 두 대화에서는, 평소 상대방과의 대화 시 상대방의 입장을 잘 파악하고 상대방의 입장에서 상황을 판단해 보았던 강 부장과 신 대리의 사례가 소개되어 있다. 이것은 의사소통의 한 방법인 '경청'에 있어 매우 중요한 요소의 하나로, '상대방의 입장에서 대화하기'를 실천한 사례로 볼 수 있다.

---

26 ④

의사소통능력의 향상 방법
㉠ **사후검토와 피드백의 활용** : 직접 말로 물어보거나 표정이나 기타 표시로 정확한 반응을 살핀다.
㉡ **언어의 단순화** : 명확하고 쉽게 이해 가능한 단어를 선택하여 이해를 높인다.
㉢ **적극적인 경청** : 감정을 이입하여 능동적으로 집중하여 경청한다.
㉣ **감정의 억제** : 감정적으로 메시지를 곡해하지 않도록 침착하게 의사소통을 한다.

---

27 ①

전문용어의 사용은 그 언어를 사용하는 집단 구성원들 사이에서는 이해를 촉진시킬 수 있지만, 조직 밖의 사람들에게 사용하였을 경우에는 문제를 야기할 우려가 있다.

---

28 ①

② '정부에게' → '정부에'
③ '교육시키는' → '교육하는'

④ '하지 않겠다' → '하고 말겠다'

---

29 ②

'객반위주'라는 말은 '손님이 오히려 주인 행세를 한다.'는 의미의 사자성어로, 비어 있는 곳에 군사시설이 먼저 들어가 있는 상황에서 점차 상가가 조성되어 원래의 군사시설 지역이 지역 주민에게 피해를 주는 시설로 인식되고 있는 상황을 사자성어에 견주어 표현하였다.

① **새옹지마** : 인생의 길흉화복은 늘 바뀌어 변화가 많음을 이르는 말이다.

③ **등화가친** : 등불을 가까이할 만하다는 뜻으로, 서늘한 가을밤은 등불을 가까이 하여 글 읽기에 좋음을 이르는 말이다.

④ **지록위마** : 사슴을 가리켜 말이라 한다는 뜻으로, 윗사람을 농락하여 권세를 휘두르는 경우를 말한다.

---

30 ③

위 글을 부패방지평가 보고대회가 개최됨을 알리고 행사준비관련 협조사항을 통보받기 위하여 쓴 문서이다.

---

31 ②

② 이분법적 사고를 바탕으로 한 이항 대립의 한계(서구 문화)를 극복하고, 새로운 패러다임(중간항의 존재)으로 전환해야 한다는 논지를 전개하고 있다.

---

32 ③

문서이해의 절차

1. 문서의 목적 이해하기

↓

2. 문서가 작성된 배경과 주제를 파악하기

↓

3. 문서에 쓰여진 정보를 밝혀내고, 문서가 제시하고 있는 현안문제를 파악하기

↓

4. 문서를 통해 상대방의 욕구와 의도 및 내게 요구되는 행동에 관한 내용을 분석하기

↓

5. 문서에서 이해한 목적 달성을 위해 취해야 할 행동을 생각하고 결정하기

↓

6. 상대방의 의도를 도표나 그림 등으로 메모하여 요약, 정리해보기

33 ②

상품이나 제품에 대하여 설명하는 글을 설명서라고 한다.

---

34 ④

기획안의 작성도 중요하나 발표시 문서의 내용을 효과적으로 전달하는 것이 무엇보다 중요하다. 문서만 보면 내용을 이해하기 어렵고 의도한 내용을 바로 파악할 수 없기 때문에 간결하고 시각적인 문서작성이 중요하다.

---

35 ④

문서의 주요한 내용은 먼저 써야 한다. 결론을 먼저 쓰고 그에 따른 내용을 서술하는 것이 문서작성의 핵심이다.

---

36 ④

어떤 기회를 이용해서 감사나 사과의 의미를 전달할 때는 '이 자리를 빌려서 감사드린다.'라는 표현을 쓰는 것이 적절하다.

※ 빌다 vs. 빌리다

　㉠ 빌다
　　• 바라는 바를 이루게 하여 달라고 신이나 사람, 사물 따위에 간청하다.
　　• 잘못을 용서하여 달라고 호소하다.
　　• 생각한 대로 이루어지길 바라다.
　㉡ 빌리다
　　• 남의 물건이나 돈 따위를 나중에 도로 돌려주거나 대가를 갚기로 하고 얼마 동안 쓰다.
　　• 남의 도움을 받거나 사람이나 물건 따위를 믿고 기대다.
　　• 일정한 형식이나 이론, 또는 남의 말이나 글 따위를 취하여 따르다.

---

37 ④

④ '즉'은 옳게 쓰인 것으로 고쳐 쓰면 안 된다.

---

38 ④

④ 회의는 24일에 한 번 있다.
① KE 086, OZ 222를 탔다는 내용을 보아 두 편의 항공기를 이용했음을 알 수 있다.
② 4시 30분부터 7시까지 인사동 관광이 예정되어 있다.
③ 12시부터 2시까지 이사와 Seoul Branch에서 오찬약속이 있다.

39 ③

문서의 작성 시기는 문서가 담고 있는 내용에 상당한 영향을 미치기 때문에 중요하다.

---

40 ①

"실제로 소비자들은 일부 본 죽 가맹점에서 먹다 남은 식재료를 다시 써서 음식을 만들고 있다는 사실이 알려진 후 인터넷을 통해 '쓰레기 죽을 먹지 않겠다'는 등의 반응을 보였다."에서 알 수 있듯이 통상적으로 소비자들은 프랜차이즈에 대한 신뢰도를 구축하고 소비를 하고 있지만, 한 지점 (가맹점)의 실수로 인해 전체 프랜차이즈 시스템인 "본죽"의 브랜드 이미지에 좋지 않은 영향을 미칠 수 있다는 것을 보여주고 있다.

1	②	2	①	3	③	4	③	5	②	6	①	7	①	8	②	9	④	10	①
11	③	12	④	13	④	14	③	15	③	16	②	17	②	18	②	19	③	20	④
21	③	22	②	23	③	24	④	25	③	26	①	27	④	28	②	29	③	30	②
31	③	32	①	33	②	34	②	35	④	36	①	37	④	38	②	39	③	40	②

1 ②

숫자들을 순서대로 a b c로 가정하면, b=sin(180−a−c)의 값이 된다.

따라서 빈칸에 들어갈 수는 $\sin(180-5-105)=\sin(60)=\dfrac{\sqrt{3}}{2}$ 가 된다.

---

2 ①

왼쪽 네모 칸의 숫자를 십의 자리 수와 일의 자리 수로 분리하여 두 수를 더한 값과 뺀 값을 각각 십의 자리와 일의 자리 수로 오른쪽 칸에 써 넣은 것이다. 즉 네모 한 칸에 있는 숫자가 AB라면, 오른쪽 네모 칸에 들어가는 숫자는 A+B, A−B가 되는 것이다. 따라서 빈칸에 들어갈 숫자는 4+1=5, 4−1=3으로 53이다.

---

3 ③

−2, ×2, +2, ÷2가 차례대로 연속되고 있다.

---

4 ③

①②④ 30

③ 31

---

5 ②

① 4×3×2×1=24

③ 3×8=24

④ 2+4+6+12=24

6 ①

$468 = 2^2 \times 3^2 \times 13$

$364 = 2^2 \times 7 \times 13$

$312 = 2^3 \times 3 \times 13$

따라서 세 수의 최대 공약수는 $2^2 \times 13 = 52$이며, 52의 약수는 1, 2, 4, 13, 26, 52이므로 약수의 합은 98이다.

---

7 ①

• 영어

$(B+C+D+E)/4 = 83 \rightarrow B+C+D+E = 332$

$(A+B+C+D+E)/5 = 84 \rightarrow A+B+C+D+E = 420$

따라서 A의 영어점수는 $420 - 332 = 88$점, 수학점수는 5점 낮은 83점이다.

• 수학

$(B+C+D)/3 = 90 \rightarrow C+D+E = 270$

$(A+B+C+D+E)/5 = 85 \rightarrow A+B+C+D+E = 425$

A+E의 수학점수는 $425 - 270 = 155$점이므로 E의 수학점수는 $155 - 83 = 72$점이다.

---

8 ②

반지름이 2인 원이 4바퀴 굴러간 길이 $\rightarrow 2 \times 3 \times 2 \times 4 = 48$

둘레가 48인 원의 반지름 $\rightarrow 48 \div 2 \div 3 = 8$

원뿔의 부피 = 밑넓이 × 높이 ÷ 3 $\rightarrow 96 = 8 \times 8 \times 3 \times$ 높이 ÷ 3 $\rightarrow$ 높이 $= 1.5$

---

9 ④

$x\%$의 이윤을 남겨 10개를 판매한 금액 : $500(1+x) \times 10$

정가에서 $x\%$를 할인하여 판매한 금액 : $500(1+x)(1-x) \times 50$

이때, 이윤은 0원이므로 원가 500원인 지우개를 60개 판매한 금액과 동일하다.

$500(1+x) \times 10 + 500(1+x)(1-x) \times 50 = 500 \times 60 \rightarrow x = 0.2 \rightarrow 20\%$

---

10 ①

1일에 내린 비의 양을 x라 하면, 2일의 강수량은 $x \times 1.4$, 3일의 강수량은 $x \times 1.4 \times 0.8$이다.

$x + x \times 1.4 + x \times 1.4 \times 0.8 = 176$이므로 $x = 50$이 된다. 따라서 1일은 50mm, 2일은 70mm, 3일은 56mm의 비가 온 것이다.

11 ③

동전의 둘레는 $2\pi r = 2 \times 3.14 \times 0.5 = 3.14cm$가 된다. 이때, 동전이 20바퀴, 15바퀴 굴러간 거리는 $3.14 \times 20 = 62.8cm$, $3.14 \times 15 = 47.1cm$이다. 따라서 책상의 넓이는 $62.8 \times 47.1 = 2,957.88 \rightarrow 2,958cm^2$이다.

12 ④

㉠ 처음 소금의 양 40g, 농도가 5%인 소금물의 양을 x라 하면 $\dfrac{40}{x} \times 100 = 5$, $x = 800$

㉡ 첨가한 소금물 속 소금의 양을 y라 하면 최종 소금물의 농도가 7%이므로, $\dfrac{40+y}{800+40} \times 100 = 7$, $y = 18.8$

따라서 추가한 소금물의 농도는 $\dfrac{18.8}{40} \times 100 = 47\%$가 된다.

13 ④

기차의 속력을 x라 하면 $\dfrac{1,000m + 200m}{x} = 40s$가 된다.

따라서 기차의 속력은 $x = 30m/s = 1,800m/m = 108km/h$가 된다. 이때, A역에서 B역 도착까지 1시간 40분 동안 달렸으므로 두 역 사이의 거리는 $108km/h \times 1\frac{2}{3}h = 180km$이다.

14 ③

구의 반지름을 r이라고 한다면 구의 부피는 $\dfrac{4}{3}\pi r^3 = \dfrac{4}{3} \times 3 \times r^3 = 32$이므로 $r = 2$가 된다. 따라서 원뿔의 반지름은 구의 지름과 동일한 $2 \times 2 = 4$가 된다. 반지름의 길이가 4인 원뿔의 부피는 $4 \times 4 \times 3 \times 6 \div 3 = 96$이므로 구의 부피의 3배이다.

15 ③

반 친구들의 수를 x라 하면 $9 \times (x-2) + 6 = 6 \times x + 12$가 되므로 $x = 8$이 된다. 따라서 과자의 수는 $6 \times 8 + 12 = 60$개가 되며 8명의 친구들에게 3개씩 나누어 주고 남는 과자의 수는 $60 - (8 \times 3) = 36$개가 된다.

16 ②

전체 경우 : $6 \times 6 \times 6 = 216$

3개중 2개가 짝수 1개가 홀수 : 3

주사위 2개가 짝수 : $3 \times 3 = 9$

주사위 1개가 홀수 : 3

따라서, $\dfrac{3 \times 9 \times 3}{216} = \dfrac{81}{216} = \dfrac{3}{8}$

---

17 ②

십의 자리 수를 a, 일의 자리 수를 b라 하면 a+b=9가 된다.

처음 숫자는 10a+b, 위치를 바꾼 숫자는 10b+a가 된다. 10b+a=2(10a+b)−9이므로 b 에 9−a를 대입하면 a=3, b=6이 된다.

---

18 ②

배의 속력을 x, 강물의 속력을 y라 하면 거슬러 올라가는 데 걸리는 시간은 $\dfrac{10}{x-y}=1$이 되고, 내려오는 데 걸리는 시간은 $\dfrac{10}{x+y}=0.5$가 된다. 따라서 두 방정식을 연립하면 $x=3y$가 되므로 식에 적용하면 $x=15$, $y=5$가 된다.

따라서 종이배가 1km를 떠내려가는 데 걸리는 시간 $= \dfrac{거리}{속력} = \dfrac{1km}{5km/h} = 0.2h = 12(분)$이다.

---

19 ③

수빈이가 하루에 일하는 양 : $\dfrac{1}{16}$

혜림이가 하루에 일하는 양 : $\dfrac{1}{12}$

전체 일의 양을 1로 놓고 같이 일은 한 날을 x라 하면 $\dfrac{3}{16} + (\dfrac{1}{16} + \dfrac{1}{12})x + \dfrac{1}{12} = 1$이므로 $x=5$가 된다.

---

20 ④

개월 수를 x라 하면, x개월 후 언니의 예금액은 $10,000+700x$, 동생의 예금액은 $7,000+1,000x$이다. 동생의 예금액이 언니보다 많아지므로 $7,000+1,000x > 10,000+700x$가 되는 x의 값을 구하면 $x > 10 \rightarrow x = 11$가 된다.

21 ③

현재 총 학생 수가 55명이고, 남녀 비율이 6:5이므로 남학생은 30명, 여학생은 25명이다. 전학 오기 전 남녀의 비율이 동일했으므로, 남학생 수와 여학생 수가 동일하다는 것을 의미한다. 따라서 전학 온 남학생의 수는 5명이다.

---

22 ②

엄마가 걸린 시간을 x, 도단이가 걸린 시간을 y라 하면 $\begin{cases} x - y = 10 \\ 100x = 150y \end{cases}$

$100(y+10) = 150y \rightarrow 5y = 100 \rightarrow y = 20$, 따라서 도단이는 20분 만에 엄마를 만나게 된다.

---

23 ③

각 계급에 속하는 정확한 변량을 알 수 없는 경우에는 중간 값인 계급값을 사용하여 평균을 구할 수 있다.
$\{10 \times 10 + 30 \times 20 + 50 \times 30 + 70 \times x + 90 \times 25 + 110 \times 20\} \div (10 + 20 + 30 + x + 25 + 20) = 65$ 이므로 방정식의 해를 구하면 $x = 35$가 된다.

---

24 ④

A지점 : $258/10 = 25.8 \rightarrow 26$명
B지점 : $349/15 = 23.2 \rightarrow 24$명
C지점 : $316/13 = 24.3 \rightarrow 25$명
D지점 : $297/11 = 27$명

---

25 ③

은행 영업시간은 총 7시간이다. 따라서 각 지점의 1시간동안 평균 방문 고객의 수는 다음과 같다.
A지점 : $258/7 = 36.8 \rightarrow 37$
B지점 : $349/7 = 49.8 \rightarrow 50$
C지점 : $316/7 = 45.1 \rightarrow 46$
D지점 : $297/7 = 42.4 \rightarrow 43$
따라서 각 지점마다 추가해야 하는 의자 수는 A지점은 2개, B지점은 5개, C지점은 6개, D지점은 3개이다.

---

26 ①

ⓒ 이스라엘과 타이완은 특허 수가 3으로 동일하다.
ⓐ 표시되지 않은 국가에서 발표한 논문 수는 16%로 영국의 13%보다 많다.

27 ④

④ 남성의 비만율과 여성의 비만율이 가장 비슷한 년도는 2018년으로 남성의 비만율(35.9%)와 여성의 비만율(34.8%) 차이가 1.1%p이다.

---

28 ②

① 54세 미만 인구수는 매년 꾸준히 증가하였다.
③ 2016년, 2017년은 전년보다 감소하였다.
④ 2016년 이후부터 5% 미만을 계속 유지하고 있다.

---

29 ③

③ 1892년 조선의 대일 수입액은 전년에 비해 감소하였다.

---

30 ②

'소득=총수입－경영비'이므로 2019년의 경영비는 974,553－541,450＝433,103원이 된다.
'소득률＝(소득÷총수입)×100'이므로 2018년의 소득률은 429,546÷856,165×100＝약 50.2%가 된다.

---

31 ③

(가): $\dfrac{15,463}{21,886} \times 100 = 70.65 \rightarrow 70.7$

(나): $\dfrac{11,660}{22,618} \times 100 = 51.55 \rightarrow 51.6$

(다): $\dfrac{15,372}{21,699} \times 100 = 70.84 \rightarrow 70.8$

(라): $\dfrac{11,450}{22,483} \times 100 = 50.92 \rightarrow 50.9$

---

32 ①

2018년 취업자 : 15,372＋11,450＝26,822
2018년 실업자 : 630＋443＝1,073

→ 2018년의 실업률 : $\dfrac{1,073}{26,822 + 1,073} \times 100 = 3.84 \rightarrow 3.8\%$

2019년 취업자 : 15,463＋11,660＝27,123
2019년 실업자 : 627＋437＝1,064

→ 2019년의 실업률 : $\dfrac{1,064}{27,123 + 1,064} \times 100 = 3.77 \rightarrow 3.8\%$

33 ②

2020년의 남성의 비경제활동인구 수를 x라 하면, 2020년 남성의 고용률은 $\dfrac{15,463}{15,463+635+x}\times100=70.7$

이 된다. $(16,098+x)=\dfrac{15,463\times100}{70.7}=21,871.28$이므로 $x=21,871.28-16,098=5,773.28\rightarrow5,773$이 된다.

---

34 ②

(나) 2018년의 15~19세의 항공 이용 : $322\times4.1\%=13.202$

　　2019년의 15~19세의 항공 이용 : $360\times3.2\%=11.52$

(다) 2018년에 여행 간 사람의 수 : $322+1,025+674+511+90=2,622$

　　2019년에 여행 간 사람의 수 : $360+1,234+598+506+95=2,793$

---

35 ④

2017년 여행 시 철도를 이용한 30대 : $648\times16.2\%=104.976$

2018년 여행 시 철도를 이용한 30대 : $674\times13.8\%=93.012$

따라서 2018년의 전년 대비 감소율은 $(104.976-93.012)/104.976\times100=11.39\cdots\rightarrow11.4\%$

---

36 ①

$322\times9.7\%+1,025\times4.4\%+674\times6.8\%+511\times3.9\%+90\times3.2\%=31.234+45.1+45.832+19.929+2.88=$

144.975백 명 $\cdots$ 약 $14,498$명

---

37 ④

$((가)-38,263.7)/38,263.7\times100=0.7\rightarrow(가)=38,263.7\times1.007=38,531.54\cdots\rightarrow38,531.5$

---

38 ②

② 5년간 예금액의 평균이 약 27,000만 원 이상 30,000만 원 이하인 지역은 3곳이다.

강원도 → $27,328.42$　　충청남도 → $27,043.34$　　전라남도 → $37,135.34$

---

39 ③

일반 가정 부문은 정부 부문보다 판매대수가 많지만 매출액은 더 적다.

---

40 ②

$\dfrac{41,000,000}{190,301}=215.44$

1	①	2	②	3	④	4	③	5	③	6	③	7	②	8	①	9	④	10	③
11	④	12	②	13	③	14	①	15	③	16	①	17	②	18	④	19	④	20	③
21	①	22	④	23	③	24	④	25	③	26	②	27	②	28	③	29	②	30	④
31	④	32	③	33	④	34	①	35	①	36	①	37	③	38	④	39	③	40	②

1 ①

B는 항상 D가 가는 공장의 바로 오른쪽에 있는 곳에 가야 한다고 했으므로 (D, B)를 묶어서 생각한다. 네 번째 조건에서 ㈜ 공장에는 B와 C가 갈 수 없다고 했지만 ㈜ 공장의 오른쪽에는 공장이 없으므로 D 역시 갈 수 없다. 그러므로 ㈜ 공장에 갈 수 있는 사람은 A와 E뿐이다.

A가 ㈜ 공장에 가는 경우	E가 ㈜ 공장에 가는 경우
(D − B) − C − E − A	(D − B) − A − C − E
(D − B) − E − C − A	(D − B) − C − A − E
C − (D − B) − E − A	A − (D − B) − C − E
E − (D − B) − C − A	C − (D − B) − A − E
C − E − (D − B) − A	A − C − (D − B) − E
E − C − (D − B) − A	C − A − (D − B) − E

2 ②

C − D − B − E − A, E − C − D − B − A, C − D − B − A − E, A − C − D − B − E의 4가지 방법이 있다.

3 ④

5개의 건물이 위치한 곳을 그림과 기호로 표시하면 다음과 같다.

첫 번째 조건을 통해 목욕탕, 미용실, 은행은 C, D, E 중 한 곳, 교회와 편의점은 A, B 중 한 곳임을 알 수 있다. 두 번째 조건에 의하면 목욕탕과 교회 사이에 편의점과 또 하나의 건물이 있어야 한다. 이 조건을 충족하려면 A가 교회, B가 편의점이어야 하며 또한 D가 목욕탕이어야 한다. C와 E는 어느 곳이 미용실과 은행의 위치인지 주어진 조건만으로 알 수 없다. 따라서 보기 ④에서 언급된 바와 같이 미용실이 E가 된다면 은행은 C가 되어 교회인 A와 45m 거리에 있게 된다.

---

4 ③

㉠ X지역 : 바람의 방향이 일정하므로 수직·수평축 모두 사용할 수 있고, 최소 150kW 이상의 시간당 발전량이 필요하므로 U-88과 U-93 중 하나를 설치해야 한다. 에너지 변환효율을 높이기 위해 수평축 모델인 U-93을 설치한다.

㉡ Y지역 : 수직축 모델만 사용 가능하며, 높이가 70m 이하인 U-50만 설치 가능하다.

㉢ Z지역 : 수직축 모델만 사용 가능하며, 정격 풍속이 600kW 이상의 시간 당 발전량을 갖는 U-88만 설치 가능하다.

---

5 ③

주어진 조건을 통해 위치가 가까운 순으로 나열하면 영화관－카페－놀이동산이며 A, B, C가 자가용, 지하철, 버스를 이용하여 간 곳은 영화관(B, 자가용)－카페(A, 버스)－놀이동산(C, 지하철)이 된다.

---

6 ③

오전에 공부를 하지 않았으므로 오전에 영화를 보았고, 오후에 공부를 하였다고 했으므로 A와 B 모두 옳다.

---

7 ②

비행기의 무게는 알 수 없다. 주어진 조건에 따르면 비행기〉자동차〉마차의 순으로 속도가 빠르다. 따라서 B만 옳다.

---

8 ①

구일이와 민아는 부부이며 그 사이에서 낳은 딸이 민지이다. 재신이가 구일이의 아버지이므로 민지는 재신이의 손녀가 된다. 따라서 A는 옳다. 재신이의 손자인 지섭이가 재신이의 다른 자식의 아들일 가능성도 있으므로 B는 옳은지 그른지 알 수 없다.

9 ④

㉠ a를 '을'팀이 맡는 경우 : 4개의 프로젝트를 맡은 팀이 2팀이라는 조건에 어긋난다. 따라서 a를 '을'팀이 맡을 수 없다.

갑	c, d, e	0→3개
을	a, b	1→3개
병		2→3개
정		2→3개
무		3→4개

㉡ f를 '갑'팀이 맡는 경우 : a, b를 '병'팀 혹은 '정'팀이 맡게 되는데 4개의 프로젝트를 맡은 팀이 2팀이라는 조건에 어긋난다. 따라서 f를 '갑'팀이 맡을 수 없다.

갑	f	0→1개
을	c, d, e	1→4개
병	a, b	2→4개
정		2→3개
무		3→4개

㉢ a, b를 '갑'팀이 맡는 경우 기존에 수행하던 프로젝트를 포함해서 2개의 프로젝트를 맡게 된다.

갑	a, b	0→2개
을	c, d, e	1→4개
병		2→3개
정		2→3개
무		3→4개

10 ③

㉡ 4명의 참가자가 모두 같은 2인의 심사위원에게만 ○ 결정을 받아 탈락했다면, × 결정을 한 2인의 심사위원 중 1명이 심사위원장이다. 하지만 甲은 그 둘 중 누가 심사위원장인지 알아낼 수 없다.

11 ④

	빵	케이크	쿠키	마카롱	알레르기
C	O	X	O	X	O
D	X	O	X	O	O
F	X	X	O	O	X

F는 쿠키와 마카롱을 먹었지만 알레르기가 발생하지 않았으므로 쿠키와 마카롱은 원인에서 제외된다. C와 D의 경우 쿠키와 마카롱을 제외하면 빵과 케이크가 알레르기의 원인이 된다.

12 ②

- 화, 수, 목 중에 실시해야 하는 금연교육을 4회 실시하기 위해서는 반드시 화요일에 해야 한다.
- 금주교육을 월요일과 금요일을 제외한 다른 요일에 실시해야 하며 주2회 이상은 실시되지 않으므로 수,목 중 주1회 실시해야 한다. 하지만 10일 이전에 성교육이 이틀 연속 실시되어야 하므로 성교육은 4~5일에 하고, 3일 수요일에 금주교육을 한다.

상황과 조건에 따라 A대학교 보건소의 교육 일정을 정리해 보면 다음과 같다.

월	화	수	목	금	토	일
1	금연 2	금주 3	성 4	성 5	X 6	X 7
8	금연 9	10	11	12	X 13	X 14
15	금연 16	17	18	19	X 20	X 21
중 22	간 23	고 24	사 25	주 26	X 27	X 28
29	금연 30					

---

13 ③

주어진 조건을 정리해 보면 마지막 줄에는 봉선, 문성, 승일이가 앉게 되며 중간 줄에는 동현이와 승만이가 앉게 된다. 그러나 동현이가 승만이 바로 옆자리며, 또한 빈자리가 바로 옆이라고 했으므로 승만이는 빈자리 옆에 앉지 못한다. 첫 줄에는 강훈이와 연정이가 앉게 되고 빈자리가 하나 있다. 따라서 연정이는 빈자리 옆에 배정받을 수 있다.

---

14 ①

조건에 따라 甲의 도서 대여 및 반납 일정을 정리하면 다음과 같다.

월	화	수	목	금	토(9.17)	일
					1권 대출	휴관
• 1권 반납 • 2~3권 대출(3일)		• 2~3권 반납 • 4~6권 대출(5일)				휴관
• 4~6권 반납 • 7~10권 대출(7일)						휴관
• 7~10권 반납						휴관

---

15 ③

은행에 내야하는 금액

A → $(1,000 \times 0.01 \times 12) + 1,000 = 1,120$만 원

B → $1,200$만 원

C → $90 \times 12 = 1,080$만 원

ⓔ 수리비 50만 원이 소요된다면 A는 $1,120 + 50 = 1,170$만 원, B와 C는 수리비를 은행에서 부담하므로 그대로 1,200만 원, 1,080만 원이 된다. 따라서 가장 저렴한 C상품이 A · B보다 유리하다.(C<A<B)

16 ①

이름을 기준으로 일당을 정리하면 다음과 같다.
- 좀쇠(윤씨, 미장공) : 동원된 4일 중 3일을 일하고 1일을 쉬었으므로 3 × 4전 2푼 + 1전 = 13전 6푼을 받는다.
- 작은놈(이씨, 목수) : 동원된 3일을 일하였으므로 3 × 4전 2푼 = 12전 6푼을 받는다.
- 어인놈(김씨, 단청공) : 동원된 4일을 일하였으므로 4 × 2전 5푼 = 10전을 받는다.
- 상득(김씨, 벽돌공) : 동원된 4일을 일하였으므로 4 × 2전 5푼 = 10전을 받는다.
- 정월쇠(박씨, 대장장이) : 동원된 6일 중 5일을 일하고 1일을 쉬었으므로 5 × 2전 5푼 + 1전 = 13전 5푼을 받는다.

---

17 ②

② 시제품 B는 C에 비해 독창성 점수가 2점 높지만 총점은 같다. 따라서 옳지 않은 발언이다.

---

18 ④

⊙ Broca 보정식에 의한 신장 $170cm$의 표준체중은 $(170-100) \times 0.9 = 63kg$이므로,

지환이는 $\dfrac{80}{63} \times 100 ≒ 127(\%)$로 비만에 해당한다.

ⓒ 지환이의 체질량 지수는 $\dfrac{80}{1.7^2} ≒ 27.7$이므로 경도비만에 해당한다.

---

19 ④

1번째 자리 → 수입·수출 여부(1:수출, 0:수입)
2~3번째 자리 → 수출입 연도(年)
4~5번째 자리 → 수출입 달(月)
6번째 자리 → 국가가 속한 대륙(1:유럽, 2:아시아, 3:북미)
7~8번째 자리 → 국가명(01:영국, 02:프랑스, 03:중국, 04:일본, 05:미국)
9~10번째 자리 → 물품(60:고무, 21:장미, 03:소시지, 32:비누)
11~12번째 자리 → 물품의 수출입 순서(60:60번째, 01:1번째)
④ 칫솔의 물품번호는 알 수 없지만 프랑스에서 수출된 것이므로 6~8번째 자리는 102가 되어야 한다.

---

20 ③

창의적 사고 개발 방법
⊙ **자유 연상법** : 생각나는 대로 자유롭게 발상
ⓒ **강제 연상법** : 각종 힌트에 강제적으로 연결지어 발상
ⓒ **비교 발상법** : 주제의 본질과 닮은 것을 힌트로 발상

21 ①

① 브레인스토밍은 자유분방한 아이디어를 얻고자 할 때 적절한 발상법이다.

---

22 ④

논리적 사고의 구성요소
㉠ 생각하는 습관
㉡ 상대 논리의 구조화
㉢ 구체적인 생각
㉣ 타인에 대한 이해
㉤ 설득

---

23 ③

해결안 평가 및 최적안 선정은 문제(what), 원인(why), 방법(how)을 고려해서 해결안을 평가하고 가장 효과적인 해결안을 선정해야 한다.

---

24 ④

토지대금 : 80만×3.3×60＝15,840만 (원)
건축비 : 99만÷3.3×85＝2,550만 (원)
총액 : 15,840만＋2,550만＝18,390만 (원)
계약금 : 18,390만×0.3＝5,517만 (원)

---

25 ③

현수막을 제작하기 위해서는 라, 다, 마가 선행되어야 한다. 따라서 세미나 기본계획 수립(2일)＋세미나 발표자 선정(1일)＋세미나 장소 선정(3일)＝최소한 6일이 소요된다.

---

26 ②

각 작업에 걸리는 시간을 모두 더하면 총 11일이다.

---

27 ②

조건 1에서 출발역은 고속터미널역이고 문제에서 도착역은 수락산역으로 명시되어 있으며 환승 없이 7호선으로 직통으로 간다고 되어 있으므로 고속터미널역~건대입구역(1,250원), 건대입구역~상봉역(100원 추가), 상봉역~장암역(200원 추가)을 모두 합한 값이 용수와 명용이의 도착역까지의 편도 운임이 된다. 그러므로 두 사람 당 각각 운임을 계산하면1,250+100+200=1,550원이 되며, 역의 수는 고속터미널역~수락산역까지 모두 더하면 23개 역이 된다.

28 ③

윗글은 문제해결과정 중 문제인식 단계의 중요성에 대해 말하고 있다. 사례에서 A공장장은 처음에 문제를 인식하지 못하다가 상황이 점점 악화되자 문제가 있다는 것을 알게 되었다. 만약 A공장장이 초기에 문제의 상황을 인식하였다면, 초기에 문제의 상황에 시기 적절하게 대처함으로써 비용과 시간의 소비를 최소화할 수 있었을 것이다. 결국 문제인식은 해결해야 할 전체 문제를 파악하고, 문제에 대한 목표를 명확히 하는 활동임을 알 수 있다.

---

29 ②

㉠ 딸기 → ~초코 = 초코 → ~딸기
㉤ ~딸기 → 수박 = ~수박 → 딸기
㉥ ~초코 → ~단것 = 단 것 → 초코
따라서 ㉠, ㉤, ㉥을 조합하면 '단 것 → 초코 → ~딸기 → 수박'이 되므로 '단것을 좋아하는 사람은 수박을 좋아한다.'가 참이 된다.

---

30 ④

(나)-2는 표절 개념에 대한 학생들의 인식도가 높음을 나타내고 있다. (다)에서는 표절 검사 시스템을 통해 표절이 줄어들 수 있음을 보여주고 있다. 이러한 자료에서 학생들이 표절에 대한 인식이 부족하다고 할 근거를 찾기 어려우며, 그 이유를 파악할 수도 없다.

---

31 ④

㉣ 해외의 자본이 국내로 유입되는 경우에 해당한다.
㉠㉡㉢ 모두 국내 자본이 해외로 나가는 경우에 해당한다.

---

32 ③

(나)에서는 전국적으로 보육 시설의 정원이 남음에도 많은 지역에 부모들이 아이들을 맡길 보육 시설을 찾지 못해 어려움을 겪고 있다는 문제점을 제시하고 있다. 그리고 (다)에서는 일본의 경우 보육 시설의 교육 프로그램이 우수해 부모들의 보육 시설에 대한 만족도가 높다고 하고 있다. (나)와 (다) 모두 우리나라 국공립 및 사회복지법인 보육 시설의 교육 프로그램의 질이 저하되어 있다는 문제점을 제시하고 있지 않다.

---

33 ④

㉠ $a=b=c=d=25$라면, 1시간당 수송해야 하는 관객의 수는 $40,000 \times 0.25 = 10,000$명이다. 버스는 한 번에 대당 최대 40명의 관객을 수송하고 1시간에 10번 수송 가능하므로, 1시간 동안 1대의 버스가 수송할 수 있는 관객의 수는 400명이다. 따라서 10,000명의 관객을 수송하기 위해서는 최소 25대의 버스가 필요하다.

ⓛ d = 40이라면, 공연 시작 1시간 전에 기차역에 도착하는 관객의 수는 16,000명이다. 16,000명을 1시간 동안 모두 수송하기 위해서는 최소 40대의 버스가 필요하다.

ⓒ 공연이 끝난 후 2시간 이내에 전체 관객을 공연장에서 기차역까지 수송하려면 시간당 20,000명의 관객을 수송해야 한다. 따라서 회사에게 필요한 버스는 최소 50대이다.

34 ①

NoSQL 데이터베이스 시스템에서는 데이터의 속성을 표시하는 기준을 '기준='과 같이 표시하고 그에 해당하는 정보를 함께 기록하며, 해당 행에 자유롭게 그 정보를 추가할 수 있다. 따라서 'ㄱ씨의 취미는 독서이다'와 같은 정보는 '취미=독서'의 형태로 'ㄱ씨'와 관련된 정보를 다룬 행의 마지막 부분에 추가할 수 있다.

35 ①

주식, 채권은 직접 금융 시장에서 자금을 조달하며, 주식은 수익성이 높으며, 저축과 채권은 주식보다는 안정성이 높다.

36 ①

주어진 정보 중 위치가 확실한 것부터 표에 순서대로 작성하면 다음과 같다.
ⓗ→ⓢ→ⓩ→ⓔ→ⓞ→ⓜ→ⓒ→ⓐ→ⓛ 순으로 작성

A	D	B	C
노란집	파란집	빨간집	초록집
서비스직	기술직	영업직	사무직
고양이	강아지	새	−

37 ③

ⓐ 이미 사망한 상태이더라도 근육 열변성은 발생할 수 있다.
ⓛ 피부로의 혈액공급이 많아져야 가능한 증거이므로 예측할 수 있는 증거이다.
ⓒ 화재 현장에서 호흡을 했다는 증거이므로 예측할 수 있는 증거이다.

38 ④

위 시장은 하나의 커다란 우유시장에서 각각을 특성별로 세분화시킨 우유시장을 나타낸 것이다. 이러한 시장의 경우 소비자들의 니즈에 맞게 시장을 세분화하여 각각의 세분시장에 차별화된 제품 및 광고의 판촉을 제공하기 위해 필요로 하는 비용 또한 늘어나게 된다.

39 ③

㉠ A가 선생님이면 C와 E는 거짓말을 하고 있으므로 학생이다.

㉡ A가 학생이면, E는 진실을 말하고 있으므로 선생님이고 C는 거짓말을 하고 있으므로 학생이다.

㉢ B가 선생님이면 D는 학생이고, B가 학생이면 D는 선생님이다.

위의 세 가지를 표로 나타내면 다음과 같다.

A	선생님	선생님	학생	학생
B	선생님	학생	선생님	학생
C	학생	학생	학생	학생
D	학생	선생님	학생	선생님
E	학생	학생	선생님	선생님

따라서 교장이 정확하게 알 수 있는 것은 C가 학생이라는 것과 선생님이 두 명이라는 것뿐이다.

---

40 ②

C가 초코맛을 가지고 있을 경우, B와 D가 딸기, 녹차, 바닐라 중 하나가 겹치므로 C는 초코맛을 가질 수 없다. 따라서 C는 초코와 녹차맛을 제외한 딸기맛 또는 바닐라맛을 가질 수 있다.

(1) C가 딸기맛 쿠키를 가지고 있을 때

A는 C와 겹치면 안 되며, B와 D는 겹치면 안 되므로 A는 녹차와 바닐라, B는 딸기와 바닐라, D는 초코와 녹차맛 쿠키를 가지게 된다.

(2) C가 바닐라맛 쿠키를 가지고 있을 때

위와 마찬가지로 A는 딸기와 녹차, B는 딸기와 바닐라, D는 초코와 녹차맛 쿠키를 가지게 된다.

따라서 어느 경우에도 A가 가지게 되는 쿠키의 맛은 녹차이다.

CHAPTER

04 자원관리능력

1	④	2	①	3	②	4	④	5	①	6	④	7	③	8	③	9	②	10	②
11	①	12	①	13	③	14	②	15	④	16	①	17	①	18	②	19	③	20	②
21	③	22	②	23	④	24	④	25	③	26	②	27	③	28	②	29	④	30	④
31	③	32	④	33	②	34	②	35	①	36	④	37	②	38	③	39	②	40	③

1 ④

주어진 조건을 보면 관리과와 재무과에는 반드시 각각 5급이 1명씩 배정되고, 총무과에는 6급 2명이 배정된다. 인원수를 따져보면 홍보과에는 5급을 배정할 수 없기 때문에 6급이 2명 배정된다. 6급 4명 중에 C와 D는 총무과에 배정되므로 홍보과에 배정되는 사람은 E와 F이다. 각 과별로 배정되는 사람을 정리하면 다음과 같다.

관리과	A
홍보과	E, F
재무과	B
총무과	C, D

2 ①

점수를 계산하면 다음과 같다.

직원	성별	근무점수	성과점수	봉사점수	투표점수	합계
고경원	남자	35.2	36.8	16	10	98
박하나	여자	29.6	34.4	18	5	87
도경수	남자	38.4	37.6	20	0	96
하지민	여자	40	40	15	0	95
유해영	여자	32	36	16	10	94
문정진	남자	30	30	19	5	84

3 ②

제시된 항목 중 직접비는 직원 급여, 출장비, 설비비, 자재대금으로 총액 4,000만 원이며, 간접비는 사무실 임대료, 수도/전기세, 광고료, 비품, 직원 통신비로 총액 1,025만 원이다. 따라서 출장비가 280만 원이 되면 직접비 총액이 4,080만 원이 되므로 여전히 간접비는 직접비의 25%가 넘게 된다.

① 30만 원이 절약되므로 간접비는 직접비의 25% 이하가 된다.

③ 간접비가 35만 원 절약되므로 팀장의 지시 사항에 어긋나지 않게 된다.

④ 간접비 총액이 1,000만원 밑으로 내려가므로 팀장의 지시 사항에 어긋나지 않게 된다.

---

4 ④

C거래처 사원(9시~10시) − A거래처 과장(10시~12시) − B거래처 대리(12시~14시) − F은행(14시~15시) − G미술관(15시~16시) − E서점(16~18시) − D거래처 부장(18시~)

① E서점까지 들리면 16시가 되는데, 그 이후에 G미술관을 관람할 수 없다.

② F은행까지 들리면 13시가 되는데, B거래처 대리 약속은 18시에 가능하다.

③ G미술관 관람을 마치고 나면 11시가 되는데 F은행은 12시에 가야한다. 1시간 기다려서 F은행 일이 끝나면 13시가 되는데, B거래처 대리 약속은 18시에 가능하다.

---

5 ①

시설물 설치와 관련한 주의사항에는 '대관일 하루 전날 사전 점검 및 시설물 설치 가능, 행사 종료 즉시 시설물 철거 요망'이라고 명시되어 있다.

② 1시간에 3,000원이며 이후 30분당 1,000원씩 추가되므로 3시간엔 7,000원이 된다.

③ 취소 자체는 가능하며, 향후 대관이 불가하게 된다.

④ 7개까지는 무료이므로 $55 - 7 = 48$대의 비용을 지불하면 된다. 따라서 $48 \times 4,500 = 216,000$원이 된다.

---

6 ④

다이나믹 일반 마이크 32개 중 7개는 무료이므로 $25 \times 4,500 = 112,500$원

고급 마이크 $12 \times 25,000 = 300,000$원

써라운드 스피커 $2 \times 25,000 = 50,000$원

USB 영상 녹화 $3 \times 25,000 = 75,000$원

solo 라이트 6,000원

rail 라이트 $4 \times 55,000 = 220,000$원

---

7 ③

식량 부족 문제를 해결하기 위해서는 더 많은 식량을 생산해 내야하지만, 토지를 무한정 늘릴 수 없을 뿐 아니라 이미 확보한 토지마저도 미래엔 줄어들 수 있음을 언급하고 있다. 이것은 식량이라는 자원을 초점

으로 하는 것이 아닌 이미 포화 상태에 이르러 유한성을 드러낸 토지에서 어떻게 하면 더 많은 식량을 생산할 수 있는지를 고민하고 있다. 따라서 토지라는 자원은 유한하며 어떻게 효율적인 활용을 할 수 있는지를 주제로 담고 있다고 볼 수 있다.

8 ③

1번째 기준에 의해 X사는 200억의 10%인 20억을 분배받고, Y사는 600억의 10%인 60억을 분배받는다. Y가 분배받은 금액이 총 150억이라고 했으므로 X사가 분배받은 금액은 50억이다. X사가 두 번째 기준에 의해 분배받은 금액은 30억이고, Y사가 두 번째 기준에 의해 분배받은 금액은 90억이다. 두 번째 기준은 연구개발비용에 비례하여 분배받은 것이므로 X사의 연구개발비의 3배로 계산하면 300억이다.

9 ②

조건의 공식을 활용하여 경제적주문량(EOQ)을 구하면 아래와 같이 구할 수 있다.

$\sqrt{\dfrac{2 \times 수요량 \times 회당\ 주문비용}{단위\ 당\ 재고유지비용}} = \sqrt{\dfrac{2 \times 400 \times 8,000}{1,000}} = 80$개 이며, 주문주기에 적용하면 다음과 같다.

주문주기 $= 365 \times \dfrac{80개}{400개} = 73$일

10 ②

	김부장	최과장	오과장	홍대리
외국어 성적	25점	25점	40점	근무경력이 5년 미만이므로 선발 자격이 없다.
근무 경력	20점	20점	14점	
근무 성적	9점	10점	9점	
포상	10점	20점	0점	
계	64점	75점	63점	

11 ①

	김부장	최과장	오과장	홍대리
외국어 성적	20점	20점	32점	근무경력이 5년 미만이므로 선발 자격이 없다.
근무 경력	40점	28점	20점	
근무 성적	9점	10점	9점	
포상	5점	10점	0점	
계	74점	68점	61점	

12 ①

⊙ **나무펜션** : $70,000 + (70,000 \times 0.9) = 133,000$ 에서 팀장은 나무펜션 이용 기록이 있으므로 총 합산 금액의 10%를 또 할인 받는다. 따라서 $133,000 \times 0.9 = 119,700$ 원이다.

ⓒ **그늘펜션** : 4인 기준이므로 2명을 추가하면 $80,000$원이 되고 2박이므로 $160,000$원 된다. 그러나 팀장은 나무펜션 이용기록이 있으므로 총 합산 금액의 20%를 할인 받는다. 따라서 $160,000 \times 0.8 = 128,000$원 이다.

ⓒ **푸른펜션** : $80,000 + (80,000 \times 0.85) = 148,000$ 원이다.

ⓔ **구름펜션** : 4인 기준이므로 2명을 추가하면 $75,000$원이 되고 2박이므로 $75,000 \times 2 = 150,000$원이 된다.

---

13 ③

사원별로 성과상여금을 계산해보면 다음과 같다.

사원	평점 합	순위	산정금액
수현	20	5	200만원×100%=200만 원
이현	25	3	200만원×130%=260만 원
서현	22	4	500만원×80%=400만 원
진현	18	6	500만원×80%=400만 원
준현	28	1	400만원×150%=600만 원
지현	27	2	400만원×150%=600만 원

가장 많이 받은 금액은 600만 원이고 가장 적게 받은 금액은 200만 원이므로 이 둘의 차는 400만 원이다.

---

14 ②

① 발전소를 1개 더 건설하고, 전기요금을 10% 인상한다. → 발전소를 1개 더 건설하면 총공급전력량은 100 만kW 증가하므로 7,300만kW가 된다. 전기요금을 10% 인상하면 최대전력수요는 10% 감소하므로 최대 전력수요는 $6,000 \times 0.9 = 5,400$만kW가 된다.

따라서 전력예비율은 $\dfrac{7,300 - 5,400}{5,400} \times 100 = 35.18\%$

② 발전소를 3개 더 건설하고, 전기요금을 3% 인상한다. → 발전소를 3개 더 건설하면 총공급전력량 300만kW 증가하므로 7,500만kW, 전기요금을 3% 인상하면 최대전력수요는 3% 감소하므로 $6,000 \times 0.97 = 5,820$만 kW가 된다.

따라서 전력예비율은 $\dfrac{7,500 - 5,820}{5,820} \times 100 = 28.86\%$

③ 발전소를 6개 더 건설하고, 전기요금을 1% 인상한다. → 발전소를 6개 더 건설하면 총공급전력량 600만kW 증가하므로 7,800만kW, 전기요금을 1% 인상하면 최대전력수요는 1% 감소하므로 $6,000 \times 0.99 = 5,940$만 kW가 된다.

따라서 전력예비율은 $\dfrac{7,800 - 5,940}{5,940} \times 100 = 31.31\%$

④ 발전소를 8개 더 건설하고, 전기요금을 동결한다. → 발전소를 8개 더 건설하면 총공급전력량 800만kW 증가하므로 8,000만kW, 전기요금은 동결이므로 6,000만kW이다.

따라서 전력예비율은 $\dfrac{8,000-6,000}{6,000} \times 100 = 33.33\%$

---

15 ④

제외건수가 매일 5건씩 감소한다고 했으므로 11일째 되는 날 제외건수가 0이 되고 일별 심사비용은 총 16.5억 원이 된다.

---

16 ①

(70억−16.5억)/500건=1,070만 원

---

17 ①

ⓒ 같은 통에 감겨져 있더라도 규격이 다르면 다른 SKU를 갖는다.
ⓔ 같은 상품이라도 묶여있는 수량이 다르면 다른 제품으로 보게 되므로 6개짜리 새우깡과 7개짜리 새우깡은 다른 SKU를 갖는다.
ⓜ 같은 크기의 박스에 담겨져 있는 사이즈가 다른 치마는 다른 SKU를 갖는다.

---

18 ②

물티슈의 재고는 1개로 가장 적게 남아 있다.

---

19 ③

③ (2,000×10)+(1,600×8)
= 20,000+12,800
= 32,800원

---

20 ②

② 자원의 적절한 관리가 필요한 이유는 자원의 유한성 때문이다.

---

21 ③

60 : 40 규칙 … 시간계획의 기본 원리인 60 : 40 규칙은 자신에게 주어진 시간 중 60%는 계획된 행동을 하여야 한다는 것을 의미한다.

22 ②

합리적인 인사관리의 원칙

㉠ **적재적소 배치의 원리** : 해당 직무 수행에 가장 적합한 인재를 배치

㉡ **공정 보상의 원칙** : 근로자의 인권을 존중하고 공헌도에 따라 노동의 대가를 공정하게 지급

㉢ **공정 인사의 원칙** : 직무 배당, 승진, 상벌, 근무 성적의 평가, 임금 등을 공정하게 처리

㉣ **종업원 안정의 원칙** : 직장에서의 신분 보장, 계속해서 근무할 수 있다는 믿음으로 근로자의 안정된 회사 생활 보장

㉤ **창의력 계발의 원칙** : 근로자가 창의력을 발휘할 수 있도록 새로운 제안·건의 등의 기회를 마련하고 적절한 보상을 지급

㉥ **단결의 원칙** : 직장 내에서 구성원들이 소외감을 갖지 않도록 배려하고, 서로 협동·단결할 수 있도록 유지

---

23 ④

비용

㉠ **직접비용** : 재료비, 원료와 장비, 시설비, 여행 및 잡비, 인건비 등

㉡ **간접비용** : 보험료, 건물관리비, 광고비, 통신비, 사무비품비, 각종 공과금 등

---

24 ④

공사가 진행 중인 지점으로 향하는 방법을 제외하면 될 것이므로 다음과 같은 6가지 방법이 있게 된다.

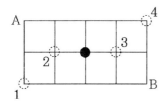

1지점을 통과하는 1가지 방법
2지점을 통과하는 2가지 방법
3지점을 통과하는 2가지 방법
4지점을 통과하는 1가지 방법

---

25 ③

문제에서 이동평균법은 계산 시 이전에 발생한 수치를 계속 평균해서 원가를 구하는 방법이라 명시되어 있으므로 9월에 도착할 트럭의 수를 구해야 하기 때문에 3개월간의 자료를 활용해야 하므로 9월 이전의 3개월은 6월, 7월, 8월이 된다. 이렇게 3개월 간 이동평균법을 이용하여 9월에 도착할 트럭의 수를 구하면 다음과 같다.

$$\frac{480+300+420}{3}=400$$

26 ②

(가) 8:25 + 30분 + 5시간 + 10분 = 14:05 → 미팅 시간보다 늦으므로 불가능

(나) 7:15 + 15분 + 6시간 + 10분 + 10분 = 13:50

(다) 7:20 + 30분 + 5시간 30분 + 20분 + 10분 = 13:50

(라) 8:05 + 15분 + 5시간 25분 + 10분 = 13:55

2시(14:00) 전까지 도착할 수 있는 선택지 (나), (다), (라) 중 (나)와 (다)가 일찍 도착하고 둘 중 비용이 적게 들어가는 선택지는 (나)이다.

---

27 ③

가로등 밝기	5	4	3	2	1
금액	30만 원	25만 원	20만 원	15만 원	10만 원

(가) : 모서리 4개를 제외하면 가로에 8개, 세로에 6개의 가로등 설치

→ $8 \times 20 + 6 \times 20 + 30 \times 4 = 400$만 원

(나) : 모서리 4개를 제외하면 가로에 18개, 세로에 6개의 가로등 설치

→ $18 \times 10 + 6 \times 25 + 30 \times 4 = 450$만 원

(다) : 모서리 4개를 제외하면 가로에 6개, 세로에 2개의 가로등 설치

→ $6 \times 30 + 2 \times 25 + 4 \times 30 = 350$만 원

(라) : 모서리 4개를 제외하면 가로에 18개, 세로에 14개의 가로등 설치

→ $18 \times 10 + 14 \times 10 + 30 \times 4 = 440$만 원

따라서 (다)가 선택된다.

---

28 ②

1G = 1,000M

A요금제 : $46,000 + (190 - 60) \times 90 + (5,200 - 1,700)/100 \times 95 = 61,025$원

→ $61,025 \times 12 = 732,300$원

B요금제 : $50,000 + (190 - 100) \times 100 + (5,200 - 2,500)/100 \times 100 = 61,700$원

→ $61,700 \times 0.95 \times 3 + 61,700 \times 9 = 731,145$원

C요금제 : $48,000 + (190 - 80) \times 95 + (5,200 - 1,500)/100 \times 100 = 62,150$원

→ $62,150 \times 12 = 745,800$원

D요금제 : $51,000 + (190 - 120) \times 120 + (5,200 - 3,000)/100 \times 110 = 61,820$원

→ $61,820 \times 0.95 \times 3 + 61,820 \times 9 = 732,567$원

29 ④

① 기본 연차 6일＋성과 3일－1일－1.5일＝6.5일

② 기본 연차 5일＋직급 5일－3일＝7일

③ 기본 연차 8일＋직급 2일＋성과 1일－4일－2일＝5일

④ 기본 연차 11일＋직급 3일－2일－4.5일＝7.5일

---

30 ④

16일 오후 3시에 회사에 도착해야 하므로 인천공항에는 16일 오후 1시 30분에는 도착해야한다. 이때, 런던에서 한국까지 14시간 비행을 해야 하므로 한국 시각을 기준으로 16일 오후 1시 30분에서 14시간 전인 15일 23시 30분에 출발해야 한다. 이때, 런던이 한국보다 8시간 늦으므로 런던 시각을 기준으로 15일 15시 30분에는 출발해야 한다.

---

31 ③

① 137,000×2×4×90%＝986,400원

② 68,000×3×4×95%＝775,200원

③ 95,000×2×4×95%＝722,000원

④ 137,000×4＋68,000×4＝820,000원

---

32 ④

13명이 탑승하기 위해 대형차 2대를 대여해야한다. 전날 오전 9시에서 다음날 오후 2시까지 1일＋5시간동안 대여하므로 1일 요금과 6시간 요금으로 계산해하면 (182,000＋82,000)×2×90%＝475,200원을 납부해야한다.

---

33 ②

A사의 제조원가의 10%는 20억 원, B사의 제조원가의 10%는 60억 원

총 순이익이 200억 원이므로 분배액은 120억 원

광고홍보비를 분배기준으로 하면 2：1이 비율이 되므로

A사의 분배액은 20억 원＋120억 원×$\frac{2}{3}$＝100억 원

---

34 ②

확률적 모형의 하나인 MCI 모형에서는 상품구색에 대한 효용치와 판매원서비스에 대한 효용치, 거리에 대한 효용치를 곱한 값으로 확률을 계산한다. A할인점의 효용은 150, B마트의 효용은 100, C상점가의 효용은 100, D백화점의 효용은 150이다. 따라서 B마트를 찾을 확률은 100/(150＋100＋100＋150)＝20%이다.

35 ①

A사 여자 : $1,580 + (150 \times 16) = 3,980$만 원

B사 여자 : $1,300 + (160 \times 16) = 3,860$만 원

---

36 ④

• 남자

대졸 : $\{900 + (200 \times 16)\} \times 30 = 123,000$만 원

대학원졸 : $\{900 + (200 \times 18)\} \times 20 = 90,000$만 원

• 여자

대졸 : $\{1,300 + (160 \times 16)\} \times 20 = 77,200$만 원

대학원졸 : $\{1,300 + (160 \times 18)\} \times 10 = 41,800$만 원

$(123,000 + 90,000 + 77,200 + 41,800)/(30 + 20 + 20 + 10) = 332,000/80 = 4,150$만 원

---

37 ②

일	월	화	수	목	금	토
		1	2	3	4	5
6	7	8	9	10	11	12
13	14	15	16	17	18	19
20	21	22	23	24	25	26
27	28	29	30			

해외에서 제품 판매는 국내 판매 이후이므로 15일부터 가능하지만 16일에 전체 회의가 있으므로 17일부터 출장을 갈 수 있다. 또한 경영 팀에게 보고를 해야 하는데 25일부터 경영팀이 채용준비로 보고를 받지 못하므로 24일까지 보고를 해야 한다. 이때, 보고서를 작성하는데 하루가 소요되므로 22일까지는 도착을 해야 한다. 따라서 출장을 다녀올 수 있는 날은 17일~22일이며 주말에 출발 · 도착하지 않는다고 했으므로 이 대리는 18일에 출발을 했다.

---

38 ③

이 대리는 18일에 출발을 하여 21일에 도착을 하고 22 · 23일에 보고서를 작성하였다. 따라서 개발팀이 보고서를 받은 날은 24일이며 24일은 목요일이다.

39 ②

한 달 동안 매일 수영을 한다고 했으므로 주말 프로그램은 꼭 신청을 해야 한다. 주말을 제외하고 평일에 수영이 가능한 프로그램 중 저렴한 것은 자유반 또는 주5일반이다. 자유반을 선택하게 된다면 64,000＋43,000＝107,000원의 비용이 들지만, 주5일반을 선택하면 주말에 대해 50% 할인이 적용되므로 80,000＋44,000×50%＝102,000원으로 자유반을 선택했을 때보다 저렴하다. 이때 이 씨는 신규 회원이므로 2만 원을 추가 납부해야 한다.

---

40 ③

30일 동안 최대 수익을 올릴 수 있는 진행공정은 다음과 같다.

F(20일, 70명)			C(10일, 50명)
B(10일, 30명)	A(5일, 20명)		

F(85억)＋B(20억)＋A(15억)＋C(40억)＝160억

1	④	2	①	3	③	4	③	5	④	6	③	7	④	8	②	9	①	10	②
11	④	12	④	13	③	14	③	15	④	16	②	17	③	18	④	19	③	20	②
21	②	22	④	23	②	24	④	25	②	26	②	27	③	28	④	29	①	30	④
31	②	32	④	33	④	34	④	35	②	36	③	37	①	38	④	39	③	40	③

1 ④

4대 사회보험료 징수업무 통합 수행에 관한 내용으로 이를 담당하는 '통합징수실'에서는 4대 사회보험 통합 징수 기획 및 지원, 수납 및 수납정산에 관한 업무를 담당하게 된다. 따라서 통합징수실의 상위 조직에 위치한 징수 상임이사는 4대 사회보험료 징수 총괄업무를 관장하여야 한다.

☞ 4대 사회보험료 통합징수는 2011년 1월부터 국민건강보험공단, 국민연금공단, 근로복지공단에서 각각 수행하였던 건강보험, 국민연금, 고용보험, 산재보험의 업무 중 유사·중복성이 높은 보험료 징수업무(고지, 수납, 체납)를 국민건강보험공단이 통합하여 운영하는 제도이다.

2 ①

사원A는 신년 프로모션에 대한 보고와 회의 참석을 요청하는 메일을 보내고 있다. 메일 내용에는 영업2팀에게 요청하는 내용이 들어있으므로 수신인은 경영지원팀이 아닌 영업2팀이 되어야한다.

3 ③

①③ 업체 간의 업무 제휴라는 기회를 통해 약점을 극복한 WO전략에 해당한다.
② IT기술과 전자상거래 기술 발달이라는 기회를 통해 약점을 극복한 WO전략에 해당한다.
④ 강점을 이용하여 위협을 회피하는 ST전략에 해당한다.

4 ③

위 조직은 사업부제 조직구조를 나타내고 있다. ③번은 프로젝트 조직을 설명하고 있다.

5 ④

전화응대 시 상대방의 용건이 끝났음을 확인한 후 마무리 인사를 해야 한다. 정말 부득이한 경우에는 상대방에게 양해를 구한 후 동의를 받으면 다시 연락 드리겠다고 말한다.

6 ③

"전화 잘못 거셨습니다"라고 응대하는 것은 적절하지 않은 대응책이다. 잘못 연결된 전화일 때는 바로 끊지 않고 연결하려던 부서를 물어봐 원하는 곳으로 전화를 돌려준다.

---

7 ④

국내 출장비 50만 원 이하인 경우 출장계획서는 팀장 전결, 출장비신청서는 부장 전결이므로 사원 甲씨가 작성해야 하는 결재 양식은 다음과 같다.

결재	출장계획서			
	담당	팀장	부장	최종결재
	甲	전결		팀장

결재	출장비신청서			
	담당	팀장	부장	최종결재
	甲		전결	부장

---

8 ②

부의금은 접대비에 해당하는 경조사비이다. 30만 원이 초과되는 접대비는 접대비지출품의서, 지출결의서 모두 대표이사 결재사항이다. 따라서 사원 乙씨가 작성해야 하는 결재 양식은 다음과 같다.

결재	접대비지출품의서			
	담당	팀장	부장	최종결재
	乙			대표이사

결재	지출결의서			
	담당	팀장	부장	최종결재
	乙			대표이사

---

9 ①

교육비의 결재서류는 금액에 상관없이 기안서는 팀장 전결, 지출결의서는 대표이사 결재사항이므로 丁씨가 작성해야 하는 결재 양식은 다음과 같다.

결재	기안서			
	담당	팀장	부장	최종결재
	丁	전결		팀장

결재	지출결의서			
	담당	팀장	부장	최종결재
	丁			대표이사

---

10 ②

발신부서는 소프트웨어를 제작하는 팀이므로 연구개발팀이고, 발신부서는 수신부서에게 신제품 개발에 대한 대략적인 내용과 함께 영업 마케팅에 대한 당부를 하고 있으므로 수신부서는 영업팀이 가장 적절하다.

---

11 ④

임원은 사장에게 결재를 받아야하고 직원은 본부장에게 결재를 받아야한다. 김대리는 본부장에게, 최이사는 사장의 결재를 받는다.

12 ④

④ 김영태는 병가로 인한 휴직이므로 '기타'에 속해야 한다.

---

13 ③

③ 생일인 경우에는 상품권 5만 원을 지원한다.

---

14 ③

직원 교육에 대한 업무는 인사과에서 담당하기 때문에 교육세미나에 대해 인사과와 협의해야 하지만 영업 교육과 프레젠테이션 기술 교육을 인사과 직원이 직접하는 것은 아니다.

---

15 ④

협의 사항 중 비서실과 관련된 내용은 없다.

---

16 ②

① 영업교육과 프레젠테이션 기술 교육
③ 연2회
④ 영업직원의 영업능력 향상

---

17 ③

㈎ 2017년도 우수 직원 해외연수단 편성, ㈏ 5년차 직원 중 희망자, ㈐ 전결이다.

---

18 ④

차상위자가 전결권자가 되어야 하므로 이사가 전결권자가 되어야한다.

---

19 ③

조직의 구성원들이 경영에 참여하는 것을 경영참가제도라 한다. 경영참가제도는 조직의 경영에 참가하는 공동의사결정제도와 노사협의회제도, 이윤에 참가하는 이윤분배제도, 자본에 참가하는 종업원지주제도 및 노동주제도 등이 있다.

종업원지주제란 회사의 경영방침과 관계법령을 통해 특별한 편의를 제공, 종업원들이 자기회사 주식을 취득하고 보유하는 제도를 말한다.

20 ②

② 국제 커뮤니케이션은 국가 간 커뮤니케이션으로 직업인이 자신의 일을 수행하는 가운데 문화배경을 달리하는 사람과 커뮤니케이션을 하는 것이 이문화 커뮤니케이션이다.

---

21 ②

간트 차트는 미국의 간트(Henry Laurence Gantt)가 1919년에 창안한 작업진도 도표로, 단계별로 업무를 시작해서 끝나는데 걸리는 시간을 바(bar) 형식으로 표시할한 것이다. 이는 전체 일정을 한 눈에 볼 수 있고, 단계별로 소요되는 시간과 각 업무활동 사이의 관계를 보여줄 수 있다.

워크 플로 시트는 일의 흐름을 동적으로 보여주는데 효과적이다. 특히 워크 플로 시트에 사용하는 도형을 다르게 표현함으로써 주된 작업과 부차적인 작업, 혼자 처리할 수 있는 일과 다른 사람의 협조를 필요로 하는 일, 주의해야 할 일, 컴퓨터와 같은 도구를 사용해서 할 일 등을 구분해서 표현할 수 있다.

---

22 ④

기업은 환경 경영, 윤리 경영과 노동자를 비롯한 사회 전체의 이익을 동시에 추구하며 그에 따라 의사 결정 및 활동을 하는 사회적 책임을 가져야 한다.

㉠ 기업은 이윤 추구를 주된 목적으로 하는 사적 집단이다.

---

23 ②

조직 문화의 분류와 그 특징은 다음과 같은 표로 정리될 수 있다. ㈐와 같이 개인의 자율성을 추구하는 경우는 조직문화의 고유 기능과 거리가 멀다고 보아야 한다.

관계지향 문화	• 조직 내 가족적인 분위기의 창출과 유지에 가장 큰 역점을 둠 • 조직 구성원들의 소속감, 상호 신뢰, 인화/단결 및 팀워크, 참여 등이 이 문화유형의 핵심 가치로 자리 잡음
혁신지향 문화	• 조직의 유연성을 강조하는 동시에 외부 환경에의 적응성에 초점을 둠 • 따라서 이러한 적응과 조직성장을 뒷받침할 수 있는 적절한 자원획득이 중요하고, 구성원들의 창의성 및 기업가정신이 핵심 가치로 강조됨
위계지향 문화	• 조직 내부의 안정적이고 지속적인 통합/조정을 바탕으로 조직효율성을 추구함 • 이를 위해 분명한 위계질서와 명령계통, 그리고 공식적인 절차와 규칙을 중시하는 문화임
과업지향 문화	• 조직의 성과 달성과 과업 수행에 있어서의 효율성을 강조함 • 따라서 명확한 조직목표의 설정을 강조하며, 합리적 목표 달성을 위한 수단으로서 구성원들의 전문능력을 중시하며, 구성원들 간의 경쟁을 주요 자극제로 활용함

24 ④

조직문화는 조직 내 집단 간 갈등에 영향을 미친다.

---

25 ②

조직을 가로로 구분하는 것을 직급이라 하며, 업무를 배정하면 조직을 세로로 구분하게 된다.

---

26 ②

유기적 조직… 의사결정권한이 조직의 하부구성원들에게 많이 위임되어 있으며 업무 또한 고정되지 않고 공유 가능한 조직이다. 유기적 조직에서는 비공식적인 상호의사소통이 원활히 이루어지며, 규제나 통제의 정도가 낮아 변화에 따라 쉽게 변할 수 있는 특징을 가진다.

---

27 ③

③ 전략변화는 조직의 경영과 관계되며 조직의 목적을 달성하고 효율성을 높이기 위해 조직구조, 경영방식, 각종 시스템 등을 개선하는 것을 말한다.

---

28 ④

기계적 구조	유기적 구조
• 높은 전문화	• 기능 · 계층횡단
• 명확한 명령, 엄격한 부서화, 높은 공식화	• 자유로운 정보흐름, 낮은 공식화
• 좁은 통제 범위	• 넓은 통제 범위
• 집권화	• 분권화

---

29 ①

① 조직목표는 공식적 목표와 실제적 목표가 다를 수 있다.

---

30 ④

반드시 모든 메일에 즉각적으로 대답할 필요는 없다. 하루 일과 중 메일을 확인하는 시간을 계획하여 처리하는 것이 바람직하다.

---

31 ②

관리자는 '어떻게 할까'에 초점을 맞추나 리더는 '무엇을 할까'에 초점을 맞춘다. 즉, 관리자는 '올바르게 하는 것'에 주안점을 두는 대신 리더는 '올바른 일을 한다.'는 것에 중점을 둔다.

32 ④

변혁적 리더십은 조직구성원들로 하여금 리더에 대한 신뢰를 갖게 하는 카리스마는 물론, 조직변화의 필요성을 감지하고 그러한 변화를 이끌어 낼 수 있는 새로운 비전을 제시할 수 있는 능력이 요구되는 리더십이다.

---

33 ④

팀장인 K씨는 U씨에게 팀의 생산성에 영향을 미치는 내용을 상세히 설명하고 이 문제와 관련하여 해결책을 스스로 강구하도록 격려하여야 한다.

---

34 ④

코칭은 명령을 내리거나 지시를 내리는 것보다 많은 시간이 걸리고 인내가 필요한 활동이다.

---

35 ②

① 의사소통 차원의 협상 : 이해당사자들이 자신들의 욕구를 충족시키기 위해 상대로부터 최선의 것을 얻어내기 위해 상대를 설득하는 커뮤니케이션 과정이다.
③ 지식과 노력 차원의 협상 : 자신이 얻고자 하는 것을 가진 사람의 호의를 쟁취하기 위한 지식이며 노력이다.
④ 의사결정 차원의 협상 : 둘 이상의 이해당사자들이 여러 대안들 가운데 이해당사자들 모두가 수용가능한 대안을 찾기 위한 의사결정과정이다.

---

36 ③

유화전략은 결과보다는 상대와의 인간적인 관계 유지를 선호하는 경우로 상대와의 충돌을 피하고 자신의 이익보다는 상대방의 이익을 고려하는 경우 사용된다. 단기적으로는 손해를 보더라도 장기적인 관점에서 이익이 되는 경우 이 전략이 유용하다.

---

37 ①

경영참가제도
㉠ 목적
• 경영의 민주성을 제고할 수 있다.
• 공동으로 문제를 해결하고 노사 간의 세력 균형을 이룰 수 있다.
• 경영의 효율성을 제고할 수 있다.
• 노사 간 상호 신뢰를 증진시킬 수 있다.
㉡ 유형
• **경영참가** : 경영자의 권한인 의사결정과정에 근로자 또는 노동조합이 참여하는 것
• **이윤참가** : 조직의 경영성과에 대하여 근로자에게 배분하는 것
• **자본참가** : 근로자가 조직 재산의 소유에 참여하는 것

38 ④

차상위자가 전결권자가 되어야 하므로 이사가 전결권자가 되어야한다.

---

39 ③

위 그림은 매트릭스 조직형태에 대한 그림이다. 매트릭스 조직에 속한 개인은 두 명의 상급자(기능부서 관리자, 프로젝트 관리자)로부터 지시를 받으며 보고를 하게 되므로 명령통일의 원칙이 깨지면서 조직질서 혼란, 권력 다툼 등의 문제가 생길 수 있으며 나아가 장기적인 문제에 대해서는 오히려 미봉책을 산출할 수 있다는 문제점도 있다.

---

40 ③

중국에서는 축의금은 짝수, 부의금은 홀수로 낸다. 중국의 경우 짝수는 길하며 홀수는 흉하다고 생각하므로 홀수보다는 짝수를 중시하는데 이런 뜻까지 더해져서 중국인에게 선물을 할 시에는 짝수로 주는 것이 좋다.

06 기술능력

1	③	2	③	3	③	4	①	5	③	6	④	7	④	8	①	9	②	10	③
11	②	12	①	13	④	14	②	15	④	16	③	17	③	18	④	19	②	20	①
21	④	22	④	23	③	24	②	25	③	26	④	27	②	28	④	29	③	30	②
31	③	32	①	33	②	34	③	35	①	36	②	37	④	38	③	39	①	40	②

1 ③

㉠ 출력되는 값은 5(A의 값)이다.
㉣ A에 B보다 작은 수를 입력해도 무한 반복되지 않는다.
최대공약수를 구하기 위한 알고리즘을 단계별로 해석하고 이해할 수 있어야 한다. 2단계에서 A는 10을 5로 나눈 나머지인 0이 저장된다. 3단계에서 두 수를 교환하면 A에는 5, B에는 0이 저장된다. 4단계에서 B가 0이기 때문에 바로 6단계로 넘어가서 A에 저장된 5가 출력된다.

---

2 ③

	A	B
1단계	6	56
2단계	6	56
3단계	56	6
5→2단계	2	6
3단계	6	2
5→2단계	0	2
3단계	2	0
4→6단계	2출력, 프로그램 종료	

프로그램 종료까지 '2단계'를 3번 반복한다.

---

3 ③

㉡ 최초 제품 생산 후 4분이 경과하면 두 번째 제품이 생산된다.
A 공정에서 E 공정까지 첫 번째 완제품을 생산하는 데 소요되는 시간은 12분이다. C 공정의 소요 시간이 2분 지연되어도 동시에 진행되는 B 공정과 D 공정의 시간이 7분이므로, 총소요시간에는 변화가 없다.

4 ①

• 1단계

9	3	8	1	5	9	3	3	4	7	1	2
×1	×3	×1	×3	×1	×3	×1	×3	×1	×3	×1	×3
=9	=9	=8	=3	=5	=27	=3	=9	=4	=21	=1	=6

• 2단계 → $9+9+8+3+5+27+3+9+4+21+1+6=105$

• 3단계 → $105 \div 10 = 10 \cdots 5$

• 4단계 → $10-5=5$

따라서 체크기호는 5가 된다.

---

5 ③

• 4단계 → $10-3=7$

• 3단계 → 10으로 나누었을 때 나머지가 7이 되는 수

• 1단계

2	5	7	3	1	2	0	0	2	8	x	y
×1	×3	×1	×3	×1	×3	×1	×3	×1	×3	×1	×3
=2	=15	=7	=9	=1	=6	=0	=0	=2	=24	=x	=$3y$

• 2단계 → $2+15+7+9+1+6+2+24+x+3y=66+x+3y$

① $10 \to 66+1+0=67 \to$ 10으로 나누었을 때 나머지가 7이 되는 수

② $52 \to 66+5+6=77 \to$ 10으로 나누었을 때 나머지가 7이 되는 수

③ $68 \to 66+6+24=96 \to$ 10으로 나누었을 때 나머지가 6이 되는 수

④ $94 \to 66+9+12=87 \to$ 10으로 나누었을 때 나머지가 7이 되는 수

---

6 ④

360도 회전비행을 위해서는 360도 회전비행을 먼저 눌러야 하며 부품별 기능표의 ⑤번 버튼이 이에 해당된다. 다음으로 오른쪽 이동방향 조작 레버를 원하는 방향으로 조작하여야 하므로 ③번 버튼이 이에 해당된다.

---

7 ④

이상 현상을 해결하기 위해서는 화면 크기 조정법(㉠), 외부 기기 해상도 조정법(㉡), 외부 기기 자막 활성화 방법(㉢) 등을 확인하여야 하나, ㉣의 경우는 별도의 사용법을 참고할 필요가 없는 이상 현상이다.

8 ①

제시된 설명은 기술에 관한 내용이다.

※ **기술능력이 뛰어난 사람의 특징**

    ㉠ 실질적 해결을 필요로 하는 문제를 인식한다.

    ㉡ 인식된 문제를 위한 다양한 해결책을 개발하고 평가한다.

    ㉢ 실제적 문제를 해결하기 위해 지식이나 기타 자원을 선택·최적화시키며 적용한다.

    ㉣ 주어진 한계 속에서 제한된 자원을 가지고 일한다.

    ㉤ 기술적 해결에 대한 효용성을 평가한다.

    ㉥ 여러 상황 속에서 기술의 체계와 도구를 사용하고 배울 수 있다.

---

9 ②

OJT(On the Job Training)란 조직 안에서 피교육자인 종업원이 직무에 종사하면서 받게 되는 교육 훈련 방법이다. 직장 상사나 선배가 지도·조언을 해주는 형태로 훈련이 행하여지기 때문에, 교육자와 피교육자 사이에 친밀감을 조성하며 시간의 낭비가 적고 조직의 필요에 합치되는 교육훈련을 할 수 있다는 장점이 있다.

㉮ 상급학교 진학을 통한 기술교육 (X)

㉯ OJT를 통한 기술교육 (O)

㉰ e-learning을 활용한 기술교육 (X)

㉱ 전문 연수원을 통한 기술과정 연수 (X)

㉲ OJT를 통한 기술교육 (O)

---

10 ③

지속가능한 기술

㉠ 이용 가능한 자원과 에너지를 고려하는 기술

㉡ 자원이 사용되고 그것이 재생산되는 비율의 조화를 추구하는 기술

㉢ 자원의 질을 생각하는 기술

㉣ 자원이 생산적인 방식으로 사용되는가에 주의를 기울이는 기술

---

11 ②

주어진 글에서는 각 시기별 산업을 이끈 기술이 시대의 변천에 따라 유기적인 연관을 맺으며 다음 기술로 이어지는 현상을 엿볼 수 있다. 이렇듯, 각기 다른 분야의 기술이 연결되어 하나의 시스템화 된 기술을 만든다는 점은 '기술 시스템'의 가장 큰 특징이라 할 수 있다.

12 ①

기술선택을 위한 우선순위 결정
- 제품의 성능이나 원가에 미치는 영향력이 큰 기술
- 기술을 활용한 제품의 매출과 이익 창출 잠재력이 큰 기술
- 쉽게 구할 수 없는 기술
- 기업 간에 모방이 어려운 기술
- 기업이 생산하는 제품 및 서비스에 보다 광범위하게 활용할 수 있는 기술
- 최신 기술로 진부화 될 가능성이 적은 기술

---

13 ④

① 제품을 절대로 분해하지 말아야 한다.
② 세라믹 유리는 부드러운 천을 사용하여 닦아야 한다.
③ 유리 표면의 오염이 제거되지 않을 때는 중성세제를 사용해야 한다.

---

14 ②

에러 표시 E3는 온도센서 단선 시 표시 되며 전원을 다시 ON시킨 후 재사용 시에도 발생되면 서비스센터로 연락해야 한다.

---

15 ④

㉠ 250,000 + 50,000(구매 가격의 10%) = 300,000원
㉡ 200,000 + 25,000(구매 가격의 5%) = 225,000원
㉢ 500,000원(전액 환불)
따라서 300,000 + 225,000 + 500,000 = 1,025,000원

---

16 ③

① 아이디어 창안 과정에서 필요하다.
② 챔피언 과정에서 필요하다.
④ 정보 수문장 과정에서 필요하다.

17 ③

하향식 기술선택을 위한 절차

18 ④

벤치마킹의 종류

㉠ **내부 벤치마킹** : 같은 기업 내의 다른 지역, 타 부서 간의 유사한 활용을 비교대상으로 함

㉡ **경쟁적 벤치마킹** : 동일 업종에서 고객을 직접적으로 공유하는 경쟁기업을 대상으로 함

㉢ **비경쟁적 벤치마킹** : 제품, 서비스 및 프로세스의 단위 분야에 있어 가장 우수한 실무를 보이는 비경쟁적 기업 내의 유사 분야를 대상으로 하는 방법

㉣ **글로벌 벤치마킹** : 프로세스에 있어 최고로 우수한 성과를 보유한 동일업종의 비경쟁적 기업을 대상으로 함

19 ②

① ㉢에 해당하는 예이다.

③ ㉠에 해당하는 예이다.

④ ㉣에 해당하는 예이다.

20 ①

S는 육각형을 의미하지만, 항상 가장 큰 크기로 표시되는 것이 아니며, 1, 2, 3 숫자에 의해 어떤 크기로도 표시될 수 있다.

② H는 Horizontal의 약자로 가로축을, V는 Vertical의 약자로 세로축을 의미하므로 네 칸씩 있는 그래프는 H4 / V4로 표시된다.

③ N은 내부 채색을, R은 내부 무채색을 의미한다.

④ 가장 마지막 N 또는 R 다음에 표시된 숫자가 도형의 크기를 의미한다.

21 ④

가로축이 네 칸, 세로축이 다섯 칸이므로 그래프는 H4 / V5의 형태가 된다.

삼각형, 평행사변형, 평행사변형, 육각형이 차례로 표시되어 있으므로 J, E, E, S가 도형의 모양을 나타내는 기호가 되며, 각 좌표를 괄호 안에 표시한다. 첫 번째와 세 번째 도형은 내부 무채색이므로 R, 두 번째와 네 번째 도형은 내부 채색이므로 N이 표시되며, 세 번째 도형은 2의 크기, 나머지 도형은 모두 3의 크기가 된다.

따라서 선택지 ④와 같은 명령어가 정답인 것을 알 수 있다.

---

22 ④

Q : 직사각형, E : 타원형, D : 마름모, P : 색칠된 경우, L : 색칠 안 된 경우

이를 적용하여 좌표를 구하면 된다.

---

23 ③

W6 / L5

Q(5, 1) : P / E(4, 5) : L / D(2, 3) : L

---

24 ②

㉠ 1번 기계와 3번 기계를 오른쪽으로 180도 회전시킨다.

㉡ 3번 기계와 4번 기계를 오른쪽으로 180도 회전시킨다.

㉢ 2번 기계와 3번 기계의 작동상태를 다른 상태로 바꾼다.(운전 → 정지, 정지 → 운전)

---

25 ③

㉠ 2번 기계와 3번 기계를 오른쪽 방향으로 180도 회전시킨다.

㉡ 3번 기계와 4번 기계를 오른쪽 방향으로 180도 회전시킨다.

㉢ 2번 기계와 3번 기계의 작동상태를 다른 상태로 바꾼다.(운전 → 정지, 정지 → 운전)

---

26 ④

㉠ 3번 기계와 4번 기계를 오른쪽으로 180도 회전한다.

㉡ 모든 기계의 작동상태를 다른 상태로 바꾼다.(운전 → 정지, 정지 → 운전)

㉢ 2번 기계와 3번 기계의 작동상태를 다른 상태로 바꾼다.(운전 → 정지, 정지 → 운전)

27 ②

⊙ 2번 기계와 3번 기계를 오른쪽으로 180도 회전한다.

ⓛ 3번 기계와 4번 기계를 오른쪽으로 180도 회전한다.

ⓒ 1번 기계와 3번 기계를 오른쪽으로 180도 회전한다.

---

28 ④

☆, ▲, ☆을 차례로 눌러서 다음과 같은 순서로 변화하게 된다.

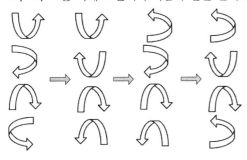

---

29 ③

기술혁신의 특징

• 그 과정 자체가 매우 불확실하고 장기간의 시간을 필요로 한다.

• 지식 집약적인 활동이다.

• 혁신 과정의 불확실성과 모호함은 기업 내에서 많은 논쟁과 갈등을 유발할 수 있다.

• 기술혁신은 조직의 경계를 넘나드는 특성을 갖고 있다.

---

30 ②

카메라의 전원을 끄고 렌즈를 분리한 후 재결합한다. 동일한 메시지가 나오는 경우 가까운 서비스 센터로 문의하도록 한다.

---

31 ③

메모리 카드 오류 시 대처방법

• 전원을 껐다가 다시 켠다.

• 메모리 카드를 뺐다가 다시 넣는다.

• 메모리 카드를 포맷한다.

32 ①

한글편집팀은 1, 편집기획팀은 2, 디자인팀은 3을 나타낸다.

---

33 ②

잘 살펴보면 팀장은 0. 대리는 1, 사원은 2를 나타낸다.

---

34 ③

③ 절전모드 실행 중에는 전원버튼을 눌러 켠 후 문서를 넣어 사용할 수 있으므로 정상 작동하지 않는 원인이라고 볼 수 없다.

---

35 ①

①의 '세단대기'는 세단할 문서를 문서투입구에 넣을 준비가 되어 있는 상태를 나타낸다. 반면, ②③④는 각각 조치가 필요하여 작동이 중단된 상태이다.

---

36 ②

네트워크 혁명의 3가지 법칙
- **무어의 법칙** : 컴퓨터의 파워가 18개월마다 2배씩 증가한다는 법칙
- **메트칼피의 법칙** : 네트워크의 가치는 사용자 수의 제곱에 비례한다는 법칙
- **카오의 법칙** : 창조성은 네트워크에 접속되어 있는 다양한 지수함수로 비례한다는 법칙

---

37 ④

OJT(On The Job raining)의 특징
- 업무수행이 중단되는 일이 없다.
- 지도자와 피교육자 사이에 친밀감을 조성한다.
- 기업의 필요에 합치되는 교육훈련을 할 수 있다.
- 지도자의 높은 자질이 요구된다.

---

38 ③

잠금/전원 버튼을 8초 이상 누를 경우 자동 전원 리셋되며, 작동하지 않을 경우 15초 이상 누르면 전원이 꺼집니다. 제품의 전원을 끈 후 다시 켤 때는 약 5초 정도 경과 후 켜 주세요. 그래도 변함이 없다면 배터리를 충분히 충전시킨 후 사용해 보거나 고객상담실로 문의 후 가까운 서비스센터에서 제품확인을 받으세요.

39 ①

고객상담실로 문의 후 가까운 서비스센터에서 제품 확인을 받으세요.

---

40 ②

모방은 말 그대로 단순하게 원형을 따르는 것이다. 반면 벤치마킹은 원형의 기본 개념을 흉내 내지만 자신에게 맞게 변형된 개선방법을 채택하는 것이다. 따라서 모방을 하되, 가장 본질적인 장점과 좋은 점을 취득하여 자신의 것으로 소화시켜 내야 한다는 것이다.

② 주어진 사례에서는 모방을 통하여 디자인을 베껴 사용하였으나, 자신의 것으로 승화시키지 못한 (벤치마킹으로 승화시키지 못한) 전형적인 사례라고 볼 수 있다.

상식 용어사전 시리즈

합격GO!

1 금융상식 2주 만에 완성하기

금융은행권, 단기간 공략으로 끝장낸다! 필기 걱정은 이제 NO! <금융상식 2주 만에 완성하기> 한 권으로 시간은 아끼고 학습효율은 높이자!

2 중요한 용어만 한눈에 보는 시사용어사전 1130

매일 접하는 각종 기사와 정보 속에서 현대인이 놓치기 쉬운, 그러나 꼭 알아야 할 최신 시사상식을 쏙쏙 뽑아 이해하기 쉽도록 정리했다!

3 중요한 용어만 한눈에 보는 경제용어사전 961

주요 경제용어는 거의 다 실었다! 경제가 쉬워지는 책, 경제용어사전!

4 중요한 용어만 한눈에 보는 부동산용어사전 1273

부동산에 대한 이해를 높이고 부동산의 개발과 활용, 투자 및 부동산 용어 학습에도 적극적으로 이용할 수 있는 부동산용어사전!

기출문제 총집합!

자격증 별로 정리된 기출문제로 깔끔하게 합격하자!

건강운동관리사, 스포츠지도사, 손해사정사, 손해평가사,
농산물품질관리사, 수산물품질관리사, 관광통역안내사, 국내여행안내사, 보세사, 사회조사분석사